RAMIT SETHI

AMOR E PROSPERIDADE

UM PLANO DE 10 PASSOS PARA VIVER UMA VIDA RICA JUNTOS

TRADUÇÃO: FÁBIO ALBERTI

FARO EDITORIAL

Diretor editorial **PEDRO ALMEIDA**
Coordenação editorial **RENATA ALVES**
Editora-assistente **LETÍCIA CANEVER**
Tradução **FÁBIO ALBERTI**
Preparação **CRIS NEGRÃO**
Revisão **BÁRBARA PARENTE**
Diagramação **OSMANE GARCIA FILHO**
Imagem de capa **ESTÚDIO FARO**

Dados Internacionais de Catalogação na Publicação (CIP)
Jéssica de Oliveira Molinari CRB-8/9852

Sethi, Ramit

Amor e prosperidade : um plano de 10 passos para viver uma vida rica juntos / Ramit Sethi ; tradução de Fábio Alberti. — São Paulo : Faro Editorial, 2025.

288 p. : il.

ISBN 978-65-5957-872-6

Título original: Money for Couples: No More Stress. No More Fights. Just a 10-Step Plan to Create Your Rich Life Together.

1. Finanças pessoais – Casais I. Título II. Alberti, Fábio

25-3975 CDD 332.024

Índice para catálogo sistemático:
1. Finanças pessoais – Casais

FARO EDITORIAL

1ª edição brasileira: 2025
Direitos de edição em língua portuguesa, para o Brasil, adquiridos por FARO EDITORIAL

Avenida Andrômeda, 885 — Sala 310
Alphaville — Barueri — SP — Brasil
CEP: 06473-000
www.faroeditorial.com.br

SUMÁRIO

INTRODUÇÃO
E se for bom falar de dinheiro? 15

PARTE 1
10 PASSOS PARA UMA VIDA RICA – JUNTOS

1 • Sua primeira conversa positiva sobre dinheiro 29
Use esses roteiros fáceis passo a passo e mantenha-se tranquilo
Dicas para a sua primeira conversa sobre dinheiro correr bem • Palavras-tabu que você deve evitar • O que fazer se vocês se desentenderem

2 • Entendendo a psicologia do dinheiro 44
Descubra os seus roteiros invisíveis, memórias ocultas e os quatro tipos em finanças
"Nunca terei muito dinheiro" e outros roteiros invisíveis • Evitador, Otimizador, Preocupado, Sonhador • Mudando suas crenças sobre dinheiro

3 • Projetando uma vida rica – juntos 68
Como ficar em sintonia em relação ao dinheiro (mesmo que o casal lide com dinheiro de maneira diferente)
O que o deixa absurdamente feliz? • Sua lista de desejos para os próximos dez anos • O que não é uma vida rica

4 • Indicadores de dinheiro 85
Como gastar mais – muito mais! – nas coisas que você adora e menos nas outras
Seus indicadores de "Sim" e "Menos" para o dinheiro • Quando você e seu parceiro querem coisas diferentes • Aprendendo a pensar grande

5 • Um instantâneo da sua vida financeira 105
Descubra o seu patrimônio líquido em trinta minutos
Os únicos quatro números de que você precisa • Quando seu parceiro é resistente

6 • Mudando a sua dinâmica financeira 113
Como falar sobre dinheiro sem brigar, ficar empacado ou desistir
A dinâmica pobre inocente/facilitador • O que fazer quando você percebe que conversa sobre dinheiro, mas nunca entra em ação • Uma conversa saudável sobre dinheiro

7 • Criando o seu plano de gastos conscientes 136
Faça os seus números reais coincidirem com os números da sua vida rica
Você não precisa de um orçamento • Os seus gastos livres de culpa • Os mandamentos do PGC • O fundo de emergência do casal

8 • Controlando as suas despesas 160
Controle as despesas invisíveis, elimine os gastos excessivos e recupere o seu tempo
Quando o seu parceiro gasta dinheiro demais • Onde quase todos nós podemos fazer cortes • Recuperando o seu tempo: uma lição sobre gastar menos

9 • Como configurar as suas contas 178
Elabore um sistema para que o seu dinheiro gire automaticamente
Configuração de Ramit de conta simples para casais • Articulando finanças quando existe uma grande diferença de renda • Nada de contas bancárias secretas!

10 • Vivendo uma vida rica juntos 200
Estabelecendo práticas agradáveis em relação ao dinheiro que realmente se sustentem
A reunião mensal de uma hora sobre dinheiro • Quanto dinheiro é dinheiro suficiente? • Sua revisão anual de vida rica

PARTE 2
SOLUÇÕES FINANCEIRAS IMEDIATAS PARA...

Sair de baixo de uma montanha de dívidas 233
Elabore um plano! Há luz no fim do túnel

Quem vai se casar e está pensando em fazer um acordo pré-nupcial ... 239
Conversa franca sobre um tema difícil

Quem pretende fazer uma aquisição de grande importância 244
Como analisar transações envolvendo férias, carros, faculdade e casa

Como ensinar seus filhos a se relacionar com o dinheiro 255
Ajudando os seus filhos a construir uma relação saudável com o dinheiro

Trabalhando com um consultor financeiro 265
A matemática chocante por detrás dos consultores financeiros – e quando os seus serviços valem a pena

Regras de Ramit para tudo 271
Regras para viagens, gorjetas, cartões de crédito, compra de uma casa, elaboração das suas próprias Regras sobre Dinheiro e mais

Plano de Gastos Conscientes.. 284

Agradecimentos 287

Para todos os casais
que desejam viver
uma vida rica juntos.

Por Ramit Sethi

Eu ensinarei você a ser rico

Eu ensinarei você a ser rico: o diário

AMOR
E
PROSPERIDADE

INTRODUÇÃO

E SE FOR BOM FALAR DE DINHEIRO?

Vamos fingir que eu acabei de bater à sua porta. Sou eu, o antropólogo Ramit Sethi, e estou aqui para observar, durante um mês, enquanto você e sua cara-metade falam sobre dinheiro. O que eu vou ver no seu comportamento? O que vou notar em sua linguagem corporal? E o que ouvirei vocês dizerem?

Veja se alguma destas frases lhe parece familiar:

- "Não acredito que você gastou isso tudo!"
- "Eu só quero planejamento! É só o que eu peço."
- "Eu tenho a sensação de que jamais teremos o suficiente."

Ou talvez eu não ouça nada, porque é possível que vocês nunca conversem sobre o assunto.

Em milhões de casas espalhadas pelo mundo, nós vemos os mesmos desentendimentos envolvendo dinheiro. Um parceiro parece ansioso, e o outro faz tudo o que pode para evitar falar no assunto. Um se atormenta com o orçamento, o outro gasta dinheiro como bem entende. Nós evitamos discutir finanças, nós fugimos das conversas difíceis – e fazendo isso permitimos que o dinheiro cause discórdia entre nós.

Já vi isso acontecer com pessoas nos Estados Unidos quando entrei em suas casas para fazer meu programa *How to Get Rich* [Como Ficar Rico]. Também já enfrentei essa situação em meu próprio relacionamento: eu e minha mulher, Cassandra, tivemos conversas bastante difíceis sobre dinheiro. Nós evitávamos o assunto, discordávamos; chegamos a procurar um terapeuta para nos ajudar a chegar a um consenso no acordo pré-nupcial.

A cada etapa do caminho, eu me perguntava: *De que maneira as outras pessoas lidam com o dinheiro em seus relacionamentos?*

É isso que você aprenderá neste livro: uma maneira de promover união por meio do dinheiro, mesmo que você e seu companheiro(a) tenham uma visão totalmente diferente a respeito do assunto. O dinheiro não precisa ser fonte de estresse, culpa e vergonha; em vez disso, pode trazer alegria, conexão e possibilidades. Eu acredito nisso porque vivo isso agora em meu próprio casamento – e também vejo isso acontecer na vida de milhões de pessoas que usaram meu material.

Para realizar essa transformação, nós começaremos mudando o modo como você fala sobre dinheiro, o que mudará o modo como você se comporta em relação a ele, o que, por fim, mudará como você se sente a respeito dele.

São muitas as ideias equivocadas sobre o dinheiro nos relacionamentos. É comum pensar que "o dinheiro é a principal razão para os divórcios", mas, um estudo realizado em 2009 por Lauren M. Papp, E. Mark Cummings e Marcie C. Goeke-Morey constatou que os casais mal conversam sobre ele. De acordo com aplicativos sobre os relacionamentos, os motivos que mais levam a brigas são filhos, afazeres domésticos e comunicação. Isso acontece porque ninguém fala sobre dinheiro até que seja absolutamente inevitável. E, quando ele traz problemas, isso é um mau sinal:

> "Os cônjuges avaliaram os conflitos — relacionados a dinheiro — como muito mais intensos e significativos do que outros assuntos. Afirmaram que eles e seus parceiros exibiram sinais de comportamento depressivo (sofrimento físico, retraimento, tristeza e medo) durante desafios envolvendo dinheiro. Os maridos com comportamentos raivosos — hostilidade verbal e não verbal, atitude defensiva, perseguição, insulto pessoal, agressão física, ameaça e ira — durante conflitos, e as esposas manifestaram maior comportamento depressivo."

Em outras palavras, as pessoas começam silenciando as suas divergências financeiras, que se transformam em brigas e, o que é ainda pior, em falta crônica de conexão. Eu vou mostrar a você como inverter essa dinâmica e usar o dinheiro para construir uma conexão visando à vida que ambos desejam.

Quando você e seu parceiro passarem a falar sobre dinheiro da maneira devida, tudo mudará: vocês construirão uma visão juntos para que possam caminhar na mesma direção, terão uma organização financeira simples e que conhecerão profundamente. E saberão por que estão economizando, investindo e até gastando. Aquelas intermináveis discussões vão sumir, e vocês poderão se concentrar em usar seu dinheiro para viver uma vida rica juntos.

Eu quero ouvir a sua história

Antes de seguirmos adiante, quero que saiba que eu falo sobre dinheiro de uma maneira diferente daquela à qual você está acostumado. Não lhe darei lições a respeito de cafés de 5 dólares, nem direi para cortar gastos ao máximo para que "um dia", quando tiver 92 anos, possa usar o seu dinheiro. Vou mostrar como você e sua cara-metade poderão viver uma vida rica hoje e mais rica amanhã – juntos.

Outra coisa que faço de maneira diferente: eu lhe darei o meu e-mail porque quero ouvir o que você tem a dizer – e eu leio todas as mensagens. Sim, eu leio! Sou ativo nas redes sociais. Envie sua mensagem para relationship-checkin@iwillteachyoutoberich.com, com o assunto: "Novo leitor do livro". Conte-me...

1. Uma situação ocorrida nos últimos 30-60 dias na qual você e seu parceiro discordaram a respeito de dinheiro. O que aconteceu?

2. Se você e seu parceiro estivessem de acordo em relação ao dinheiro, como seria isso?

Eu gostaria de responder a todas as mensagens que recebo, porém tento, na medida do possível.

O que é viver uma vida rica? Não é poder comprar casas e carros luxuosos (mas se for isso o que deseja, tudo bem! Eu lhe mostrarei como conseguir). Vida rica é uma expressão que define a sua vida ideal, em que seu dinheiro, relacionamentos e tempo livre funcionam maravilhosamente. Cada pessoa tem uma versão própria, única e diferente a respeito da sua "vida rica".

Uma vida rica pode significar viajar por dois meses todos os anos.

Uma vida rica pode significar comprar um lindo casaco de caxemira.

Uma vida rica pode significar ir ao supermercado sem se preocupar com preços.

Uma vida rica pode significar ter tempo para ir buscar os filhos na escola todas as tardes.

A sua vida rica é exclusivamente sua. É isso que o meu método para finanças faz – ele ajuda os casais a elaborar seu modelo de vida juntos e a usar o dinheiro para concretizá-lo.

Este livro oferece um programa de dez passos para a elaboração de uma visão compartilhada sobre dinheiro, mesmo que você e seu companheiro lidem com ele de modo totalmente diferente. Você aprenderá técnicas específicas para obter o envolvimento do seu companheiro. Aprenderá até mesmo a identificar onde as coisas podem sair dos eixos – e como lidar com isso. E, quando eu voltar a bater à sua porta com minha prancheta de antropólogo dentro de alguns meses, encontrarei algo surpreendente: duas pessoas trabalhando juntas como uma equipe.

POR QUE NÓS SÓ FALAMOS DE DINHEIRO QUANDO AS COISAS NÃO VÃO BEM?

A maioria de nós só conversa sobre dinheiro quando as coisas vão mal. É por isso que começamos a associar "falar sobre dinheiro" com brigar. Pense por um momento: quando foi a última vez que você teve uma boa conversa sobre isso?

Quando eu pergunto delicadamente aos casais se eles fazem reuniões todos os meses para falar sobre suas finanças, me olham como se eu estivesse falando na língua Klingon: "Hein? E por que marcaríamos *reuniões* apenas para falar um com o outro? Isso é... estranho".

Estranho?

Parece estranho marcar reuniões para falar sobre dinheiro com nosso(a) companheiro(a)? Bem, talvez até pareça no início. Mas eu não ligo para isso. Por que deveria?

Eis o que acontece na realidade: falar sobre dinheiro é algo associado a uma experiência ruim, sendo assim, por que iríamos querer falar *mais* sobre dinheiro?

Sabe o que é pior do que se sentir envergonhado ou constrangido? Passar quarenta anos brigando por causa de dinheiro, brincando ou evitando falar sobre ele, sem nunca ter um critério para tomar suas decisões!

Falar a respeito não deveria deixar as pessoas constrangidas. É uma habilidade que você pode aprender e começar a *gostar* da experiência. Você será capaz de aprender as habilidades necessárias para se tornar muito bom nisso.

CASAIS REAIS, NÚMEROS REAIS

Quando minha mulher e eu começamos de fato a falar sobre dinheiro, na época em que ficamos noivos, busquei orientação na internet. O conselho mais comum era: "Sentem-se e tenham a conversa".

Que conversa?

Sinceramente, eu queria encontrar alguém que me mostrasse as palavras exatas a serem ditas. Que me dissesse quais eu deveria evitar; como dar início à conversa, como minha companheira provavelmente reagiria e o que fazer se começássemos a brigar.

Preciso que me deem o método!

Mas não havia um sistema. Então eu criei um.

Comecei com o podcast *Money for Couples*, em que eu lido com casais reais e suas maiores divergências a respeito do assunto. Alguns têm dívidas de seis dígitos. Outros possuem milhões de dólares e ainda se preocupam com a possibilidade de não ter o suficiente. O modo como nos sentimos a respeito de dinheiro não tem relação alguma com a quantia que temos no banco.

Os casais com os quais eu converso revelam as suas rendas, suas dívidas, onde gastam seu dinheiro e quais são suas preocupações. Quando relatam o que aprenderam sobre dinheiro com seus pais, muitas vezes choram. É impressionante, principalmente porque nunca vimos de que maneira outros casais conversam a respeito de dinheiro.

Esses casais corajosos se candidatam para participar do meu podcast porque necessitam de ajuda e sabem que não vão ser alvo de zombaria nem vão passar vergonha. Eles precisam aprender uma nova maneira de se relacionar com o dinheiro – mudar o padrão de brigas e discussões para algo positivo – e de um sistema realista que simplifique o seu dinheiro, para que possam trabalhar juntos na obtenção de uma vida rica.

Foi por esse motivo que escrevi este livro. Eu gostaria de poder falar com todos os casais que se inscrevem para participar do meu podcast, porém isso é impossível; são mais de mil pessoas em nossa lista de espera.

Neste livro, serão compartilhados os ensinamentos mais valiosos para que você possa estabelecer uma relação saudável com o dinheiro.

Muitos casais, que participaram do meu podcast, são citados neste livro, partilhando histórias íntimas e números reais. Sinto um enorme conforto quando ouço as pessoas contarem como lidam com dinheiro, que conversam sobre o assunto e se tornam mais unidas devido a ele. Sei que você também se sentirá reconfortado.

8 coisas que aprendi em meu podcast

1. Cinquenta por cento dos casais com os quais conversei não sabem quanto ganham (não é erro de digitação). Noventa por cento não sabem o valor das dívidas que têm. Cem por cento dos que têm dívidas de cartão de crédito também têm dificuldade para dizer "não" aos seus filhos.

2. Pessoas que acumulam milhões muitas vezes relutam em gastá-los – mesmo quando estão a ponto de enfrentar um divórcio por serem mesquinhas.

3. A esmagadora maioria das pessoas que vem ao podcast – pessoas que descrevem seus problemas financeiros como sérios ou muito sérios (9 ou 10 numa escala de 10) e que passam por uma rigorosa seleção – não leram um único livro sobre finanças pessoais. É espantoso, mas também é da natureza humana.

4. Aqueles que ganham menos quase sempre se mostram obcecados em ser solícitos; essas pessoas se perguntam se as suas contribuições não financeiras têm tanto valor quanto o dinheiro, que é medido muito mais facilmente. (A resposta é sim!)

5. Um número surpreendentemente alto de casais com dívidas no cartão de crédito tem compras bastante específicas, como relógios da Apple e iPads com conexão celular.

6. Os homens se consideram "provedores", e as mulheres são ensinadas a manter uma conta de poupança em segredo "só por precaução".

7. Muitos casais discutem sobre compras em lojas de departamento durante anos; mas, raras vezes, a discussão é sobre essas lojas; na verdade, é sobre ter 65% da renda em despesas fixas, tema que será abordado no Capítulo 7.

8. Quando as pessoas estão em dificuldades financeiras, é quase sempre devido a duas compras: suas casas e seus caminhões (perdão, eu quis dizer "veículos").

VOCÊ É A "PESSOA DO DINHEIRO" EM SEU RELACIONAMENTO?

Em 90% dos casais com os quais eu trabalho, um dos parceiros é a "pessoa do dinheiro". Eu compreendo – em qualquer relação, uma pessoa se encarrega de preparar o almoço e a outra de lavar a louça. Um cuida da roupa, o outro faz reparos na casa. Faz sentido que uma pessoa apenas cuide do dinheiro, certo?

Errado.

Diferente da tarefa de lavar pratos, cuidar do dinheiro é algo que não pode ser deixado a cargo de um dos parceiros apenas, porque ele impacta tudo: o lugar onde moramos, o que comemos, o que fazemos para nos divertir e até mesmo *quem somos*. Administrar o dinheiro é mais como "cuidar dos filhos" do que como "fazer compras". É necessário os dois para "cuidar dos filhos" – do mesmo modo, não deve haver apenas um parceiro "cuidando do dinheiro".

Isto é fundamental: *os dois integrantes do casal devem se envolver nas finanças da família*. Se apenas um for a "pessoa do dinheiro", os dois jamais formarão uma equipe que trabalha em conjunto para construir uma vida rica.

Quando percebemos a importância de ambos os parceiros terem responsabilidade financeira no jogo, começamos a entender por que tantos casais relatam os mesmos desentendimentos:

- *"No instante em que eu entro em casa, ele me pergunta quanto eu gastei no supermercado."*
- *"Ela vive conferindo a fatura do cartão de crédito e dizendo que eu gasto demais quando saio com meus amigos."*
- *"Ele me pede para cortar gastos com supermercado, mas não faz ideia de que eu já cortei até não poder mais."*

As pessoas passam décadas discutindo por causa de despesas sem importância, sem nunca se darem conta de que o verdadeiro problema reside no fato de apenas uma pessoa do casal ser responsável pelas finanças. Mas, agora que sabemos o que realmente está errado, podemos resolver e seguir em frente! Que alívio!

É natural que num casal um dos parceiros tenha mais aptidão que o outro para lidar com dinheiro. E isso vale para todos os aspectos importantes da vida – criação dos filhos, planejamento de viagens, manutenção das relações familiares. Porém é necessário que os dois se preocupem com o dinheiro, porque ele afeta todas as partes da vida. O casal tem de conversar regularmente sobre finanças, construir um sistema juntos e desenvolvê-lo ao longo do tempo. Se não criar uma visão compartilhada e não tomar decisões em conjunto, o casal acabará se preocupando com minúcias sem sentido, como gastos com café ou lanches, ou concentrando-se no que eu chamo de perguntas de três dólares. Devíamos passar mais tempo fazendo perguntas de 30 mil dólares.

Quem está preso a perguntas de três dólares limita-se a permanecer na defensiva e a discutir sobre transações casuais, em vez de construir uma visão e usar o dinheiro para viver essa visão. E mesmo que essas pessoas "ganhem" gastando menos com despesas pequenas e aleatórias, que diferença faz? Elas realmente conseguiram chegar a algum lugar? Sabem o que fazer com os três dólares que economizaram? Sentem-se melhor? A resposta é não.

Escolhas de 3 dólares vs. escolhas de 30 mil dólares

Onde as pessoas tentam economizar dinheiro:

- Três dólares em café

Áreas que realmente importam:

- Implementar investimentos automáticos (potencial de ganho: 250 mil dólares)
- Minimizar taxas de investimento (50 mil dólares+)
- Elaborar um plano de pagamento de dívidas (50 mil dólares)

Faça escolhas de 30 mil dólares, não de três mil dólares.

Talvez eu seja estranho, mas tenho como regra não sofrer com discussões entediantes e sem sentido pelo resto da vida.

No meu caso, isso funciona da seguinte maneira: no meu casamento, eu lido com os nossos investimentos porque tenho mais conhecimentos sobre o assunto. O mais importante, contudo, é que Cassandra e eu continuamos *falando* sobre investimentos em conjunto: discutimos a porcentagem da renda que estamos investindo, onde esse dinheiro está sendo investido, quanto esperamos ter daqui a vinte anos e se devemos contribuir mais ou menos esse ano. É nesse nível que discutimos o uso do nosso dinheiro – não computando quanto gastamos em café na semana passada. É por esse motivo que ambos os parceiros precisam entender quais são as perguntas de 30 mil dólares e concordar em se concentrar nelas juntos.

Eu trabalho com finanças, por isso teria sido fácil ser o "cara do dinheiro" desde o começo, mas eu insisti para que ambos nos envolvêssemos nessa tarefa por três motivos:

1. Mais dia, menos dia eu vou morrer, e se isso acontecer antes de Cassandra, quero que ela se sinta segura quanto às finanças e saiba exatamente o que fazer com o nosso dinheiro. (Há uma epidemia de mulheres que se veem despreparadas para lidar com suas finanças quando seus parceiros morrem. Essas mulheres são alvo fácil para predadores financeiros. Eu jamais permitirei que minha mulher acabe nessa situação, e até já posso vê-la rindo e desligando o telefone na cara dos inúteis consultores financeiros da Goldman Sachs que resolverem lhe telefonar depois que eu abotoar o paletó. Quero assistir a isso de camarote, comendo pipoca no Paraíso.)
2. Quero que sejamos bons administradores do nosso dinheiro, por isso conversamos a respeito dele e o cultivamos juntos, como se fosse um jardim. Para nós, administrá-lo bem significa gastá-lo de forma consciente, fazer doações para causas com as quais nos importamos e decidir o que será feito dele quando morrermos.
3. Por fim, é muito mais divertido cuidar juntos do dinheiro! Planejar as férias dos sonhos, escolher onde queremos gastar mais (ou menos) no próximo ano e construir uma bela experiência em nossa casa.

No curto prazo, teria sido muito mais simples lidar eu mesmo com as finanças. Mas os benefícios de construir uma compreensão compartilhada sobre dinheiro são muito maiores do que os de uma abordagem "fácil". Todos os casais enfrentam desafios relacionados ao tema e eu e Cassandra não somos exceção. Conversar regularmente e de maneira positiva nos ajudou a lidar com os nossos.

Quando nos casamos, as nossas concepções a respeito de dinheiro eram bastante diferentes. Como empresários, temos gastos e renda irregulares. Porém, graças às nossas conversas constantes, temos uma linguagem compartilhada e sabemos usá-la, em épocas boas e ruins. Nós realmente somos parceiros em nossa vida rica, e é isso que eu quero também para você e seu companheiro(a).

UMA NOVA MANEIRA DE LIDAR COM O DINHEIRO

Este livro ajudará você a não associar dinheiro a horror, medo e ressentimento. Em lugar disso, você aprenderá o que dizer e o que fazer para associar dinheiro a um sentido de união do casal, prazer, oportunidade, propósito e generosidade. E, é claro, o casal poderá fazer isso conjuntamente, mesmo tendo visões diferentes.

Essa será sempre uma tarefa fácil? É claro que não. Seu companheiro demonstrará tanto entusiasmo quanto você para realizá-la? Talvez não. Mas eu trabalhei com casais em todas as situações e entendi que não importa se as dívidas são de 800 mil dólares ou se têm milhões de dólares no banco, eles precisam das mesmas coisas: uma comunicação melhor e um sistema que se sustente. Eu tenho um sistema que funcionou para milhares de casais e vai funcionar também para você e sua cara-metade.

Nas próximas páginas você...

- ***aprenderá o que dizer exatamente quando conversar sobre dinheiro***, mesmo se seu parceiro(a) se opuser a esse tipo de conversa.

Desculpas e mais desculpas

"Nós não precisamos de um livro, só precisamos de um orçamento."
Falando francamente e sem rodeios: o orçamento não é o motivo pelo qual vocês não se entendem quando o assunto é dinheiro. O problema é bem mais profundo. Para a grande maioria das pessoas, o orçamento é uma solução perspicaz para um problema psicológico. Nós achamos essas soluções tentadoras - mesmo que não funcionem! - porque em nossa cultura nos ensinam que os números são importantes e os sentimentos não. Um orçamento não irá salvá-lo, mas aprender a relacionar-se com o dinheiro talvez salve.

"Meu parceiro jamais concordará em fazer isso comigo."
Isso pode acontecer. Se acontecer, que opções você teria? Desistir? Fazer as mesmas coisas que já vinha fazendo antes? Se isso não funcionou, vamos tentar outra abordagem: a minha. O ex-diretor executivo da Netscape, Jim Barksdale, disse certa vez: "Se temos dados, vamos acompanhar os dados. Se tudo o que temos são opiniões, vamos seguir a minha." Mesmo lendo este livro completamente sozinho, você pode avançar o bastante para percorrer 85% do caminho que o levará aonde você quer.

- ***terá acesso aos passos para criar uma visão conjunta da sua vida rica*** – uma que se adapte a cada um individualmente e ao casal.
- ***entenderá como o seu passado afeta a maneira como se sente em relação ao dinheiro*** e aprenderá a mudar a sua história para uma versão positiva e voltada para o futuro.
- ***aprenderá a cuidar de suas finanças com visão de longo prazo.*** Para muitos de nós, gerir o nosso dinheiro significa dirigir em meio à neblina e só conseguir enxergar apenas poucos metros à frente. Vocês construirão uma visão real focando meses e até anos à frente. Um alívio e tanto.
- ***descobrirá como atuar em sintonia, como uma equipe***, tomando decisões juntos visando à sua vida rica.
- ***saberá como se defender – sem conflitos*** – quando se tratar de gastar, economizar, investir e da forma como o casal lida com dinheiro.
- ***terá um sistema sólido para o dinheiro*** que requer apenas uma hora por mês de manutenção, incluindo as contas exatas e um plano real.
- ***finalmente começará a se sentir*** bem ***em relação ao dinheiro.*** Melhor ainda: esse é um sentimento que você compartilhará com o seu parceiro, porque vocês fizeram isso juntos.

"Nós temos problemas muito maiores do que o dinheiro."
Tem razão! Mas vamos começar solucionando esses problemas porque a cada dia que passa você perde muito deixando de investir.

"Talvez isso até funcionasse, se...
... nós ganhássemos mais."
... não morássemos numa região tão cara."
... o meu companheiro não fosse tão irresponsável."
... a economia não estivesse tão terrível."
... e assim por diante.
É, provavelmente. A vida seria bem mais fácil se eu tivesse mais de um metro e noventa e sotaque australiano, mas as coisas não funcionam assim. Temos de lidar com os problemas da melhor maneira possível. Você pode reconhecer a necessidade de uma mudança geral e se concentrar no que pode controlar ao mesmo tempo – e este livro ensina a assumir, conjuntamente, o controle do seu dinheiro.

"Falar sobre dinheiro é estressante e deprimente."
É por isso que eu estou aqui! Isso não tem de ser assim, e não deveria ser. Meu sistema ajudará a mudar toda essa situação para você e seu parceiro.

Ao abrir este livro, você sinaliza para si mesmo que o dinheiro é importante, que você não vai pedir desculpa por se importar com suas finanças e que há espaço para que você e seu parceiro se tornem mais próximos. Você também aceitou a ideia de receber ajuda. Eu lhes darei tudo o que dou aos casais com os quais trabalho – roteiros, palavra por palavra, táticas, perguntas investigativas, exemplos psicológicos e muito mais. Vez por outra, eu também vou pressioná-los, assim como faço com os outros casais.

Eu prometo que, assim que vocês tiverem uma conversa positiva sobre dinheiro, o seu ponto de vista mudará por inteiro. Você perceberá que é uma abordagem totalmente nova. E, no final deste livro, depois de construírem confiança mútua, depois de sorrirem e se sentirem *bem* falando de dinheiro, vão ver que é algo que podem controlar – juntos.

Agora nós podemos começar.

PARTE 1

10 PASSOS PARA UMA VIDA RICA — JUNTOS

CAPÍTULO 1

SUA PRIMEIRA CONVERSA POSITIVA SOBRE DINHEIRO

Use esses roteiros fáceis passo a passo e mantenha-se tranquilo

"Vocês dois conseguem se lembrar de algum momento nos últimos trinta dias em que discordaram sobre dinheiro?"

Eu faço essa pergunta aos casais quando eles vêm ao meu podcast. Parece bastante inocente, fácil, algo para ajudar a quebrar o gelo, rir e talvez contar uma história engraçada. Mas a pergunta não é à toa. É o resultado específico e cuidadosamente calculado de testes com mais de duas dúzias de perguntas diferentes.

Quando falamos sobre o papel do dinheiro em nossos relacionamentos, a maioria de nós age de maneira vaga e genérica:

- "Eu sou um poupador. Eles são gastadores."
- "Eu só gostaria que eles fizessem um planejamento."
- "Parece que nunca conseguimos chegar a um acordo quando se trata de dinheiro."

Tecnicamente essas afirmações podem ser verdadeiras, mas não refletem o que realmente está acontecendo. Para chegar ao cerne do problema, precisamos abordar situações reais com detalhes reais. Precisamos ser mais objetivos, não mais vagos!

Recentemente eu fiz essa pergunta a um casal: ambos respiraram fundo, passaram a falar e conversaram durante doze minutos. Apontaram culpados, justificaram o próprio comportamento em atitude defensiva e revelaram como o dinheiro os deixava ansiosos.

Eu adorei isso. Em determinado momento, porém, tive de interrompê-los.

— Algum de vocês dois já se sentiu bem em relação a dinheiro? — perguntei.

— Não — eles responderam.

Que momento extraordinário! Quando eu os interrompi, eles estavam ocupados discutindo o preço de um almoço de 15 dólares, o que era um pequeno sintoma do que realmente acontecia no relacionamento: *ambos se sentiam mal em relação a dinheiro*. Essa era a origem de todos os conflitos. Mas, se eu simplesmente tivesse perguntado "Qual é o problema do dinheiro na relação de vocês?", eles teriam respondido "Nós não falamos a mesma língua".

Detalhes são importantes. As palavras que escolhemos são como um raio X do que sentimos a respeito de dinheiro. Nós o evitamos, discutimos por causa dele, nos preocupamos com dinheiro, mas a verdade se revela nas palavras que usamos corriqueiramente.

É por isso que vamos nos concentrar no modo como conversamos. Quero mostrar *como é* ter uma boa conversa sobre dinheiro, aquela em que os dois sorriem e se sentem conectados.

REDEFININDO "A CONVERSA SOBRE DINHEIRO"

Vamos entender como a maioria de nós encara "A conversa sobre dinheiro".

Repare no pequeno, mas decisivo artigo "A". Nós acreditamos que é preciso ter "a" conversa sobre dinheiro para falarmos a mesma língua – como se uma simples troca de ideias fosse mudar totalmente nossas vidas! Bastaria ter somente uma conversa sobre a criação dos filhos? Ou sobre os cuidados com nossos pais idosos? Claro que não. Assuntos importantes merecem nossa atenção permanente.

Sendo assim, reformule as suas conversas:

> *"Nós tivemos o privilégio de ter muitas conversas sobre o modo como queremos usar o dinheiro para construir nossas vidas ricas. E podemos falar sobre isso juntos durante o resto da vida."*

Que alívio! Vocês não precisam ter a conversa perfeita. As oportunidades para falar sobre dinheiro são muitas. Não há necessidade de pressa e ninguém espera que você saiba, como num passe de mágica, o que dizer na primeira vez. Vocês estão combinando duas formas diferentes de ver o dinheiro, diferentes histórias familiares e perspectivas diferentes de como será a vida.

Falar sobre dinheiro é uma habilidade, e você está prestes a construí-la junto com o seu parceiro. Como na primeira vez em que vocês andaram de bicicleta sem rodinhas, é possível que "caiam da bicicleta" vez ou outra. Reconheça que não é fácil, encare o desafio e procure até se divertir com isso. Você pode dizer o seguinte: "Olhe, isso me deixa nervoso. Talvez eu fale bobagem. Mas a ideia de melhorar nisso com você me deixa animado". Mostre as suas vulnerabilidades e ficará mais fácil para o outro expor as dele.

Antes de se sentar para conversar, recomendo que você pense no que vai dizer, não improvise. Eu aposto que você não improvisaria se se tratasse de uma reunião importante no seu trabalho. Oitenta por cento do trabalho é feito antes mesmo de começar; por isso, eu sempre visualizo minhas conversas importantes, antecipando os problemas e me preparando para essa possibilidade. Considere o que faz um bom atleta olímpico, por exemplo, que visualiza todas as dificuldades antes da grande competição. Da mesma maneira, leve a sério a conversa que terão – pode não ser "a" conversa, mas ajuda a estabelecer as bases para o resto da vida financeira de vocês.

Saiba como preparar um bom esquema para a conversa: em primeiro lugar, tenha clareza sobre o que espera desse bate-papo, reservando alguns minutos para anotar tudo o que lhe vem à cabeça, que pode ser parecido com a seguinte lista:

- O que são esses 16,39 dólares cobrados no posto de gasolina na semana passada?
- Você preencheu os formulários do seu plano de saúde?
- Nós temos o suficiente para a nossa aposentadoria?
- Que cartão de crédito é esse que eu encontrei dentro da gaveta?
- O que eu faço para você falar sobre dinheiro comigo?
- A escola das crianças vai fazer outra excursão e eu não sei de onde tirar dinheiro para isso.
- O que é uma conta de aposentadoria individual?

Agora armazene todas as anotações – mais tarde você voltará a elas. A sua primeira conversa sobre dinheiro não envolve a *maioria* dessas coisas. Na verdade, se começar perguntando sobre uma cobrança da semana passada na fatura do cartão de crédito, você ficará preso às perguntas de três dólares.

Avalie as questões dessa lista acima e assinale a mais importante. Nela, há somente um tópico real para abordar em sua primeira conversa sobre dinheiro: "O que eu faço para você falar sobre dinheiro comigo?". Resolva isso e o resto se seguirá.

Eis alguns exemplos de perguntas "boas" para esse primeiro encontro:

- Como seria se nós dois nos sentíssemos bem em relação ao dinheiro? Com que frequência nós conversaríamos sobre esse assunto? O que faríamos mais? O que faríamos menos?

- O que eu poderia fazer para ajudar você a se sentir mais à vontade para falar sobre dinheiro? (E vice-versa.)
- Que tipo de valores financeiros nós queremos ensinar aos nossos filhos?

Agora que você refletiu com cuidado sobre as coisas que deseja falar, faça um roteiro simples como este:

NOSSA PRIMEIRA REUNIÃO INCRÍVEL SOBRE DINHEIRO

- Por que essa reunião será incrível?
- Como me sinto em relação ao dinheiro (Como você se sente?)
- Como eu quero me sentir em relação ao dinheiro (Como você quer se sentir?)
- Próximos passos (Vamos falar mais sobre isso na próxima semana?)

Vamos analisar cada parte desse roteiro para a sua conversa, quero dizer, a sua "Primeira reunião incrível sobre dinheiro".

Reformulando a linguagem para tratar de dinheiro

As palavras que usamos para falar sobre dinheiro são extremamente reveladoras. Você poderia dizer, por exemplo: "Nós *temos* de conversar sobre dinheiro hoje [suspiro]", ou poderia dizer: "Hoje *vamos* falar sobre dinheiro [expressão feliz]". Imagine o impacto de falarem sobre isso de maneira positiva durante décadas. Como isso moldaria a sua percepção?
Você pode deixar de enxergar o dinheiro com temor e enxergá-lo como oportunidade. Para começar, escolha conscientemente uma linguagem diferente – mesmo que a conversa se dê apenas dentro da sua cabeça. Por exemplo:

EM VEZ DE: "Não podemos pagar por isso."
DIGA: "Ainda não podemos pagar por isso, mas estamos fazendo um planejamento para economizar para isso."

EM VEZ DE: "Eu nunca pagaria por isso."
DIGA: "Tempos atrás eu nunca teria pagado por isso, mas começo a entender por que algumas pessoas pagam."

A conversa propriamente dita (15-20 minutos)

Por que essa reunião será incrível? Diga ao seu parceiro por que você está tão animado para falar sobre dinheiro. Mencione que está lendo este livro e que a possibilidade de ambos construírem algo juntos o faz sentir-se muito bem. Esteja motivado.

> "Eu estou lendo este livro sobre casais e dinheiro, e ele me deu muitas ideias sobre como nós dois podemos conversar sobre esse assunto. O autor do livro escreve sobre como muitos casais controlam suas finanças e como nós podemos economizar dinheiro e gastá-lo nas coisas de que mais gostamos."

Como me sinto em relação ao dinheiro. A maioria de nós nunca fala de seus sentimentos a respeito de dinheiro. Pense nisto: quando foi a última vez que você disse "Estou com medo" ou "Estou preocupado"? Quando foi a última vez que o seu parceiro falou os sentimentos dele? Comece você mostrando a sua vulnerabilidade, compartilhando-a primeiro e depois pergunte ao seu parceiro como ele se sente em relação ao dinheiro – *e ouça-o*. Faça perguntas precisas, mesmo que as

EM VEZ DE: "Isso é para ricos, não para pessoas como nós."
DIGA: "Eu não cresci fazendo isso, mas, se quisermos, podemos fazer um planejamento para isso." (A menos que seja algo absurdamente caro, como comprar um jato particular; nesse caso, tente o seguinte: "É um belo avião, mas prefiro sair em férias com a família".)

EM VEZ DE: "Deve ser legal poder gastar tanto. Nós mal podemos..."
DIGA: "Nós escolhemos o que é importante para a nossa vida rica; as outras pessoas escolhem o que é importante para elas."

A linguagem que usamos torna-se a nossa identidade. Eu costumava chamar a mim mesmo de "indiano magrelo", por brincadeira – acabou se tornando uma profecia autorrealizável, algo que eu acreditava ser extremamente difícil de mudar. Eu gostaria de jamais ter dito tal coisa sobre mim. Na verdade, eu só ainda não havia aprendido a me exercitar com pesos e a comer bem. A sua linguagem molda a sua realidade. Que tipo de linguagem você tem usado? Escolha as suas palavras com cuidado!

respostas não sejam as que você espera. Lembre-se de que essa é uma oportunidade para descrever os seus sentimentos, não para fazer acusações. Nosso terapeuta nos forneceu a Roda das Emoções, um recurso que foi muito útil. Busque esse recurso online e use-o!

> "Eu me sinto confuso em relação ao nosso dinheiro. Por exemplo, eu simplesmente não entendo aquela planilha que usamos. Queria entender, mas, do meu ponto de vista, ela não faz sentido."
> "Estou preocupada. Sei que disse que tudo vai ficar bem, mas fico ansiosa quando confiro nossa conta bancária e vejo que temos pouco dinheiro lá."
> "Às vezes, o dinheiro me deixa descontente, porque eu administro as nossas contas mensais, nossas compras no supermercado e adoraria ter um pouco de ajuda. Acho que me sinto sozinho."

Como eu quero me sentir em relação ao dinheiro. Crie uma visão poderosa, que vá além de "sentir-se preocupado". Evite se concentrar em como você *não* quer se sentir, e descreva quais emoções você *quer* sentir.

> "Eu quero me sentir bem-informado a respeito das finanças, me sentir confiante. Quero sentir que tenho uma parceira, que você me dá apoio e que eu lhe dou apoio."
> "Quero me sentir bem em relação ao dinheiro, para que possamos planejar o que gostaríamos de fazer com ele. Sei que conversamos sobre viajar para a Islândia, sobre sairmos para uma noite romântica toda semana... É com isso que eu quero que a gente se sinta bem."
> "E quanto a você?"

Próximos passos. Seja breve! É melhor ter uma conversa breve e positiva do que uma conversa longa, cansativa e negativa. Eis a minha filosofia: declare vitória e saia de cena! Vocês terão tempo de sobra para conversar sobre dinheiro. O seu objetivo para o primeiro encontro deve ser sentir-se bem – e terminar a reunião em alto astral.

> "Isso me deixa tão feliz. Acho que devíamos encerrar por hoje, mas quero aproveitar pra dizer que te amo muito e que é muito bom poder falar sobre esse assunto com você. Podemos conversar mais na semana que vem? Eu adoraria começar a fazer um planejamento para o nosso dinheiro. Que tal sábado à tarde?"

Adapte os roteiros acima à sua situação. Como você pode ver, a primeira conversa é breve, franca e otimista. E tenha sempre em mente que ninguém nos ensinou isso. A maioria de nós recebe mais orientações a respeito de sexo do que de dinheiro! Por isso, permitam-se rir se as coisas parecerem um tanto embaraçosas.

DICAS PARA A SUA PRIMEIRA CONVERSA SOBRE DINHEIRO CORRER BEM

- Antecipe mentalmente a reunião que terá. E se for divertida? E se for fácil? O que você comunicaria por meio de linguagem corporal? O que seu rosto transmitiria? Então faça isso.
- Mostre alguma gentileza na interação com seu parceiro. Você está lendo este livro e pensando na conversa sobre dinheiro, mas ele provavelmente não. Sua abordagem irá surpreendê-lo, por mais gentil que você seja. Seja sensível.
- Não se espante se escutar algo que possa irritar você (coisas como “Eu não sou bom com dinheiro”). Quando as pessoas falam de dinheiro, muitas vezes elas se expressam no “piloto automático”. No dia seguinte, é provável que nem se lembrem do que disseram. Entenda que cada um tem um modo peculiar de se comportar quando se sentem estressados ou surpresos. Ouça e então pergunte de outra maneira. Se não funcionar, siga adiante.
- Quando falar sobre como você deseja se sentir em relação ao dinheiro, concentre-se no que *quer* – não no que *não quer* (“Eu não quero me sentir preocupado” passa a ser “Eu quero me sentir confiante”). Isso é importante porque é fácil ficar enredado nos aspectos negativos, mas criar uma visão positiva diz respeito ao que você *realmente* deseja.
- Tenha em mente que o seu trabalho não é responder cada uma das perguntas que o seu parceiro fizer ou “checar” cada item da agenda. Mantenha-se concentrado em seu objetivo: ter uma conversa sobre dinheiro em que vocês dois se sintam bem.
- Quando a conversa terminar, dê um abraço em seu companheiro(a) e diga “Eu te amo”. E não fale mais sobre dinheiro pelo resto do dia!

O QUE *NÃO* FAZER

- As mesmas coisas que você sempre fez. Os mesmos assuntos, as mesmas frases, o mesmo tom, o mesmo lugar, o mesmo, o mesmo, o mesmo. Se você quer mudar, então mude.
- Abordar o assunto na cama, quando um de vocês chegar do trabalho ou quando estiver distraído, com fome ou cansado.

> **Onde e quando realizar a conversa**
>
> Pense num lugar para conversarem e quando. O ideal é que seja pela manhã, num lugar calmo, sem distrações, como crianças correndo de um lado para outro. (Falar é fácil para mim, eu sei, mas isso é importante. Encontre uma saída.) Tente reservar um momento tranquilo, no qual vocês dois estejam presentes e comprometidos. Se tiver de adiar alguns dias, tudo bem.

- Tratar a conversa como uma obrigação. (*Suspiro.* "Certo, eu sei que você não gosta de falar sobre dinheiro, mas...") Reformule: "Falar sobre dinheiro é uma dádiva! Podemos fazer isso juntos! E isso será uma maratona, não uma corrida, por isso vamos nos divertir ao longo do caminho".
- Fazer uma pergunta tendenciosa, cuja resposta você já conhece é preparar uma armadilha verbal. ("O que acha que deveríamos fazer para cortar nossos gastos? Sim, mas e quanto àquele seu hobby? Eu sempre digo que você precisa parar...")
- Sentir que precisa resolver todos os problemas em uma única conversa. Você terá tempo de sobra.

Boas frases de apresentação

- Se você sabe que o seu parceiro vai ficar animado com a ideia de falar sobre dinheiro: "Eu quero tentar algo novo. Quero usar os exercícios deste livro que estou lendo para que possamos começar a planejar a nossa vida rica juntos."
- Se vocês tiverem uma história conflituosa: "Você estaria disposto(a) a falar sobre dinheiro? Eu gostaria que nós dois nos sentíssemos bem a respeito disso. Que tal na quarta-feira à noite?"
- Se conversar sobre dinheiro for uma experiência nova para vocês dois: "Eu estava me sentindo confuso(a) a respeito de dinheiro, por isso comprei este livro e queria sua opinião sobre o assunto. Posso fazer algumas perguntas?"

Tudo bem se a reação for de estranhamento quando você disser que gostaria de falar sobre dinheiro. A maioria das pessoas é apanhada de surpresa quando se menciona dinheiro, sobretudo porque uma vida inteira de conversas negativas sobre isso as condicionou; sendo assim, reações são muitas vezes rudes ou até inflamadas. Elas instintivamente sentem que alguma encrenca as espera. Imagine como você reagiria se em tempos passados – antes de você iniciar a sua jornada de autoaperfeiçoamento financeiro – alguém lhe dissesse que queria "falar sobre dinheiro" com você. Você provavelmente também não ficaria confortável em ouvir essa pessoa!

Se achar que o seu parceiro mostra hesitação ou resistência a essa conversa, dê espaço para que ele diga o que lhe vier à mente e depois o redirecione gentilmente ao seu objetivo principal.

Eis alguns exemplos:

Parceiro: "Hã... nossa." (Nas entrelinhas: "Isso é estranho".)
Você: "Tudo bem, então. Eu estou lendo este livro e gostaria que me contasse suas ideias para podermos..."

Parceiro: *Suspira.* "Isso de novo?"
Você: "Eu sei que nós nunca falamos sobre dinheiro de uma forma positiva e quero mudar isso para que nós dois possamos nos sentir bem em relação ao assunto."

Parceiro: "Nós já não tentamos fazer isso antes?"
Você: "Sim, já tentamos. Mas acho que a minha abordagem foi equivocada. Eu quero que nós dois nos sintamos bem quando falarmos sobre dinheiro. Você estaria disposto(a) a tentar novamente?"

Parceiro: "Tudo bem, eu vou fazer o que você quer" (mas ainda há desconfiança no olhar).
Você: "Isso é ótimo! Obrigado(a). Agora é um bom momento ou devemos fazer isso mais tarde essa semana?"

Parceiro: "Por que você sempre precisa falar sobre dinheiro?"
Você: "Eu te amo. É realmente importante para mim que a gente encontre um meio de falar sobre esse assunto juntos. Você estaria disposto a confiar em mim e tentar isso junto comigo?"

Palavras-tabu que você deve evitar

Quando o assunto é dinheiro, certas palavras e frases provocam imediatamente nas pessoas uma atitude defensiva. Muitos caem na armadilha de dizer pelo menos uma dessas palavras ou frases, o que quase sempre estraga a conversa. Evite mencionar as palavras relacionadas a seguir, e tenha uma enorme vantagem na primeira conversa sobre dinheiro.

- **"Orçamento."** Todo mundo odeia orçamentos – até eu os odeio. Simplesmente não fale nisso.
- **"Fatura de cartão de crédito."** Se você tiver dívidas no cartão de crédito e abordar esse assunto em sua primeira conversa, acabará expulsando toda a energia positiva que houver no recinto. Você terá tempo para falar sobre isso mais tarde.
- **"Você precisa levar isso a sério."** Se você fosse jogar pingue-pongue pela primeira vez e seu adversário lhe dissesse "Você precisa levar isso a sério", como você se sentiria? Seu objetivo é promover diversão e conexão, não dar instruções.
- **"Você sempre..."** e **"Você nunca..."** Quando alguém diz que você "sempre" faz algo errado, sua reação natural é contra-argumentar; por isso, essa frase funciona como uma armadilha para quem a usa. Uma dica simples: em caso de dúvida, concentre-se no "nós" e deixe o "você" de lado.

Falar sobre dinheiro quando você está namorando

Se você estiver namorando, em busca de um relacionamento sério, não há nada de errado em querer saber como a outra pessoa lida com dinheiro. Se vocês ficarem juntos, as finanças serão fundamentais na sua vida: terão impacto no lugar onde vocês vivem, na forma como passam o tempo livre, nas oportunidades que seus filhos têm - em quase tudo, enfim. Evidentemente não pegará nada bem se você aparecer no segundo encontro com uma pasta cheia de páginas contendo perguntas sobre finanças. Quando chegar o momento certo, faça perguntas sérias e ouça com atenção: as pessoas revelam quase tudo. Eis algumas perguntas que você pode fazer.

"O que a sua família fazia para se divertir quando você era criança?" Ele(a) pode responder que iam esquiar em Aspen ou, se forem como a minha família, que iam à biblioteca pública ou ao cinema com entradas a 1 dólar. Seja como for, isso é bastante revelador sobre a educação da outra pessoa e sobre a sua provável concepção a respeito do dinheiro.

- **"Eu quero apenas..."** Esse uso de "apenas" é interessante, porque é tão comum e tão casual, mas minimiza o seu objetivo. Resista ao impulso de diminuir a importância do dinheiro. A sua visão é construir uma vida rica, não "apenas" parar de discutir ou "apenas" entrar em acordo em relação a gastos no supermercado. Embora possa parecer mais fácil concentrar-se num tópico modesto, as pessoas tendem a reagir melhor diante de uma visão mais ampla: *Eu não quero parar de gastar demais no supermercado; eu quero viver uma vida rica.* Essa conversa é o início de uma abordagem que visa tratar o dinheiro com o respeito que ele merece.

O que fazer se vocês se desentenderem

Isso acabará acontecendo. Em algum momento, você e sua cara-metade terão divergências a respeito de dinheiro. Isso é normal! Minha mulher e eu ainda discordamos sobre dinheiro. A ideia é se antecipar e se preparar para esse momento; dessa maneira, quando acontecer, você saberá exatamente o que fazer. Veja a seguir uma lista de frases úteis que você pode usar quando tiver alguma divergência.

"Quanto devemos dar de gorjeta?", você pode perguntar às vezes. Outras vezes, você pode simplesmente observar o que a pessoa faz. Essa pessoa dá gorjetas ruins? Ela se oferece para dividir as despesas? É generosa, tem iniciativa e é solícita? Essas qualidades não demoram a surgir.

"Como você imagina o seu futuro?" Se você tem uma visão bem clara da sua vida, é possível que queira simplesmente comunicá-la e avaliar a reação do seu par. No Ocidente, isso pode parecer precipitado e chocar, por isso costuma ser melhor deixar para mais tarde; em outras culturas, porém, o assunto é discutido no primeiro dia. Meus pais, por exemplo, casaram-se sete dias após se conhecerem, então tiveram de ser imediatamente diretos quanto ao que procuravam.

"Podemos falar sobre como vamos pagar a viagem que faremos no mês que vem?" A primeira viagem é uma excelente oportunidade para conversar sobre dinheiro. O risco é relativamente baixo, ambos querem impressionar, demonstrando tranquilidade, e provavelmente têm pontos de vista sobre quem deve pagar e o quê. Muito bom! Uma sugestão apenas: traga uma ideia do que *você* quer. Do contrário, há grande chance de você perguntar ao seu par o que ele quer e deixar que ele dite os termos da discussão.

- ***"Podemos fazer um intervalo?"*** Não há problema em parar um minuto para se recompor, beber um copo d'água e até dar uma olhada em suas anotações para retomar o rumo.
- ***"Você pode me ajudar a entender o que está dizendo? Eu quero realmente entender."*** A vulnerabilidade gera conexão. Use-a com mais frequência!
- ***"Eu me sinto um pouco cansado agora. Podemos voltar a esse assunto amanhã?"*** Se a conversa tomar um rumo inesperado e ficar difícil administrá-la, é hora de uma pausa mais longa. Demonstre empatia e encerre o assunto por agora. Não é seu dever resolver todos os problemas que o seu parceiro apresenta, mas sim começar a desenvolver uma comunicação positiva sobre dinheiro. Para isso, às vezes é necessário terminar a conversa mais cedo.

O conflito é inevitável, mas sem dúvida vocês podem discordar sem brigar. Em meu programa na Netflix, falei com um jovem casal: Christian e Millie. Christian revelou que havia perdido 80 mil dólares em um único investimento. É compreensível que um casal que passa por isso fique transtornado. O lado bom é que eles não brigavam – mesmo quando discordavam, conversavam sobre os seus problemas e lembravam um ao outro que eram uma dupla.

AGUARDANDO A PRÓXIMA CONVERSA

Vamos supor que vocês dois tenham tido uma primeira conversa breve e positiva. No Capítulo 3, começarão a criar a sua visão de vida rica juntos. Até lá, continuem construindo a sua conexão em torno do dinheiro. Quando marcar a próxima reunião, peça ao seu companheiro para acrescentar um tópico à agenda. Isso indica que as conversações sobre dinheiro são uma atividade em equipe – não apenas você liderando e seu parceiro seguindo – e dá a ele tempo para contribuir e fazer parte do processo.

Quando você estiver pensando na agenda, combine tópicos grandes e pequenos. Os grandes envolvem aspectos relacionados a estilo de vida e sonhos de uma vida rica. Os pequenos envolvem questões como a maneira de lidar com um problema específico; por exemplo, quem levará o carro à oficina ou se vão trocar de banco.

Antes da reunião, anote algo que você tenha percebido e apreciado em seu parceiro desde o primeiro encontro. Não precisa ser algo relacionado a dinheiro. Eis alguns exemplos que eu e a minha mulher recentemente compartilhamos um com o outro:

A primeira conversa financeira do casal quando vão morar juntos

Morar junto é outra situação perfeita para conversar sobre dinheiro, porque vocês dois realizaram uma mudança que terá grande impacto em suas finanças. Comece a conversa demonstrando confiança: para casais que moram juntos é normal falar sobre dinheiro. Trate o assunto com naturalidade e evite se desculpar por abordá-lo ("Uff... ahn... Nós temos de conversar sobre a divisão do aluguel, eu acho?"). O objetivo é simplesmente abordar o assunto e passar a agir como um casal que conversa sobre isso – como fazem todas as pessoas que mantêm um relacionamento saudável.

Comece com uma dessas sugestões:

"Eu tenho pensado sobre finanças. Podemos falar sobre o assunto? Seria ótimo se estivéssemos em sintonia em relação a isso."

"Francamente, eu não me sinto tão à vontade assim para falar sobre dinheiro, mas acho que essa é uma ótima oportunidade para tratarmos do assunto."

"É importante para mim conversar com você sobre dinheiro. Eu quero apenas começar a conversa para que isso se torne uma coisa normal entre nós."

Seja receptivo e escute tanto quanto fala. Não comece com uma agenda oculta – como um plano para fazer o seu parceiro admitir que gasta demais com videogames. E não se esqueça: você não conseguirá discutir tudo em uma só conversa.

Em três conversas, você quer determinar...

- o mecanismo por meio do qual vocês vão lidar com custos compartilhados (aluguel, conta de luz, compras, alimentação fora de casa).
- seus números financeiros (renda, dívidas, como vocês dois escolhem gastar seu dinheiro excedente).
- se há sinais de alerta que devam ser verificados imediatamente ou ao longo do tempo.
- quando fazer uma nova reunião para falar de dinheiro.

- "Obrigado por tomar a iniciativa de planejar o Natal com os nossos pais. Foi muito legal ver todos jogando juntos. Eu nunca teria pensado nessas atividades, por isso é muito bom ver você criar essas lembranças com todos nós."
- "Quando eu tive aquele [problema de saúde] no mês passado, significou muito para mim você ter tirado um dia de folga do trabalho para me levar até lá e cuidar de mim. Eu me senti verdadeiramente amada. Obrigada por isso."
- "Eu notei que você tem perguntado mais vezes se eu preciso de alguma coisa e se eu estou bem. Isso me faz sentir que se importa comigo."

Tópicos para futuras conversas sobre dinheiro

- Qual é a renda e quais são as dívidas que vocês têm? (caso ainda não saibam)
- Elaborem um testamento, se ainda não tiverem um (deveriam ter)
- Quem deve ser o tutor dos seus filhos se vocês ficarem incapacitados ou morrerem (tópicos divertidos para um sábado à noite!)
- Que papel vocês gostariam de desempenhar na ajuda a membros da família, incluindo a tarefa de cuidar dos pais idosos?
- Que estilo de vida vocês imaginam ter em um ano? Em cinco anos? Em dez anos?

Pense um pouco e então escolha um desses elogios. Ele será a primeira coisa que você dirá na segunda reunião; você construirá o novo hábito de iniciar conversas sobre dinheiro com um elogio, o que mudará completamente a dinâmica. Mais tarde, quando implementar as reuniões mensais no Capítulo 10, você usará essa prática, que logo se tornará habitual.

LISTA DE VERIFICAÇÃO DO CAPÍTULO 1

- ☐ Prepare-se para ter a sua primeira conversa sobre dinheiro. Qual é a principal questão a ser abordada? Como você começa esse papo de modo que seu parceiro sinta-se tranquilo e interessado? Como reagirá se não correr conforme o planejado? Faça uma agenda simples e compartilhe-a.

- ☐ Tenha a sua primeira conversa sobre dinheiro. Seja breve, otimista e focado no futuro! Lembre-se de que não precisa abordar tudo numa só conversa.

- ☐ Agende a segunda conversa de vocês. Não deixe que o impulso perca força. Peça ao seu companheiro(a) para acrescentar ao menos um item a essa agenda de reuniões, e comece sua próxima conversa sobre dinheiro dizendo algo que aprecia nele.

CAPÍTULO 2

ENTENDENDO A PSICOLOGIA DO DINHEIRO

Descubra os seus roteiros invisíveis, memórias ocultas e os quatro tipos em finanças

Sara contou ao marido, Charlie, sobre uma festa de despedida de solteira incrível na praia, da qual ela havia acabado de chegar – "foi nota mil", como ela mesma disse. "Eu não gosto muito de praia, e o Charlie realmente adora", ela me disse. Ela estava animada para compartilhar a ideia dos dois indo juntos para o mar. Contudo, a resposta imediata de Charlie foi não: "Nós não podemos arcar com isso. Não podemos fazer isso!".

Charlie explicou: "Eu imaginei que alugaríamos uma casa que estava 90% vazia, e que pagaríamos por algo que não seria utilizado. Não sei… A casa é linda. É à beira-mar e tem uma piscina, e eu pensei: *É evidente que isso é ótimo, mas eu não vou pagar por uma casa quase vazia*. Por esse motivo, eu disse 'Não podemos pagar por isso'".

"Eu me senti como um balão sendo esvaziado", Sara me disse. "Que história é essa de que não podemos pagar por isso? Eu senti que não podia nem mesmo sonhar com ele sem acabar me frustrando completamente."

Eles poderiam arcar com semelhante luxo? Sem dúvida que sim. Eles ganham 282 mil dólares mais bônus – e vivem na Cidade do México! Eu só descobri a verdade quando perguntei a Charlie sobre a infância dele. Sua família era de classe média, e ele cresceu cercado de colegas muito mais ricos. A mãe voltou a trabalhar e começou a ganhar mais dinheiro que o pai, que acabou se ressentindo por ser o que ganhava menos. Seus pais têm desentendimentos por causa de dinheiro há quarenta anos, e agora esses conflitos contaminaram o casamento de Charlie e Sara.

Por isso, quando Sara sugeriu férias na praia, a resposta enfática de Charlie – "Não!" – não teve de fato relação com a casa de praia ou mesmo com suas finanças. Essa resposta se deveu à sua psicologia financeira.

A maneira como Charlie se sente a respeito de dinheiro está fora de sintonia com sua verdadeira situação financeira. Essa desconexão – ter dinheiro, mas ter receio de gastá-lo – é comum. E sempre pode ser atribuída ao modo como alguém foi criado.

ROTEIROS INVISÍVEIS SOBRE DINHEIRO

Experiências com dinheiro vividas na infância produzem marcas profundas. Elas moldam nossa identidade e podem nos afetar por décadas ou mesmo por toda a vida, como acontece muitas vezes. Nós gostamos de pensar que tomamos decisões financeiras com base em orçamentos e em pura e fria lógica, mas a verdade é que muitas vezes nós apenas reproduzimos situações a que fomos expostos – quer seja mentalidade de escassez, sensação de comodidade e abundância ou medo e confusão em relação ao dinheiro.

A nossa relação com ele se desenrola de formas grandes e pequenas. Eis um exemplo simples: quando empurramos o carrinho de compras pelo supermercado, queremos acreditar que estamos fazendo um cuidadoso cálculo de custo-benefício ao pararmos no corredor dos salgadinhos e aperitivos. Na realidade, nossos pais nos ensinaram que amar significava comer bolachas Ritz como guloseima após as aulas. Quarenta anos depois, nós pegamos as bolachas Ritz sem nem pensar, sem nos dar conta de que o nosso comportamento foi moldado por roteiros invisíveis. Essas crenças estão tão profundamente enraizadas em nós que nem percebemos que as temos.

Se o dinheiro causa preocupação constantemente, é quase certo que você tem roteiros invisíveis. Por exemplo, um dos roteiros invisíveis mais frequentes é "investir é como jogar". Alguns roteiros são positivos, outros são negativos (infelizmente, a maioria se encaixa nessa categoria), e alguns são apropriados para determinados momentos da sua vida.

A boa notícia é que você pode compreender de onde veio e decidir para onde quer ir. Quanto aos roteiros invisíveis que você herdou dos seus pais, é importante lembrar que eles fizeram por você o melhor que puderam, mas eu duvido que tenham lido livros sobre dinheiro como você está fazendo neste exato momento. Eles provavelmente não entendiam todos os pormenores do investimento e da psicologia do dinheiro. Mas você está aprendendo isso agora, o que significa que tem a oportunidade de reescrever a sua história.

O primeiro passo é admitir que hábitos transmitidos de geração para geração são bastante reais. Se os seus pais não falavam sobre dinheiro, é provável que você não fale. Se os seus pais estavam sempre preocupados com dinheiro, você provavelmente é assim também.

Eu faço questão de perguntar aos casais sobre as frases que eles se lembram de ouvir sobre dinheiro quando eram crianças. Seguem algumas das respostas mais comuns. Você se identifica com alguma delas? (Assinale qualquer uma que tenha ouvido quando era criança.)

- ☐ ***"Você não pode pagar por isso."***
    - ☐ "Isso é caro demais."
    - ☐ "Eu *jamais* pagaria tudo isso. É jogar dinheiro fora."
    - ☐ "Não dê um passo maior que as pernas."

- ☐ ***"Um homem não é um plano financeiro."***
    - ☐ "Deixe um pouco de dinheiro guardado, por via das dúvidas."
    - ☐ "Melhor deixar de trabalhar, porque todo o seu ganho se destina à criação dos filhos." (Os salários das mães costumam ser os primeiros a desaparecer sem considerar de fato os efeitos sobre as carreiras das mulheres posteriormente.)
    - ☐ "Você precisa economizar o seu dinheiro." (Mulheres jovens são aconselhadas com frequência a economizar, mas raras vezes são ensinadas a investir.)

- ☐ ***"Você nunca terá muito dinheiro."***
    - ☐ "Ter dívidas faz parte da vida."
    - ☐ "Você vem de uma longa linhagem de professores e fazendeiros. Não espere ganhar muito dinheiro."
    - ☐ "Não precisamos de dinheiro para ser felizes."

- ☐ ***"Seja um homem."***
    - ☐ "Os homens são responsáveis pelo sustento da família."
    - ☐ "O seu trabalho é ser a rocha. Homens não se importam com emoções."
    - ☐ "Por que motivo você ficaria em casa? Um pai tem de trabalhar."

- ☐ ***"Acompanhe as outras pessoas."***
    - ☐ "Você já sabe? John comprou uma casa nova..."
    - ☐ "Com que dinheiro eles conseguem sair em férias pela terceira vez este ano?"
    - ☐ "Quem tem três filhos não aluga."

- ☐ ***"Investir é para pessoas ricas, não para você."***
    - ☐ "Nós mantemos nosso dinheiro no banco."
    - ☐ "O mercado de ações não passa de um jogo para os ricos."
    - ☐ "Eu prefiro comprar ouro ou prata. Coisas que eu possa tocar com as minhas próprias mãos."

- ☐ ***"As coisas se resolverão por si mesmas."***
    - ☐ "Pare de se preocupar. As coisas acabam sempre dando certo para nós."
    - ☐ "Eu 'deixo a vida me levar', esse é o tipo de pessoa que sou."
    - ☐ "Você é tão obcecado por dinheiro – não pode relaxar?"

- ☐ ***"Pessoas ricas são frívolas."***
    - ☐ "Deve ser bom..."
    - ☐ "Quanto mais dinheiro, mais problemas."
    - ☐ "É evidente que *eles* têm condições de gastar 500 dólares em uma refeição."

Dos roteiros invisíveis que você selecionou, escolha um e explore-o mais a fundo:

- De onde veio esse roteiro? Seja específico. Onde você estava quando ouviu isso pela primeira vez? Quantas vezes você ouviu isso?
- Como esse roteiro afetou você e o seu relacionamento?
- Como você pode reescrever isso para que se torne algo útil hoje?

QUANTO OS SEUS ROTEIROS INVISÍVEIS ESTÃO CUSTANDO A VOCÊ?

Michelle e Dan, do episódio 56 do meu podcast, estão entrando na casa dos trinta anos e tudo indica que a situação financeira deles é muito boa. A renda familiar é alta, e eles já economizaram 200 mil dólares. O problema é que quase todo esse dinheiro está numa conta-poupança com juros baixos, e somente 25 mil dólares estão investidos.

Michelle e Dan são Preocupados (consulte a página 61). Por trabalhar no volátil setor de petróleo e gás, é compreensível que ele seja ansioso quanto a suas

Momentos decisivos do dinheiro em sua vida

Muitas de nossas crenças a respeito de dinheiro são formadas em momentos muito específicos. O que se transmite nesses momentos decisivos – tais como feriados, aniversários, formaturas – costuma permanecer conosco para sempre. A lista a seguir o ajudará a descobrir momentos do dinheiro que você pode ter esquecido, mas que ainda continuam o afetando nos dias de hoje.

A respeito de dinheiro, que lembranças você tem dos(as)...

- férias com a sua família?
- aniversários?
- mesadas?
- formaturas?
- as roupas que vestia na escola?
- compras para a volta às aulas?
- o modo como os seus pais falavam de dinheiro quando as contas tinham de ser pagas?
- o seu primeiro emprego?
- o seu primeiro amor?
- a sua inscrição na faculdade?

Agora escolha uma lembrança positiva e uma negativa. Vamos nos aprofundar nelas.

- O que aconteceu?
- Como isso moldou o seu conceito sobre dinheiro?
- De que maneira essa lição se traduz hoje em sua vida?

Isso não deve levar muito tempo. De modo geral, a primeira coisa que vem à mente revela muito sobre o nosso relacionamento com o dinheiro.

finanças – especialmente porque perdeu o emprego três vezes nos últimos seis anos. Como resultado disso, ele e Michelle se comportam de maneira bastante conservadora em relação a seu dinheiro, guardando a maior parte dele numa conta-poupança em lugar de investi-lo. Mas o que tem custado a eles serem "conservadores"?

Eu não estou fazendo uso de metáforas. Estou me referindo *literalmente* ao custo disso para eles: quanto dinheiro eles estão perdendo devido a suas crenças a respeito de dinheiro?

A resposta é 4,6 milhões de dólares. Vou mostrar a matemática disso:

- Se eles não mudarem nada e deixarem os seus 25 mil dólares investidos por trinta e dois anos, terão 217.881 dólares.
- Se também investirem os 200 mil dólares que estão na poupança, terão 1,9 milhão de dólares.
- E se eles *também* investirem 10% da sua renda bruta – mesmo presumindo-se que ela não aumentará nos próximos trinta anos – terão mais de 4,6 milhões de dólares.

Se compararmos o que eles estão fazendo agora com o que poderiam estar fazendo, os resultados são impressionantes: eles estão perdendo mais de 4 milhões de dólares por terem medo do dinheiro! A maioria de nós passa o tempo sentindo culpa por ter pagado 5 dólares num café, mas na verdade estamos perdendo centenas de milhares ou *milhões* de dólares quando deixamos de nos concentrar no que realmente importa a longo prazo.

Ironicamente, embora Michelle se esforce para economizar devido a um medo de perder dinheiro em investimentos, na verdade, deixando de investir, ela *perderá* mais de 140 mil dólares *por ano* pelos próximos trinta e dois anos!

Ela explica o que a deixa nervosa: "Eu não sou habilidosa com o dinheiro. Não compreendo o dinheiro. Só tenho medo de perdê-lo."

Eu digo a Michelle que, mantendo seu dinheiro na poupança, ela está perdendo dinheiro *neste exato momento*. Ela perdeu dinheiro enquanto conversávamos! Ela até me escuta, mas não assimila de fato a mensagem. Bloqueados por uma vida inteira de receios relacionados a dinheiro, números são somente uma abstração.

Como muitas pessoas, Michelle tem uma visão do tipo tudo-ou-nada sobre investir. Eis o que isso parece:

- "Ou invisto todo o dinheiro ou o mantenho seguro na poupança."
- "Investir é como jogar, e eu não quero perder todo o meu dinheiro."
- "E se eu não tiver acesso ao meu dinheiro caso haja alguma emergência?"

Se Michelle compreendesse os fundamentos das finanças pessoais e dos juros compostos, ela não faria esse tipo de pergunta. Mas a verdade é que poucas pessoas compreendem. Em minha opinião, não é problema não saber tudo sobre dinheiro, mas não é nada bom deixarmos a falta de conhecimento nos custar milhões de dólares.

Eu sugiro um meio-termo. E se eles não chegassem a investir cada centavo que têm? Michelle e Dan poderiam começar separando 50% de suas economias para fazer investimentos. Ou mesmo 20%. Muitas vezes, para fazer uma grande mudança, nós temos de começar aos poucos.

E para aqueles que acreditam que investir é apostar: investir no mercado de ações não é apostar. Existem maneiras de limitar o risco. Falando francamente, quem teme perder dinheiro e o deixa todo ou a maior parte dele na poupança não está lidando com seus medos – está na verdade deixando que seus medos o apequenem e garantindo que *acabará mesmo sem dinheiro.* Para se tornar confiante em relação ao dinheiro, é preciso que você se torne apto. E isso envolve identificar – e questionar – os seus roteiros invisíveis e suas crenças a respeito dele. Caso contrário, eles podem acabar custando a você 4,6 milhões de dólares.

Quanto as suas crenças custam para você?

Vamos agora confrontar outras crenças comuns sobre dinheiro.

Crença sobre dinheiro: "É impossível saber o que vai acontecer no futuro."

As pessoas usam essa crença como justificativa para jogar a toalha e não tomar nenhuma atitude. Na verdade, nós podemos analisar os dados dos últimos cem anos, passando por guerras, recessões e avanços tecnológicos, e ter uma ideia bastante boa de que a poupança e o investimento trabalharão em seu benefício. Dizer "Nós simplesmente não sabemos o que acontecerá" parece lógico, mas não é um motivo válido para evitar assumir o controle do seu dinheiro – quase sempre é medo disfarçado de cautela.

Crença sobre dinheiro: "Nós não podemos desistir dessa casa/carro/acampamento de verão."

Seja muito cuidadoso com as despesas expressivas, como uma casa maior, um carro de luxo ou as atividades dos filhos, porque é muito difícil parar quando começamos a gastar. Eu tive inúmeras conversas com casais que estão perdendo dinheiro todo mês e, quando eu lhes perguntei o que eles preferiam cortar, a indecisão os deixou paralisados. "Bem, nós não podemos cortar as aulas de natação da Nikky. E precisamos de dois carros..."

O problema quase nunca está nas pequenas compras – embora seja nelas que a maior parte das pessoas concentra os seus esforços. Na verdade, não me incomoda que as pessoas gastem dinheiro em uvas orgânicas ou que desembolsem mais de 50 dólares no supermercado. Mas, quando nos comprometemos com algo que se torna parte dos nossos custos fixos (e da nossa identidade), cortar é quase impossível. Minha filosofia pessoal é: eu escolho as áreas que têm maior importância para mim e então me certifico de que quando começar a gastar eu tenha dinheiro suficiente para jamais ter de voltar atrás. Por exemplo, eu adoro hotéis de qualidade. Mas só comecei a fazer reservas quando soube que nunca precisaria reduzir essa despesa. Nós temos consciência do que significa assumir um grande compromisso; por exemplo, minha mulher e eu escolhemos alugar nossa casa, sabendo que depois que comprarmos uma não voltaremos atrás.

Crença sobre dinheiro: "Eu não consigo ganhar mais dinheiro."

Como alguém que já teve vários empregos, negociou o próprio salário e contratou muitas pessoas, eu acredito que se você estiver acrescentando valor à sua organização e se entende o que é necessário para alcançar um alto desempenho, provavelmente há espaço para que o seu salário seja aumentado. (E se você quiser ganhar mais e seu chefe não quiser aumentar o seu salário, eu recomendo que você procure outros empregos.)

É bem verdade que em algumas situações é mesmo difícil aumentar a renda. Por exemplo, se você trabalha em determinados setores – educação, governo, empresa sem fins lucrativos – é improvável que possa negociar o seu salário. Mas eu conheço muitos professores que utilizaram o meu material para dar início a um negócio paralelo. Eles se tornaram instrutores, criaram programas na internet ou mudaram de emprego e agora ganham bem mais do que ganhavam antes.

Eu abordei todas essas técnicas em meu website e em meus programas. O mais importante é perceber que, se outras pessoas conseguiram aumentar sua renda, não há motivo para que você não consiga também.

Alivie a pressão em torno do dinheiro

Quando eu pergunto aos casais se eles seguem uma agenda quando falam sobre dinheiro, eles olham para mim como se eu fosse louco. Uma agenda? Como no trabalho? Isso é *estranho*. Mas pense no significado dessa reação: ela mostra que normalmente nós só falamos de dinheiro de maneira reativa, quando há um problema. Se repetirmos isso durante meses e anos, acabaremos associando "dinheiro" a "problemas". O dinheiro se torna uma fonte de estresse – torna-se até mesmo um inimigo a ser evitado.

Ironicamente, quando eu pergunto aos mesmos casais sobre eventuais desentendimentos que tiveram devido ao dinheiro, eles literalmente falam comigo por horas. O dinheiro está em nossa mente – é algo que nos causa agonia, preocupação, é algo com que sonhamos –, porém no fundo muitos de nós o detestam. Não é bizarro afirmarmos que prezamos o dinheiro, mas depois tentamos evitá-lo?

E se nós tentássemos uma nova abordagem? Poderíamos criar sistemas para que não tivéssemos de monitorar todas as pequenas despesas; verificar nossos dados importantes antes que eles se tornassem problemas e lidar com os problemas antes que se tornassem conflitos.

Para conseguir isso, considere empregar uma técnica para "liberar a válvula de pressão". Em sua casa, se um cano ameaça estourar, você solta lentamente a válvula de pressão. Com o dinheiro, porém, deixamos que a pressão se acumule. Ruminamos sobre o dinheiro, ele nos preocupa, mas raras vezes falamos sobre ele de modo equilibrado... Até que uma grande discussão aconteça.

Então, vamos desenvolver o hábito de diminuir a pressão em torno do dinheiro. Comece fazendo uma avaliação rápida nas noites de domingo: "Como você se sente em relação ao dinheiro esta semana?" ou "Como nós dois podemos nos sentir bem em relação ao dinheiro esta semana?".

Esse procedimento de três minutos pode parecer pequeno, mas, falando regularmente sobre o tema, você aliviará lentamente a pressão em seu relacionamento. Vocês ficarão mais tranquilos e ensinarão a si mesmos que se pode conversar mesmo quando não há um problema sério.

VOCÊ PODE MUDAR O COMPORTAMENTO DISFUNCIONAL GERACIONAL REFERENTE AO DINHEIRO

No episódio 80 do meu podcast, trabalhei com Sarah e Kevin, um jovem casal que tinha uma grande renda... e muitas dívidas. Eles se recuperaram vendendo a casa, e começaram tudo de novo. Porém, seis meses depois, tinham novamente uma dívida de mais de 50 mil dólares, e estavam totalmente confusos. Sarah usou comigo a abordagem do Inocente (ver página 125), dizendo: "Eu não sei em que nós gastamos dinheiro, não faço ideia!". Então nós escarafunchamos os números. Em dois minutos, ela me contou sobre várias viagens, um caro coach de negócios e "inegociáveis" mensalidades de 55 mil dólares por ano de escolas privadas para os filhos.

Com 300 mil dólares de renda, eles não se deram conta de que não podiam arcar com tais despesas de maneira nenhuma. Ocorre que o padrão de gastos excessivos se originou na infância de Sarah. Como muitas pessoas, ela era bastante clara a respeito do comportamento semelhante da mãe, mas nada sabia a respeito do seu próprio comportamento. Em nossa reunião online, ela se mostrou confiante e otimista (na parede atrás dela estavam penduradas frases em molduras, como "Este ano será diferente"). Mas, quando verificamos suas finanças, ela se mostrou completamente desmotivada. Quando eu lhe disse "Você precisa conferir as contas", ela respondeu "Não sou boa nisso". Mas é preciso *ser bom* nisso para escapar do comportamento disfuncional geracional quando o assunto é dinheiro.

Felizmente, não há dúvida de que é possível ser bom no trato com dinheiro, assim como é possível ser bom em dirigir e em falar alguma língua. Com o dinheiro não é diferente! A pessoa tem de acreditar que administrá-lo é uma habilidade que pode ser aprendida – e tem de entender que é importante dedicar tempo e atenção a isso.

Eu conheci casais que em apenas uma geração passaram de pobres a pagadores de dívidas, a poupadores e até se tornaram milionários. Contudo, para se tornarem hábeis de fato com o dinheiro, precisaram ganhá-lo e, ao mesmo tempo, tiveram de lidar com a parte psicológica para se livrarem de suas crenças limitantes. Se não tivessem se esforçado para melhorar essa parte psicológica relacionada ao dinheiro, teriam transferido inconscientemente as mesmas atitudes e comportamentos com os quais cresceram.

OS 4 TIPOS EM FINANÇAS

Há um ditado comum no mundo das finanças pessoais que é: "Finanças pessoais são pessoais". A insinuação é que somos todos tão diferentes, tão únicos, que um aconselhamento universal não se aplica a todos. Não aprecio esse ditado, que dá às pessoas um senso exagerado de individualidade e estimula uma procura incessante por conselhos personalizados.

Eu prefiro um ditado diferente:

A maioria de nós é quase igual.

Em outras palavras, as pessoas, em sua maioria, querem poder gastar nas coisas desejadas e saber que têm o suficiente. Elas querem que o dinheiro cause menos estresse em suas relações. E a maioria de nós tem uma identidade financeira essencial – um tipo financeiro – que ajuda a explicar a forma como nos comportamos com o dinheiro. Essa é uma excelente notícia! Se pudermos entender a nós mesmos, nós poderemos entender como mudar.

O seu tipo financeiro varia segundo a renda e a idade. Se você entender o seu tipo, ficará um passo mais perto de romper os padrões que o atrapalham.

Esses tipos financeiros são redutores? Certamente. Muitos de nós somos uma mistura de tipos? Sim. Nós podemos mudar o nosso tipo financeiro no decorrer do tempo, com a influência de um companheiro ou com a ajuda deste livro? Sem sombra de dúvida.

Mas uma pessoa pode aprender muito – e identificar com rapidez as coisas que gostaria de mudar – compreendendo agora mesmo o seu tipo financeiro.

O evitador

Rebecca e Joe, do episódio 57, têm dois filhos pequenos e um terceiro a caminho. Joe cuida das finanças da família, assim como fazia o seu pai (primeiro sinal de alerta). Eles têm gastos excessivos com aluguel (segundo sinal de alerta) e se sentem frustrados no que diz respeito a dinheiro. Rebecca ignora os problemas financeiros (terceiro sinal de alerta), mas se estressa, e então envia mensagens de texto em pânico.

Joe explica isso: "Eu costumo receber mensagens durante o dia em que ela diz que nossa situação atual é insuportável, porque não podemos simplesmente abrir a porta e deixar nossos filhos correrem para fora." Rebecca admite que essas mensagens são sem sentido e prejudiciais: "Eu mando mensagens do tipo: 'Isso é uma desgraça. Não consigo fazer isso'".

Joe está pronto para que ambos lidem juntos com as suas finanças, mas Rebecca não quer se sentar para conversar. Ela não consulta os saldos bancários nem as faturas de cartões de crédito. E nem sequer olha para uma planilha de cálculo. Quando marcamos para que Rebecca e Joe falassem comigo, ela quase sabota a sessão.

Eu perguntei no início da reunião: "Quanto dinheiro você acha que tem?". Rebecca respondeu: "Não faço a menor ideia. Eu teria que praticamente inventar um número". Mais tarde, passei duas horas tentando conseguir que Rebecca colocasse um único número numa planilha de cálculo; ela se esquivava, atrapalhava e se desconcentrava. Um único número!

Rebecca é uma Evitadora típica. Entre os quatro tipos em finanças, o Evitador é o mais comum.

O Evitador se vale de diversas estratégias, conscientes e inconscientes, para rechaçar e adiar o assunto dinheiro. Algumas vezes, esse tipo financeiro sabe exatamente o que está fazendo. Outras vezes, realmente ignora a motivação por trás das suas táticas. No fundo, ele tem medo de enfrentar a realidade. Esse medo pode ser causado por ignorância ("Eu já devia saber sobre dinheiro"); pela sensação de que é tarde demais ("Eu tenho 50 anos e ainda nem comecei a poupar"); por vergonha ("Não quero parecer estúpido diante da minha parceira/filhos/amigos"); ou por um sentimento impreciso de que se descobrir a verdade é possível que ela seja tão ruim quanto ele imagina.

Comportamentos comuns: evita conversas; não abre e-mails; recusa-se a consultar contas online ou pagamentos automáticos; ignora bilhetes de estacionamento; banca o inocente; transforma em virtude o ato de evitar ("o dinheiro não é importante para mim"). Além disso, gasta excessivamente.

Frases favoritas:

- "Você lida com dinheiro muito melhor que eu. Não sou bom em matemática."
- "Certo, podemos falar das nossas contas, mas antes... Por que você gastou tanto no último fim de semana? Pensei que tivesse lhe dito que..."
- "Uff, isso de novo não. Vamos falar nisso na semana que vem. Estou cansada, trabalhei demais."

O que você perde por ser um Evitador: quando se recusa a lidar com dinheiro, você simplesmente "empurra com a barriga", deixando os problemas ainda piores. Se não confrontar a realidade e tomar decisões hoje, amanhã acabará encurralado e se verá forçado a tomar decisões financeiras difíceis, com poucas boas opções de ação.

Como é ser casado com um Evitador: evitadores podem enlouquecer seus parceiros. Algumas vezes, eles se comportam como crianças zangadas, respondendo em monossílabos ou sabotando conversas com brigas mesquinhas. ("Por que você está tão obcecado com dinheiro?", "Não confia em mim?", "Será que não podemos relaxar uma vez na vida?". Tudo isso são estratégias – conscientes ou inconscientes – para evitar ter de encarar a realidade financeira. Eu constatei que os parceiros dos Evitadores participam com frequência de uma dinâmica na qual "salvam" os Evitadores, cimentando os papéis uns dos outros.

Como comunicar-se com um Evitador: a melhor maneira é mostrar ao Evitador quanto suas crenças custam a ele, como seu comportamento evasivo prejudica a sua família e o que ela perde.

Para ter um ótimo exemplo disso, vamos voltar ao caso de Rebecca. Durante a nossa sessão, me recusei a socorrê-la dando-lhe respostas. Esperei pacientemente até que ela, enfim, foi honesta comigo, explicando-me exatamente por que ela não conferia as suas contas. E suas palavras foram basicamente o credo do Evitador: "Quando você [encara a realidade], algumas vezes você vê onde precisa mudar. Mas se você olha para o outro lado, então você pode simplesmente continuar fazendo o que estava fazendo." Bingo. Se você está comprando as coisas que quer sem encarar nenhuma consequência advinda disso, por que iria querer falar sobre dinheiro?

Foi então que eu a ajudei a compreender os custos do seu evitamento. Eis o que ela disse: "Como estou evitando [dinheiro], não me dou conta do que *podemos* ter. Eu *penso* que ganho mais escondendo-me dele, mas na verdade ganho menos". Essa é uma das lições mais importantes de um Evitador: quando ele evita a dor e o constrangimento de lidar com o dinheiro, também deixa de aproveitar o que o dinheiro pode lhe proporcionar.

Meu conselho para o Evitador

- Pergunte a si mesmo: *Que vantagem eu tenho sendo um Evitador?* (Por favor, não diga "Eu não sei". Você ganha alguma coisa com o comportamento de evitar ou não faria isso.) A resposta mais comum é "Eu tenho de ignorar o meu dinheiro para não me sentir mal". Depois pergunte a si mesmo: *E se eu continuar negando? E se eu pudesse me tornar bom com dinheiro? Eu diria aos meus filhos para evitarem algo importante porque os faz se sentirem mal?*

- Imagine o futuro: daqui a dez anos, onde você estará se continuar evitando? (Não evite essa pergunta!) Seja específico: qual será a sua situação de moradia? Como você escolherá suas férias? Que experiência os seus filhos terão com dinheiro depois de observarem os seus hábitos todos os dias?
- Que influência você está exercendo nas pessoas que o cercam agora? Sobretudo em seu cônjuge e em seus filhos. Os evitadores raramente pensam nos danos colaterais que causam. Quero que você pense nisso seriamente.
- Considere esta frase: "Nós não precisamos de uma crise para assumirmos o controle".

MEU CONSELHO PARA OS PARCEIROS DE EVITADORES

- Evitadores necessitam de expectativas específicas, envolvimento direto e limites claros. Por exemplo, se o seu companheiro for um Evitador, não surtirá efeito dizer "Eu quero que você ajude com as nossas finanças!". É bem melhor dizer: "Nós concordamos em gastar menos de 700 dólares por mês em compras. Eu gostaria que você se responsabilizasse por esse valor e que nos atualizasse a cada duas semanas".
- Comece com uma responsabilização gradual. Trabalhe em conjunto para dar ao Evitador algumas coisas para administrar, mas dê-lhe uma ideia do que você tem em mente quanto à parceria. Por exemplo, ele pode começar controlando duas categorias do seu "Plano de Gastos Conscientes" (mais à frente, na página 136), mas com o tempo se encarregará de planejar a parte financeira das férias e de administrar o seguro.
- Por fim, estabeleça limites. Esse é um tópico difícil de discutir, mas limites são importantes para todos os envolvidos. Por exemplo, se o seu parceiro se esquecer de ir buscar os seus filhos na escola, tenho certeza de que, como consequência, haverá providências imediatas – suas e da escola –, incluindo a definição de expectativas muito claras em relação ao futuro. Quando se trata de dinheiro, é importante explicar quais as consequências de continuar a evitar: talvez a sua família não possa sair em viagem no próximo feriado ou nem comer fora no fim de semana. Por outro lado, descreva também as coisas positivas que acontecerão na relação de vocês se o seu parceiro cumprir a sua parte no acordo. Estabeleça limites claros e depois cumpra o que disse.

O OTIMIZADOR

Os Otimizadores se prendem obsessivamente aos números. Adoram regras e adoram superar o sistema. Controlam tudo e costumam ser bastante habilidosos na gestão financeira do dia a dia. Mas vivem quase inteiramente voltados para o futuro. Não sabem usar o dinheiro para viver uma vida rica agora. (Eu tenho um fraco por Otimizadores porque sou um. Se estivesse sozinho, teria uma planilha de cálculo com trinta e duas partes para monitorar os meus gastos, meus hotéis e restaurantes favoritos, minha pressão sanguínea diária, meu café favorito, a quantidade diária de luz solar, número de elogios que fiz à minha mulher, passatempos, número de amigos para os quais enviei mensagens nos últimos sete dias; depois eu prepararia um relatório semanal e um programa mensal para otimizar cada número. Mas pensando bem… isso me parece o paraíso.)

Comportamentos comuns: manter treze planilhas de cálculo; acompanhar trinta e quatro fóruns diferentes sobre independência financeira e aposentadoria antecipada; fazer mais uma simulação de Monte Carlo; participar de debates online sobre as desvantagens da regra dos 4%; e passar mais tempo abrindo cartões de crédito para acumular pontos do que viajando de fato.

Frases favoritas:

- "E se eu não estiver considerando todas as variáveis?"
- "Você já leu essa nova estratégia para os fundos de contribuição Roth?"
- "Paguei meu voo para Nova York com pontos. Pois é! Só precisei me cadastrar em vinte e seis novos cartões de crédito e acompanhar todos os prêmios de bônus por dezoito meses!"

O que você perde por ser um Otimizador: os otimizadores são entediantes. Pergunte a um Otimizador quais são os seus hobbies, e a resposta dele será: "Bem, eu gosto de consultar a minha planilha de cálculo". Eles não acreditam que seja um problema o fato de não gastarem dinheiro para obterem diversão. Eles têm uma meta de patrimônio na qual trabalham, mas quando a alcançarem, daqui a décadas, vão se dar conta de que não estavam perseguindo um número – estavam perseguindo um sentimento. Eles se cercaram de outros que perseguem os mesmos sonhos pequenos e estúpidos. O que eles não compreendem é que uma vida rica é maior que um número isolado – e que uma pessoa não pode esperar para começar a viver essa vida rica algum dia no futuro. Até lá já vai ser tarde demais.

Como é ser casado com um Otimizador: por se concentrarem nos números, os Otimizadores frequentemente se tornam econômicos insuportáveis. Com astúcia, eles apresentam essa particularidade como uma virtude: *Não sou como essas pessoas superficiais. Não preciso de uma taça de vinho caro. Estou perfeitamente satisfeito com água.* A sua austeridade se torna a sua identidade. Seu parceiro se sente julgado, porque tudo aquilo que compra, gosta ou quer provoca a mesma pergunta difícil: "Quanto custa isso?".

Otimizadores (eu me incluo nesse grupo) muitas vezes lutam para se conectar com seus sentimentos. Se você lhes pergunta sobre isso, eles dão de modo geral uma resposta cerebral acerca do que *pensam*, mas não do que sentem. Muitos Otimizadores não descrevem há anos uma única emoção associada a dinheiro.

A lógica de um Otimizador: observe esse exemplo da vida real do episódio 77. Tommy tem 60 anos. Ele dirige o próprio negócio há mais de trinta anos, adora o seu trabalho e planeja continuar trabalhando. Sua mulher, Caroline, está se preparando para se aposentar de um trabalho estressante. Os dois acumularam juntos mais de 6 milhões de dólares. Caroline está impaciente para gastar com coisas que ambos adoram, como viajar. Acontece que Tommy não pode fazer isso. Como um verdadeiro Otimizador, ele continua adiando todas as despesas significativas para o dia seguinte, alegando que "é preciso poupar" para a próxima viagem. Ele pensa da seguinte maneira:

- Mesmo com um patrimônio líquido de 6 milhões de dólares, Tommy mantém muito pouco capital disponível na poupança, pois quer maximizar os ganhos em cada dólar... Daí a necessidade de "economizar" para uma viagem.
- Como empresário, Tommy enxerga férias como dinheiro perdido; por esse motivo, é difícil encontrar prazer na perspectiva de uma viagem longa.
- Tommy está preso à mentalidade turbulenta de um jovem empreendedor... mesmo estando há 30 anos no mercado!

É fácil dar de ombros e ignorar, mas muitos Otimizadores acabarão exatamente nesta situação: com dinheiro de sobra, porém incapazes de gastá-lo de forma significativa porque não conseguem desligar a "lente da otimização" com que veem o mundo. Tommy fez um excelente trabalho economizando dinheiro, mas agora ele vê o ato de gastar como "perder" (e o ato de economizar como "ganhar", evidentemente, mesmo que ele não precise poupar mais nenhum centavo pelo resto da sua vida). Eu encorajei Tommy a redefinir "gastar" como "construir lembranças", e a redefinir "diminuir o trabalho" como "virar a página para o próximo capítulo da sua vida". Ele e Caroline ganharam o direito de se concentrar mais no significado do que no dinheiro.

Nota: na entrevista em nosso podcast, Tommy prometeu fazer uma grande viagem para a Itália no outono. Mas, antes mesmo de encerrarmos a nossa sessão, ele adiou a viagem para o ano seguinte. O que foi que eu disse sobre Otimizadores?

MEU CONSELHO PARA O OTIMIZADOR

- Aceite o fato de que você adora otimizar. Isso nunca mudará, e está tudo bem! Eu jamais disse a ninguém para parar de sentir o que sente. Na verdade, a minha abordagem é acrescentar um novo componente ao modo como você lida com o dinheiro. Assim como podemos desenvolver um gosto por novos pratos, também gostar de usar o dinheiro de forma proveitosa. Conviva com pessoas um pouco mais espontâneas. O comportamento em relação ao dinheiro é contagioso. Se você adora otimizar, tudo bem, mas agora que já é excelente em otimizar, dedique mais tempo a gastar o dinheiro nas coisas de que você mais gosta.
- Pense no mês que se passou. O que foi importante nele? Provavelmente as pessoas, as experiências vividas, até mesmo as coisas. Não a sua entediante planilha de cálculo.
- Separe 5% do seu lucro líquido todo mês e gaste isso com algo divertido e que não seja essencial para você. Você *deve* gastar esse dinheiro todo mês, e deve gastá-lo consigo mesmo – com ninguém mais. Eu sei, eu sei: o seu cérebro está gritando "Mas, Ramit, esses 5% acumulados virariam 100 mil dólares!". Eu às vezes tenho de transmitir educadamente um conselho chamado SFQ: Só Fique Quieto e gaste esse dinheiro. É assim que se aprende a habilidade de gastar.

MEU CONSELHO PARA PARCEIROS DE OTIMIZADORES

- O seu parceiro nunca deixará de adorar os números. Essa é uma habilidade que deve ser apreciada e elogiada, porque dominar cáculos é fundamental para uma vida rica. Ele gostará muito de receber elogios seus por essa habilidade.
- Desenvolva a habilidade de redirecionar calmamente o Otimizador para outras áreas de uma vida rica. Peça a ele que lhe diga quanto é "suficiente". Depois pergunte por quê. Ajude-o a compreender que uma vida rica se vive fora da planilha de cálculo, recordando os seus momentos favoritos dos últimos doze meses (que não tenham acontecido quando ele estava sentado diante de um computador). Pergunte-lhe como se sentiria se experimentasse mais desses momentos este ano e peça ajuda para planejar isso. Se você quiser ajuda na

orientação dessas conversas ou para conhecer pessoas em situação semelhante, eu recomendo que se inscreva em meu programa de Treinamento Financeiro.
- Estabeleça momentos específicos para falar sobre os números – o que será como "coçar a coceira da otimização", mas também deixe claro que haverá outros momentos nos quais não falarão sobre números, e sim sobre outros assuntos envolvendo finanças, como sonhar com a sua vida rica.

O PREOCUPADO

Para o Preocupado, conversas sobre dinheiro são quase sempre negativas. Ele se preocupa com a possibilidade de ficar sem dinheiro. Ele se preocupa com o que foi gasto no fim de semana. Com o passar do tempo, acaba se preocupando com o fato de se preocupar tanto!

Há ocasiões em que os Preocupados têm um motivo real para se preocuparem: eles podem de fato estar numa situação ruim. Com frequência aprendem a se preocupar devido à história familiar; por exemplo, com a experiência da perda de emprego de um dos pais. Por isso, seus sentimentos em relação ao dinheiro são compreensíveis; eles tentam ser responsáveis e se afastarem de problemas. Contudo, mesmo quando possuem dinheiro mais que suficiente – até mesmo milhões de dólares –, os Preocupados raramente param de se preocupar. O modo como se comportam em relação ao dinheiro não tem ligação com a quantia que eles têm no banco; os Preocupados parecem obter uma sensação de controle no estresse motivado por dinheiro.

Comportamentos comuns: passar a noite em claro, imaginando os cenários mais sombrios; transformar pequenas despesas em catástrofes; reviver problemas antigos; acessar suas contas diariamente (eles não automatizam suas faturas, por isso precisam do acesso para pagar cada uma delas).

Frases favoritas:

- "E se… nós dois perdermos o emprego?"
  … o mercado jamais se recuperar?"
  … nossa casa se desvalorizar?"
  … o céu cair?!"

O que você perde por ser um Preocupado: os Preocupados levam a vida na defesa, pois tendem a passar mais tempo pensando no que pode dar errado do que no que pode dar certo. Sempre que se rende à preocupação, o Preocupado aprofunda o problema. Muitas vezes, as preocupações são insaciáveis buracos negros, porque são sustentadas por sentimentos, não por números – ou por algo que se possa resolver! Concentrando-se somente no que pode correr mal, os Preocupados acabam tornando suas vidas mais pobres.

Como é ser casado com um Preocupado: costuma ser uma chatice. Sempre que o assunto é dinheiro, a conversa se concentra nos medos do Preocupado. Não existe trabalho em equipe, não há sonhos – só um parceiro tentando acalmar o outro. São conversas desgastantes até mesmo para casais que possuem muito dinheiro.

No interior da mente de um Preocupado: a visão de mundo de Amy está impregnada pela preocupação. Ela e seu marido, André, têm preocupações justificadas com suas finanças. Mas, no episódio 62, quando pedi a André que me descrevesse as conversas dos dois a respeito de dinheiro, ele disse: "É como… a chegada de uma tempestade: é melhor trazer água e pilhas!". Durante a nossa sessão, eu perguntei a Amy: "Se resolvêssemos todos os seus problemas financeiros hoje e amanhã mesmo você se visse livre de dívidas, como se sentiria?". Amy respondeu: "Para ser franca, eu não faço ideia. Eu sempre tive dívidas. *Acho* que me sentiria um pouco mais leve. Mas depois eu provavelmente ficaria tensa, porque não saberia que caminho tomar".

A resposta de Amy é reveladora. Ela provavelmente vem se preocupando com dinheiro todos os dias nos últimos vinte anos. Ainda assim, quando eu lhe perguntei como ela se sentiria se todas as suas dívidas desaparecessem, ela disse que não fazia ideia. Para o Preocupado, pensar em uma vida sem preocupações é inconcebível. Raramente se perguntam por que motivo se preocupam – ou como seria parar de se preocupar – porque não conhecem outra possibilidade. Preocupar-se acaba se tornando a própria identidade de algumas pessoas.

MEU CONSELHO PARA OS PREOCUPADOS

- Pergunte a si mesmo: o que eu ganho me preocupando? (Lembre-se: você ganha alguma coisa, caso contrário não faria isso.) Isso me faz sentir no controle? Eu sinto alívio quando me preocupo? Associo "preocupação" a "cuidado" ou a "estar preparado"? Quem eu seria se não me preocupasse tanto?

- Imagine o pior cenário possível. Digamos que você atrase um pagamento do cartão de crédito. O que pode acontecer de pior? Uma multa por atraso de 50 dólares, alguns juros e a sua pontuação de crédito baixa durante dois meses? No grande esquema da vida, isso pode ser irritante, mas não é o fim do mundo. Por outro lado, o que pode acontecer de pior se você continuar se preocupando com dinheiro para sempre? O seu cônjuge parar de falar com você sobre o assunto, afastar-se, e depois... divórcio ou morte. Qual das duas situações é mais importante resolver?
- Pense no modo como as suas preocupações afetam o seu cônjuge: será que ele ainda fala sobre os sonhos dele? E se essa dinâmica continuar durante os próximos trinta anos? E mais: o que os seus filhos aprendem quando testemunham a sua preocupação com dinheiro?
- Em que área da vida você se sente confiante, competente e determinado? Os Preocupados têm sempre ao menos uma área na qual se sentem tranquilos (muitas vezes exercendo seu papel de pais ou no trabalho). Pergunte a si mesmo: como me sinto quando estou nesse papel? Por que não fico tão preocupado nesses momentos? Agora aplique esse mesmo sentimento ao dinheiro: como seria a sensação se eu fosse tão capaz com o dinheiro como sou nessa outra parte da vida?
- Coloque um limite em certas preocupações, controlando-as como se as guardasse dentro de uma caixa; preocupações como pagar por compras no mercado ou o preço do café. Torne isso uma formalidade. Diga: "Não me preocuparei mais com essas coisas". Escreva-as num pedaço de papel e depois queime o papel. (Comece com pequenos problemas e, com o passar do tempo, vá aumentando a sua caixa para que inclua questões maiores, como comer fora, viagens de férias e até mesmo a aposentadoria.)

MEUS CONSELHOS PARA PARCEIROS DE PREOCUPADOS

- Boas notícias! Preocupados podem mudar. O segredo é compreender que eles sempre serão pessoas preocupadas, mas você pode ajudá-los a mudar a sua relação com o dinheiro: confiança, competência, curiosidade – até mesmo empolgação! Eis o que não dará certo: dizer a eles que parem de se preocupar, mostrar um punhado de números numa planilha de cálculo ou garantir que "tudo vai correr bem". Meu conselho é que você busque compreender, num nível profundo, o que causa a preocupação ao Preocupado. Às vezes existe uma razão válida para que estejam preocupados (e essa razão pode ser você!). Outras vezes, é porque é o único modo que conhecem de se relacionar com o dinheiro. Muitas vezes os Preocupados nem mesmo conseguem expressar o motivo da sua preocupação;

porém, com tempo e paciência eles podem acabar explicando o que sentem e por que sentem – e esse é o primeiro passo para a mudança.

- Quando vocês dois entenderem o que motiva a preocupação, pergunte ao Preocupado o que o faria se sentir melhor e pensar em pequenos passos para conseguir isso. (Uma observação: todos acham que os Preocupados deixarão de se preocupar a certa altura no futuro – quando tiverem algo como 50 ou 100 mil dólares a mais, mas isso nunca acontece.) Preocupados mudam quando têm interesse pessoal (por exemplo, quando administram parte das finanças da família), quando são instruídos sobre dinheiro e quando suas finanças são simples o suficiente para que eles possam compreendê-las.

O SONHADOR

Os Sonhadores usam o pensamento mágico quando o assunto é dinheiro. Sempre há alguma coisa que "está para acontecer em breve" e que vai dar certo, mudando a sua situação financeira. É comum ver Sonhadores caírem em esquemas de enriquecimento rápido – investimento em cotas de multipropriedade, criptomoedas, marketing multinível, negócios duvidosos de rendimento passivo. Os Sonhadores podem ser otimistas e motivadores: *Se você me acompanhar isso vai dar certo, e nós poderemos pagar todas as dívidas.* Porém, fugindo da realidade, os Sonhadores forçam outra pessoa a carregar o seu fardo. Eles repetem constantemente que "tudo vai dar certo" e menosprezam pessoas que seguem caminhos tradicionais, como o emprego das nove às cinco. Podem usar expressões pejorativas para descrever outras pessoas – mesmo aquelas que são financeiramente mais estáveis! – afirmando que "trocam tempo por dinheiro".

O pensamento mágico dos Sonhadores os leva a isolar-se da realidade. Em meu programa na Netflix, por exemplo, Frank e Nathalie eram Sonhadores, sempre em busca do próximo negócio, e foi um verdadeiro desafio explicar a eles que a maior parte da riqueza é produzida por meio da gestão de custos e de investimentos lentos e sistemáticos. Os sonhadores não enfrentam consequências reais, o que permite que mantenham suas crenças – mesmo que não consigam rendimentos regulares. Eles muitas vezes têm ao seu lado um parceiro que é responsável e lida com as finanças, o que permite que o Sonhador continue muito distante da realidade. Não admira que eu tenha me deparado com muitos casais formados por um cônjuge Sonhador e outro Preocupado.

Comportamentos comuns: ter saldo em cartões de crédito; pedir empréstimo a familiares e amigos; gastar em segredo; investir em esquemas de enriquecimento rápido; ler Robert Kiyosaki e Grant Cardone.

Frases favoritas:

- "Tudo vai ficar bem! Sempre fica."
- "O universo proverá."
- "Eu é que não consigo trabalhar das nove às cinco."
- "Eu só preciso [introduzir um conjunto extremamente complicado de ações, cada uma dependente da outra, que precisam acontecer todas em sequência e que a pessoa nunca concluiu com sucesso] e depois tudo dará certo."
- "Por que você não confia em mim?"

O que você perde por ser um Sonhador: a curto prazo, ser um Sonhador é ótimo! Por que se dar ao trabalho de prestar atenção a tantos problemas se você não precisa fazer isso? A longo prazo, contudo, ser um Sonhador pode devastar um relacionamento. Um sonhador só pode existir porque outra pessoa está carregando o fardo. Se houver uma mudança radical nas circunstâncias da vida do Sonhador – como um divórcio ou o desemprego – ele não conseguirá manter o seu padrão habitual, e seu castelo de cartas desmoronará.

***Como é ser casado com um Sonhador*:** é extremamente estressante, porque os Sonhadores não conseguem atuar como companheiros de equipe financeiros. O parceiro que não é sonhador tem de se tornar a voz da realidade e acaba passando por uma pessoa negativa e irritante. Os parceiros de Sonhadores se descrevem muitas vezes como pais de uma criança. É frustrante, nada romântico e infantilizador para o Sonhador.

Dentro da mente de um Sonhador: a relação complicada de David com o dinheiro começou na sua infância, com sua mãe, que estava "sempre preocupada com dinheiro, dinheiro, dinheiro". No episódio 82, ele me contou que quando tinha cerca de 17 anos "eu pensava: 'Ah, que se dane o dinheiro, cara. Não estou nem aí pra isso'". Agora com 45 anos, David escolheu ignorar o dinheiro, acreditando que no fim das contas tudo se resolveria. Continuou pagando o mínimo da dívida do cartão de crédito, sem ter ideia de que uma taxa de juros de 26% o manteria em dívida para sempre. Sua mulher, Melody, de 39 anos, escreveu: "O que fazer quando o seu cônjuge é autônomo, mas está desmotivado e não tem trabalho em vista; tem mais de 20 mil dólares em dívidas de cartão de crédito, mas se recusa a falar sobre dinheiro até se ver 'livre das dívidas', só que não tem estimativa de quando isso acontecerá porque 'temos tempo' e ele está 'feliz com a sua atual situação', e enquanto isso você paga tudo?".

MEU CONSELHO PARA SONHADORES

- Não tenho nenhum conselho, porque você não está lendo este livro.

MEU CONSELHO PARA PARCEIROS DE SONHADORES

- Em minha experiência, um Sonhador só muda quando o seu parceiro altera a sua abordagem de maneira radical. Ele precisa de uma verdadeira chamada para despertar. Eu recomendo que você demonstre cuidadosamente – de um modo que ele compreenda – para onde a sua presente trajetória financeira os levará como casal. Faça-o compreender o quanto isso atinge a *eles próprios*, ao dia a dia de vocês e ao seu relacionamento. Depois, exponha as suas expectativas e os limites que você está impondo. Por exemplo: de que adianta ter mais uma conversa em que você lhe pergunta por que ele faz as coisas que faz e tenta desesperadamente compreender o ponto de vista dele? Não faça isso. Em lugar disso, decida o que precisa e diga a ele, e deixe bastante claro o que acontecerá se ele cumprir (ou não) o que foi determinado.
- Só você pode decidir até onde quer ir. Mas me permita apresentar a questão da seguinte maneira: se você deixasse a cidade por seis meses, o Sonhador perceberia… ou quebraria. Se você quer realmente que o seu parceiro Sonhador mude, precisa deixar claro que não continuará assumindo sozinho as responsabilidades. Se forem obrigados a se virar sozinhos, a maioria dos Sonhadores fará o que tiver de ser feito.
- Uma última coisa: isso é extremamente difícil e bastante complexo. Conversas desse tipo envolvem compreender a si próprio, determinar limites e navegar em meio a uma dinâmica sofisticada. Recomendo fortemente que você fale com um terapeuta que possa ajudá-lo a conduzir a sua conversa.

CONSTRUINDO UMA RELAÇÃO SAUDÁVEL COM O DINHEIRO

Nós ouvimos falar com frequência sobre ter uma relação saudável com comida, mas, raras vezes, nós falamos em cultivar um relacionamento saudável com dinheiro. Quando muito, dizem-nos que dinheiro é uma série de números e proporções frios sobre os quais ninguém deseja aprender. Na minha opinião, porém, uma relação saudável com o dinheiro significa ter uma visão empolgante, ser flexível o bastante para lidar com as mudanças da vida e conversar sobre ele regularmente.

No próximo capítulo, você aprenderá a criar essa visão empolgante com o seu parceiro. Essa habilidade não é ensinada a nenhum de nós, mas é extremamente poderosa. Mais à frente no livro, você saberá como o seu plano pode se ajustar às mudanças da vida. Com o tempo, vocês descobrirão que estão construindo uma relação mais saudável juntos, o que é *bom*.

Por enquanto, você pode trabalhar essa individualidade. Pode levar algum tempo até que o seu parceiro esteja completamente comprometido, o que é absolutamente normal. É disso que este livro trata do princípio ao fim! Se você se sentir assustado, perdido ou confuso, desacelere e lembre-se de que você merece uma vida rica com seu cônjuge. Confie no processo enquanto continuamos essa jornada juntos.

LISTA DE VERIFICAÇÃO DO CAPÍTULO 2

- ☐ Examine os roteiros invisíveis na página 46 e selecione os que mais chamam a sua atenção. Depois responda às perguntas na página 48.
- ☐ Converse com o seu parceiro sobre crenças da infância relacionadas a dinheiro. Reveja os exemplos que começam na página 50. Ouça e fale na mesma medida!
- ☐ Você vê a si mesmo(a) em algum dos quatro tipos em finanças? Você vê o seu parceiro? O que a compreensão sobre esses quatro tipos lhe diz a respeito do seu modo de lidar com o dinheiro em seu relacionamento?
- ☐ Que mudança você deseja fazer em seu comportamento em relação ao dinheiro após a leitura deste capítulo? O que você pode fazer essa semana para dar início a essa mudança?

CAPÍTULO 3

PROJETANDO UMA VIDA RICA – JUNTOS

Como ficar em sintonia em relação ao dinheiro (mesmo que o casal lide com ele de maneira diferente)

Quando eu pergunto às pessoas "Qual é a sua ideia de uma vida rica?", cerca de 95% delas me dá a mesma resposta: "Eu quero poder fazer o que eu quiser e quando eu quiser".

Bem lá no fundo, eu gostaria de dizer: *Ah, não, não essa resposta de novo.* Mas, em minha mente, eu me ouço dizendo: *Seja profissional, Ramit.* Então eu digo: "Puxa, isso é interessante. Apenas por curiosidade... *O que* você quer?".

Como resposta, 100% das vezes eu recebo um olhar vazio.

Isso ocorre porque as pessoas, em sua maioria, nunca fazem essa pergunta. Nós nunca refletimos sobre como seria a nossa vida rica. Só fomos ensinados a pagar contas e a nos sentir mal em relação ao dinheiro!

Eu convido você a refletir a respeito dele agora mesmo. Por que você trabalha tanto? O que consegue fazer com o seu dinheiro? Qual é o objetivo de tudo isso?

Isso é bem diferente da preocupação com o pagamento da fatura do cartão de crédito todo mês ou da preocupação em ter o suficiente para ajudar os filhos com a faculdade. Também é diferente de gastar nesse ou naquele produto que você vê nas lojas. Isso é respirar fundo e pensar em como você quer realmente gastar o seu dinheiro – de modo muito pessoal, importante e expressivo. É como escolher uma cor para pintar as paredes e projetar os detalhes para uma nova casa.

Traga o seu parceiro(a) e vamos nos divertir um pouco. Neste capítulo, nós trataremos sobre ser específico em como usar o dinheiro; no final dele, você terá uma visão inacreditavelmente nítida da sua vida rica compartilhada.

O PROCESSO DE VISÃO DA VIDA RICA

Quando éramos crianças, costumávamos sonhar com dinheiro. Um dia eu vou poder comprar todos os doces que eu quiser! Vou comprar um carro esporte superveloz! Vou fazer compras sem nem olhar o preço!

Como adultos, porém, nós perdemos essa capacidade de sonhar com o nosso dinheiro. Décadas mais tarde, nos vemos levando a vida como se tomássemos uma série de decisões comerciais: será que eu pego o ônibus ou um táxi? Como vamos pagar pelo material de volta às aulas? Podemos pagar por essas férias? Ugh.

Essas questões são cansativas, e o pior é que não há alegria, nem diversão, nem aventura. Somente uma decisão após a outra – cada uma delas forçando-nos a nos contentar com pouco. Quando você está decidindo sobre a centésima transação financeira do mês, tem de fato alguma ideia do que ela causará às suas finanças? Claro que não!

O processo de projetar uma visão de vida rica leva o casal a desacelerar e a sonhar grandes coisas juntos: onde queremos morar? Como e para qual lugar viajar? Crianças fazem parte da nossa vida rica? Caso façam, como queremos criá-las? Sua visão será pessoal e inspiradora e, em alguns casos, extravagante. E é o primeiro passo fundamental para transformar a sua relação com o dinheiro.

Há apenas duas regras:

Regra nº 1: Seja específico, expressivo e realista.

Evite frases vagas como “Nós queremos viajar!”. Em vez disso, dê preferência a detalhes vívidos: “Nós queremos ir para a Toscana e beber Chianti enquanto observamos o sol se pondo sobre os olivais”. Depois, seja ainda mais específico: quando exatamente vocês desejam ir? Quanto tempo permanecerão? Quais assentos vão ter no avião? O que vão vestir e comer? Vão se hospedar num hotel ou em um imóvel alugado por temporada? O que vocês não querem ver? (Pessoalmente, ando evitando a maioria dos monumentos.) O que farão em seu primeiro dia? Conversem sobre o assunto desde o café da manhã até a hora de dormir.

Na verdade, o que elevaria essa viagem de “agradável” a mágica? Pensem muito nessa pergunta. Se fizerem isso da maneira correta, as suas respostas deverão ser diferentes das de qualquer outro casal, pois elas representam o seu relacionamento único.

Regra nº 2: Viva uma vida rica hoje e uma vida mais rica amanhã.

Quando as pessoas começam a pensar num plano para o seu dinheiro, um dos seus principais medos é este: “Então, vou ter de esperar até os 65 anos para poder me divertir?". Não! Eu não acredito em esperar para apenas "algum dia" enfim começar a viver uma vida rica. Ao realizar um *brainstorming* sobre o que é importante para você, concentre-se no futuro, claro, mas também pense em como melhorar a sua vida diária a partir de hoje. O que você poderia fazer para encher o seu mundo com coisas que o deixam extremamente feliz? Muitas pessoas acreditam que recuperar seu tempo traz alegria. Outras querem que suas casas cheirem bem, querem ter um novo par de lençóis ou receber um buquê de flores frescas toda semana. Quando projetar a sua visão, lembre-se de incluir itens grandes da lista de desejos e coisas comuns que o deixam feliz.

Existe um componente financeiro nisso, é evidente, mas em minha experiência, quando os casais discutem os detalhes básicos – dos quais trataremos mais adiante neste livro –, eles costumam perceber que algumas mudanças importantes vão trazer mais dinheiro do que pensavam. Tendo em vista que a maioria das pessoas nunca analisou os números, isso as deixa perplexas. Se tudo o que uma pessoa conhece sobre dinheiro é ansiedade e preocupação, sonhar pode ser difícil. É exatamente por isso que você está lendo este capítulo agora.

Então, confie no processo e siga em frente. Você está prestes a aprender uma maneira de falar e de pensar em dinheiro.

4 PASSOS PARA A SUA VISÃO DE VIDA RICA

A boa notícia é que você pode criar uma visão sólida em quatro passos.

E uma notícia ainda melhor é que a criação dessa visão aproximará você e o seu parceiro.

Eu sei que criar uma "visão do dinheiro" pode parecer tolice. "Por que estamos falando de uma 'visão de vida rica' quando na realidade nós só precisamos pagar a conta do cartão de crédito?" É tentador permanecer mergulhado na mesmice, como se isso fosse salvá-lo. Mas você já está preso à mesmice há muito tempo. Talvez tenha chegado o momento de tentar outra abordagem.

Eis o que eu quero que você faça: invista 100 dólares na sua primeira conversa sobre a visão de vida rica. Use o dinheiro como quiser, mas decidam juntos. Pode ser para uma babá, para alguns drinques no bar favorito de vocês ou para um lanche depois da academia. Escolham um ambiente prazeroso. O momento perfeito para conversar sobre a visão de uma vida rica é quando ambos se encontram relaxados e felizes – não no ambiente normal de todos os dias.

Usando as atividades que se seguem, vocês farão perguntas um ao outro e entrarão em detalhes reais. Se gostam de comer fora, elaborem a lista de restaurantes dos seus sonhos. Se saúde e bem-estar são importantes para vocês, contratariam um personal trainer duas vezes por semana? Fariam uma caminhada de trinta minutos com o seu filho todas as tardes? Descreva exatamente como é uma vida rica para ambos.

Lide com essa questão com a mente aberta, mesmo que você pense que sabe exatamente o que o seu parceiro vai dizer. Um dos momentos mais belos de um relacionamento longo é descobrir que você ainda tem coisas a aprender com sua cara-metade. Apoiem-se mutuamente nessa atividade – não critiquem, não neguem, não negociem nem minimizem. Mostrem genuína curiosidade. Façam piadas. Provoquem um ao outro de maneira divertida. Se vocês estiverem se divertindo, então estão no caminho certo.

Atividade 1: preencha os espaços em branco da vida rica

A sua visão de uma vida rica deve ir além das generalidades e alcançar pormenores específicos. Esse é o objetivo desse exercício. Fazendo-o sozinho ou com o seu parceiro, essa é uma ótima forma de começar. Faça essas perguntas a si mesmo ou ao seu parceiro. Pegue uma caneta e preencha os espaços em branco.

Eu gostaria de poder gastar mais dinheiro em ____________________ ____________________ *[comidas, coisas para a casa, atividades para as crianças, viagens, serviços, bem-estar... Seja específico!].*

As férias dos meus sonhos são ____________________.
Se eu pudesse contratar um *coach* para alguma coisa, seria para __________ ____________________.

Eu gostaria de comprar ______________ *[o que]* para ________ *[pessoa].*

Se eu tivesse 100 dólares para melhorar a minha vida, eu compraria ____________________.

Se eu tivesse 1.000 dólares para melhorar a minha vida, eu compraria ____________________.

Eu gostaria de viver em ______________ *[onde]* e morar em ____________ *[que tipo de casa].*

> Não seria legal se nós _____________ juntos?
> Eu não ligo muito para _____________.
> Eu me sinto absurdamente feliz quando estou fazendo _______ *[que atividade]* com ____________ *[que pessoa]*.

Continue!

> Em minha vida rica, eu acordaria às _______________.
> Eu compraria comida no/na ____________ e roupas no/na _________.
> Eu passaria mais tempo com _____________.
> Eu me exercitaria ________________ *[como, onde e quando]*.
> Eu comeria ________________ no almoço durante a semana.
> Nossa casa teria aroma de _______________ quando nós entrássemos nela.
> Se nós tivéssemos uma varinha mágica, eu ___________ *[gastaria mais / gastaria menos]* do nosso dinheiro.

Sonhar assim pode não parecer natural no início. A sua mente pode divagar. Vocês podem até ficar ansiosos para terminar isso e voltar a se ocupar com os seus problemas de dinheiro. Por favor, lembre-se de que o dinheiro deve proporcionar uma sensação boa, e completar esses exercícios é um dos primeiros passos que darão juntos. Não desistam!

Atividade 2: O que o deixa absurdamente feliz?

Eu amo aperitivos, amo demais! Quando eu era criança, nós não podíamos pagar por eles; é por isso que hoje em dia pedir qualquer coisa que eu deseje num restaurante me parece um luxo incrível. Um mero aperitivo de 12 dólares não devia me deixar tão feliz assim, mas a minha experiência de infância me faz sentir realmente rico quando peço qualquer coisa que esteja no menu. Todos nós temos algo que nos faz absurdamente felizes dessa maneira. Nesta atividade, eu quero que você identifique o que o deixa absurdamente feliz; é algo que você utilizará na sua visão de vida rica.

Casais da vida real falam sobre o que os deixa absurdamente felizes

Perguntei aos meus leitores como eles usam o dinheiro para se sentirem mais felizes. Aqui estão algumas das minhas respostas favoritas:

- "Terceirizar a nossa lavanderia para um serviço de lavar e dobrar. A melhor decisão DE LONGE!"
- "Dar uma gorjeta de 50% ao cara que corta a nossa grama."
- "Assistir a competições esportivas ao vivo com meus filhos."
- "Pagar a um rancheiro local para que abasteça meu congelador com carne bovina."
- "Plantas de interior. Escolher cada uma delas e levá-las para casa é um prazer e tanto. O ritual semanal de regá-las é como um pequeno abraço."
- "Música nova. Na era do *streaming*, é muito bom ter um álbum que se possa limpar e repetir até não mais poder."
- "Burrito no desjejum e cerveja bem gelada todas as sextas-feiras. É um presente que dou a mim mesmo no final de cada semana."
- "Ir ao spa uma vez por mês. Isso me faz sentir bem-tratado. Eu prefiro gastar dinheiro todos os meses indo ao spa do que comprando alguma coisa cara. Se cortassem o meu salário, eu me livraria de algumas das minhas assinaturas e de outras despesas só para poder ir ao spa uma vez por mês."
- "Comprar tecido me deixa absurdamente feliz, pensando nas roupas que farei – mesmo que no final eu não faça nada."
- "Material de artesanato para a minha filha – isso nos proporciona experiências de criatividade em conjunto."
- "Um tratamento dos pés a cada cinco ou seis semanas. É indispensável? Não. Mas sentir que uma parte da minha vida está nos eixos quando olho para os dedos dos pés faz isso valer a pena."

Logo abaixo, você encontrará categorias abrangentes criadas para gerar respostas extremamente específicas. Sim, você gosta de comer fora; mas me forneça detalhes ("ir ao nosso restaurante favorito com nossos melhores amigos uma vez por mês" ou "encomendar comida italiana numa sexta-feira após o trabalho"). Use essas categorias como ponto de partida para conversar. Se ficar em dúvida, basta acrescentar a seguinte pergunta no final de qualquer categoria: "Como o quê?".

O que deixa você absurdamente feliz?

- Comer fora
- Viajar
- Forma física, saúde, bem-estar
- Seus filhos
- Atividades em família
- Casa e móveis
- Roupas
- Carro
- Shows ao vivo
- Passar algum tempo em meio à natureza
- Serviços
- Conhecimento
- Doação/generosidade
- Experiências cercadas de luxo
- Caridade
- Autoaperfeiçoamento

Nem todas as categorias vão despertar algo em você. Esses são somente lembretes. Mude a escala. Os itens podem ser simples como acrescentar guacamole ao seu pedido no restaurante Chipotle ou grandes como projetar uma casa.

Atividade 3: planejar um dia perfeito

Lembre-se de que uma vida rica se vive hoje *e também* amanhã. Por isso, concentre-se em um dia da próxima semana – pode ser um fim de semana, um dia da semana, o que você quiser – e imagine "o dia perfeito". Pense no modo como quer acordar, o que quer ver na cozinha, se quer levar o cachorro para passear à tarde, o que quer comer, como está o clima, com quais pessoas vai passar seu tempo, o que vai vestir, quanto vai gastar e como se sentirá. Esse exercício é particularmente proveitoso para pessoas que gostam muito de planejar o futuro, porque ajuda a viver no tempo presente.

O dia perfeito para você mesmo

Manhã: ______________________________

Tarde: ______________________________

Noite: ______________________________

O dia perfeito para o seu parceiro(a):

Manhã: ______________________________

Tarde: ______________________________

Noite: ______________________________

O dia perfeito para os dois como casal:

Manhã: ______________________________

Tarde: ______________________________

Noite: ______________________________

O que você *não* está fazendo como parte do seu dia perfeito? Assinale todas as alternativas que se enquadram.

- ☐ Lavanderia
- ☐ Limpeza
- ☐ Louça
- ☐ Deslocamento
- ☐ Manutenção da casa
- ☐ Afazeres domésticos
- ☐ Pagamento de contas
- ☐ Ler o boletim informativo do Ramit em iwt.com
- ☐ *Acrescente a sua própria.*

Atividade 4: amplie o campo de visão e escreva a sua lista de desejos para os próximos dez anos

A "Lista de desejos para os próximos dez anos" é uma das minhas formas favoritas de projetar uma vida rica. Criem uma lista divertida, *e então façam um dos itens acontecer.* Vamos fazer isso agora mesmo.

Perguntem-se: "O que nós queremos fazer nos próximos dez anos que tornaria a próxima década incrivelmente significativa e rica?". Sonhem grande. Pensem em "uma viagem inesquecível, que só acontece uma vez na vida", num "carro especial" ou em uma "incrível reunião anual em família". Se vocês escreveram em sua lista "jantar fora num bom restaurante", estão pensando muito pequeno.

Algumas das suas ideias podem servir apenas para você. Quando me sentei com Cassandra para fazermos esse exercício, um dos meus itens era "Escrever um livro num belo hotel" (e esse é exatamente o livro que você está lendo agora – eu escrevi parte dele no meu hotel favorito em Quioto). Outras ideias serão para vocês dois juntos. Eu gosto do intervalo de tempo de dez anos porque é longo o bastante para que as pessoas pensem em desejos significativos, porém breve o suficiente para que elas possam começar já. Vou mostrar como proceder.

Sentem-se juntos e escrevam separadamente em folhas individuais (10 minutos). Ponham no papel cinco itens da sua "Lista de Desejos para os Próximos Dez Anos". Depois, revezem-se compartilhando as suas ideias, uma de cada vez. Quando eu e Cassandra fizemos esse exercício, ficamos curiosos com as respostas um do outro: "Quer aprender espanhol? Gostaria de aprender online? Ou está pensando em ir para a Cidade do México para aulas de imersão linguística?". Divirtam-se com isso. Provoquem-se, brinquem um com o outro. "Paraquedismo? Parece divertido, mas acho que você vai ter de fazer isso sozinho. A gente se encontra lá embaixo para uns drinques!" Mantenham o clima de bom humor. Talvez você até descubra algo que não sabia sobre os sonhos do seu parceiro: *Nossa! Eu não tinha a menor ideia de que ela queria fazer isso.*

Escolham uma resposta que seja significativa para vocês dois (10 minutos). A ideia deve ser estimulante e inspiradora. Deve parecer grande – talvez até mesmo incomodamente grande, mas também viável. Em nosso caso, Cassandra e eu ficamos cheios de entusiasmo com a ideia de celebrar dez anos de casamento fora do país. Nós adoramos qualquer desculpa para celebrarmos com nossos amigos e nossa família e, sabendo que teríamos anos para planejar isso, poderíamos fazer algo absolutamente espetacular. Discutam e compartilhem ideias. Apenas não se esqueçam de que o objetivo dessa atividade é que vocês se conectem.

Agendar (3 minutos). Comece escolhendo quando quer realizar a atividade. Seja específico, até quanto ao mês e ao ano. Se pensa em tirar férias com os filhos, por exemplo, você provavelmente sabe que isso acontecerá durante as férias escolares. Se não tiver certeza quanto à data, recorra ao seu bom senso, mas escolha um mês e um ano.

Faça uma estimativa do custo (10 minutos). O que buscamos aqui são cálculos aproximados: se o item for uma viagem, por exemplo, anote as principais despesas (passagem aérea, hotel, alimentação, compras) e depois acrescente 30% para contabilizar impostos e custos inesperados. Você pode pesquisar no Google preços de passagem aérea, se desejar, mas não se preocupe demais.

Nós tivemos uma experiência divertida quando tentamos calcular os custos do nosso aniversário de dez anos de casamento. Em folhas separadas, passamos alguns minutos tentando chegar a um valor. Registramos o número de pessoas que queríamos convidar e um palpite muito pouco científico sobre o custo que representariam o local para o evento, o organizador, a comida, a roupa e as viagens da família. Depois mostramos um ao outro os valores aos quais chegamos... que eram totalmente diferentes. Os meus números eram três vezes maiores que os dela. Nós olhamos um para o outro com os olhos arregalados. (O que posso dizer? Gosto de coisas *bonitas, e quero gastar bastante dinheiro em momentos* do nosso relacionamento que jamais esqueceremos.)

Minha sugestão: se você tiver dois números distintos, fique com o maior. Por quê? Porque lhe permite sonhar mais alto, e você sempre pode ser mais preciso com os seus planos depois.

Crie o sistema para assegurar que o seu item da lista de desejos aconteça (10 minutos). Você sabe o que quer fazer, sabe quando acontecerá e sabe quanto custará. Agora vamos fazer acontecer. Tome o custo total e divida pelo número de meses até o evento. Por exemplo:

O quê: viagem de férias da família para a Argentina.
Quando: cinco anos a contar de agora (60 meses).
Custo: 10 mil dólares.
Quantia a ser economizada mensalmente: 167 dólares (US$ 10.000/60).

Se o seu valor mensal parecer alto demais, não se preocupe – você tem alternativas. No exemplo anterior, você poderia estender o prazo por um ano, o que significaria que teria de poupar apenas 139 dólares por mês. Você também poderia poupar em outras áreas. Ou poderia simplesmente baixar o valor da sua ideia de 10 mil para 8 mil dólares; dessa maneira, teria de economizar 133 dólares por mês.

Em nosso caso, nossa distância do acontecimento era de sete anos – ou oitenta e quatro meses –, por isso dividimos a nossa estimativa por oitenta e quatro e então programamos uma transferência mensal automática para uma conta de poupança chamada "Aniversário de casamento de dez anos".

Como foi a nossa viagem de vida rica ao Japão

Alguns anos atrás, Cassandra e eu quisemos visitar o Japão. Passamos bastante tempo planejando a viagem. Eu adoro café, ela adora cosméticos, e nós dois gostamos muito de decoração. Nosso itinerário personalizado estava repleto de coisas das quais gostamos – com muito tempo reservado ao lazer incluído. (Uma das nossas regras para quando viajamos é um grande evento a cada dois dias. No tempo restante podemos passear, comer, relaxar ou simplesmente não fazer nada.) Em Tóquio, contratamos um guia para um tour de café, e depois percorremos algumas lojas especiais de cosméticos japoneses que Cassandra havia selecionado. Em Quioto, contratamos um guia que nos levou à linda casa de dois arquitetos que nos falaram sobre arquitetura japonesa. Fizemos reservas em alguns restaurantes, mas também comemos sem reservar antecipadamente, em locais que encontramos por acaso. No final das férias, fizemos um cruzeiro especial num hotel flutuante para termos alguns dias tranquilos, relaxando e planejando o nosso ano seguinte. Talvez você ache essa viagem tediosa ou estranha. Tudo bem! Para nós foi perfeita. Quero que você pense nas suas próprias experiências de vida rica dessa maneira – muito específicas, reais e com abundância da mais pura alegria para *você*.

Tome como exemplo os seguintes valores:
O quê: Aniversário de casamento de dez anos
Quando: Dentro de sete anos (84 meses)
Custo: 25 mil dólares
Valor a ser economizado mensalmente: cerca de 300 dólares ($25.000/84)

Enche-me de satisfação saber que você está caminhando a passos decididos para fazer a sua vida rica acontecer. É somente questão de tempo agora: graças ao sistema que construíram, e que lhes permite economizar dinheiro automaticamente numa conta, vocês sabem que a cada mês o seu sonho fica mais perto de se tornar realidade.

Vocês estão de parabéns! Começaram em *Nós nem sabemos o que significa uma vida rica* e agora têm uma lista de coisas realmente importantes para tornar os próximos dez anos definitivamente marcantes. E, todos os meses, quando estiverem falando sobre as suas finanças, vocês poderão ver esse objetivo e conferir o seu progresso.

Se gostou desse exercício, adquira uma cópia do livro *I Will Teach You to Be Rich: The diary* [Vou Ensinar Você a Ser Rico: O Diário], que trará a vocês a possibilidade de conhecerem mais detalhes sobre a visão de uma vida rica e depois compararem suas respostas.

SUPERE AS OBJEÇÕES

Eu recebo muitas críticas à ideia de ter essas conversas sobre a vida rica, que podem parecer forçadas ou simplistas, sobretudo se um dos parceiros não estiver de acordo. Eis aqui as críticas que recebo com mais frequência, junto com minhas respostas.

Objeção: "Nós estamos estressados demais nesse momento. Precisamos primeiro sanar as nossas finanças. Depois poderemos sonhar."

Evidentemente, uma visão de vida rica é mais fácil para quem possui muito dinheiro. Mas uma vida rica não se resume necessariamente a luxo. Eu sou muito afortunado por ter sido criado por pais imigrantes que eram econômicos por necessidade. Isso me ensinou que eu não *precisava* de muito. Eu não me lembro de termos viajado todos juntos de avião, porque não podíamos pagar por isso. As nossas férias se limitavam a viagens em nossa minivan do norte para o sul da Califórnia, onde ficávamos na casa de familiares.

Eu compartilho isso porque, quando eu tinha pouco mais de vinte anos, a minha visão de vida rica era poder pagar por aperitivos (você deve se lembrar de que eu já disse que adoro aperitivos). Nada mais que isso! Mais tarde houve uma expansão dessa visão: ter recursos para andar de táxi num dia quente de verão em vez do metrô abafado. Depois passou a ser sair com os amigos e pagar uma rodada de bebida. As minhas capacidades financeiras cresciam juntamente com a minha visão. A sua visão é importante porque você precisa de um motivo que não a mera sobrevivência para trabalhar. Talvez você não consiga pagar pelas férias dos seus sonhos hoje, mas, escrevendo detalhes específicos, você fornece a si mesmo uma estrela-guia pela qual se orientar – uma razão para empreender tantos esforços.

Objeção: "Isso é um exagero. Somos pessoas simples. Tudo o que queremos é pagar nossas dívidas e não ter preocupações com dinheiro o tempo todo."

Eu quero mais para você do que somente não se preocupar. E, falando francamente, não ter dívidas não é lá uma visão muito poderosa! Eu reparei que muitas vezes as pessoas endividadas temem sonhar com sua vida rica porque se sentirão fracassadas se puserem esse plano no papel e não o concretizarem. Eu quero encorajar você a deixar de lado esse temor e a desenvolver confiança para saber que é capaz de continuar em frente e alcançar o seu objetivo, ainda que isso leve tempo. Criar uma visão de vida rica é o passo inicial para se distanciar das perguntas irrelevantes de três dólares e se concentrar nas perguntas de 30 mil dólares que realmente podem mudar a sua vida (sua taxa de poupança, sua alocação de ativos, sua data de quitação da dívida).

Objeção: "Nossa vida rica é garantir que os nossos filhos tenham tudo o que nós não tivemos."

Eu não gosto muito desse argumento. Uma vida rica não é meramente abandonar os seus próprios sonhos e dar aos seus filhos tudo o que você tem. Pior: esse tipo de pensamento é indolente. Sinceramente, é indolência não dar importância para a sua própria vida rica e para o que o seu parceiro deseja. Acredite em mim: existem coisas bastante específicas que as pessoas adorariam fazer, se ao menos os seus parceiros se relacionassem com elas de maneira segura, sem julgamentos e com objetivos. Além disso, os seus filhos não querem ver os pais levando uma vida sem alegria, na qual você é um verdadeiro mártir financeiro que sacrifica todos os seus desejos individuais. Eu disse aos meus pais que gostaria que eles gastassem todo o seu dinheiro até o último centavo. Eles deram a mim e aos meus irmãos uma vida rica graças ao seu amor, aos seus valores e a uma boa ética de trabalho. O dinheiro é deles, e eles é que devem desfrutá-lo. (Enquanto escrevo isso, eles estão viajando para a Cidade do México. Ver meus pais aproveitando a vida e gastando o seu dinheiro me deixa muito feliz!)

Objeção: Qual é o objetivo de colocar uma visão no papel? Nós precisamos de táticas, não de sonhos."

Sim, é verdade, táticas são importantes. E vamos chegar a elas. Mas tudo a seu tempo. Nós sem dúvida falaremos sobre assuntos como a sua taxa de poupança

(Capítulo 7), como pagar as suas dívidas (página 233) e como ensinar seus filhos sobre dinheiro (página 255). Neste momento, o mais importante é que o casal esteja na mesma sintonia – construindo uma base juntos –, pois isso tornará muito mais fáceis as conversas que restarem. Se para mudar as coisas fossem necessárias apenas táticas e nada mais, vocês já as teriam encontrado.

O QUE *NÃO É* UMA VIDA RICA

A maioria de nós sonha pequeno demais, por isso eu passei boa parte desse capítulo encorajando-o a pensar grande. Mas, algumas pessoas interpretam equivocadamente minhas palavras, como se eu tivesse dito "Pode comprar o que desejar e quando desejar, se isso fizer parte da sua vida rica". Não, nada disso.

Por exemplo: quando eu digo que um indivíduo que ganha 60 mil dólares por ano e dirige dez quilômetros em estradas planas e pavimentadas para o seu trabalho não deveria comprar um caminhão de 90 mil dólares, eu sempre recebo comentários do tipo "Talvez isso seja somente parte da sua vida rica!". Vamos deixar uma coisa bem clara: nós não podemos apenas apontar para o que queremos, dar três voltinhas cantando "Vida rica, vida rica, vida rica" e depois comprar, com a minha bênção, o objeto desejado. Não é dessa maneira que funciona.

A sua vida rica tem de ser algo que você consiga pagar. Talvez precise de anos economizando para comprá-la, mas você precisa ser capaz de pagá-la, agora ou depois de estabelecer uma meta realista de poupança. Eu sei que você entende intuitivamente o que eu quero dizer, porque se um amigo seu lhe disser "A minha vida rica é comprar um jato particular", você vai revirar os olhos.

Sua vida rica *não é*...

- algo que você compra, mas que não pode pagar (ver página 164).
- algo que seja tão grande que jamais possa ser alcançado, mesmo com anos de economias, fazendo com que a pessoa nunca se sinta verdadeiramente realizada (como no episódio 25 do meu podcast, no qual um porteiro me disse que queria ser bilionário).
- algo em que você inconscientemente gasta muito tempo e dinheiro, e faz isso porque todos fazem, sem nem mesmo avaliar se *você* quer isso.

Seja honesto ao escolher a sua vida rica. Não se predisponha ao fracasso. Eu quero que você sonhe no ponto ideal, em que as coisas são difíceis, porém realizáveis. E se isso realmente fizer parte da sua vida rica, mas você não puder pagar hoje, acrescente uma meta de poupança e separe dinheiro até que possa pagar. É desse modo que se chega a uma visão que continua a nos inspirar.

Permissão para sonhar: concedida!

Eu fiquei admirado com o que me disse Alyssa, que esteve no primeiro episódio do meu podcast, junto com o seu marido Ilan. Ela disse: "Nunca me senti à vontade para querer algo em minha vida".

Essa declaração é bastante profunda – e é um sentimento que já ouvi de muitas pessoas. Alyssa explicou que foi criada numa família de classe média e sempre teve tudo de que precisava, "por isso nunca me ocorreu que eu precisasse de mais. Jamais imaginei ter uma vida extravagante. Sempre imaginei ter as coisas básicas. E, para mim, básico significa um carro decente e uma casa decente, de 130 ou 140 metros quadrados".

Alyssa perdeu o emprego e começou a vender produtos de panificação no Facebook. Atualmente, ela e Ilan possuem um negócio na área de panificação que gera renda suficiente para o sustento de ambos, e que continua crescendo. Contudo, quando eu pedi a Alyssa que sonhasse alto, ela se retraiu.

O problema é que Alyssa cresceu com um pai alcoólatra: "As necessidades dele eram sempre as mais importantes na família, e nós tínhamos de nos adaptar ao que ele quisesse. Eu cresci aceitando o que me acontecia. Acho que isso resume tudo".

Essa é uma maneira comum de pensar e um obstáculo comum para sonhar com uma vida rica. Pode demorar, e pode ser necessário algum incentivo, para que uma pessoa se dê permissão para sonhar mais alto que as atuais circunstâncias da sua vida ou que o seu estilo de vida atual. Após refletir com cuidado, Alyssa me disse: "Comecei a pensar: talvez eu possa querer isso. Tenho permissão para querer".

"MEU PARCEIRO E EU NÃO ESTAMOS SEMPRE DE ACORDO NA NOSSA VISÃO DE VIDA RICA. NÓS ESTAMOS CONDENADOS?"

Não! Vocês não precisam concordar em tudo quando o assunto é dinheiro. Na verdade, você e o seu parceiro *sempre* abordarão suas finanças de modo bastante diferente – e tudo bem que seja assim. É imensamente libertador quando nos damos conta disso, porque assim podemos escolher os pontos em que concordamos *realmente*.

Sim, vocês devem concordar nas coisas mais importantes, como o lugar onde vão morar, por exemplo. Mas, mesmo que um de vocês queira ter um chalé de esqui, e o outro queira uma fazenda, não há problema. Ponham isso no papel. Chegará o momento em que vocês vão se reunir para falar de valores e de como será esse estilo de vida. É possível que consigam encontrar uma maneira de ter as duas coisas. Podem alugar o chalé por uma semana ou duas... ou podem mudar de ideia quando tomarem conhecimento do que realmente significa cuidar de ovelhas.

Eis um bom exemplo: eu trabalhei com o casal Lauren e Alex no episódio 23 do meu podcast. Lauren estava extremamente focada em adquirir uma casa na praia o mais rápido possível. Ela ansiava por isso e se incomodava com o custo de manutenção da casa em que moravam, que exigia muitos consertos – cada dólar gasto nesses reparos representava um dólar que ela não podia investir em sua casa de praia. "[O dinheiro] parece água escorrendo pelas minhas mãos, e eu sinto que o tempo está acabando", disse ela.

Fiquei curioso a respeito dessa casa de praia. De onde vinha o sonho de Lauren? Ela me disse que a casa estava mais relacionada com a criação de lembranças com a família do que com a posse de uma propriedade. Ela reconheceu o medo de que seus pais envelhecessem antes que ela tivesse a chance de experimentar esse tempo em família que imaginava. Porém eu a pressionei com cuidado, e ela acabou reconhecendo que não havia necessidade de *comprar* uma segunda casa para fazer isso. Ela podia alugar uma casa para os fins de semana na praia e viver o seu sonho imediatamente – agora mesmo! – e não no futuro, dentro de quinze anos.

Lauren resistiu a essa ideia durante a maior parte do tempo em que conversamos. Isso não me surpreendeu. Muitas vezes, nós agimos com base em roteiros que foram criados décadas atrás, e não os contestamos nem os analisamos. Mas, se fizermos alguns questionamentos, teremos a chance de descobrir formas criativas e realistas de alcançar nossos objetivos.

A sua vida rica pode tomar um caminho imprevisível. Quando seguirem as etapas deste capítulo e perguntarem o que cada um quer *de fato*, vocês poderão projetar uma visão que se adapte a ambos e os aproxime.

LISTA DE VERIFICAÇÃO DO CAPÍTULO 3

- ☐ Faça as quatro atividades da visão de vida rica (páginas 71 a 78) com o seu parceiro (ou sozinho).
- ☐ Reveja o exercício do "dia perfeito" da página 74. Escolha uma atividade da sua lista que você possa realizar durante a semana, mesmo que não esteja no local do seu dia perfeito.
- ☐ Certifique-se de que completou o exercício de planejamento da "Lista de desejos para os próximos dez anos" – escolheu uma atividade, programou-a, estimou seu custo e começou automaticamente a economizar para ela.
- ☐ Coloque a sua "Lista de desejos para os próximos dez anos" num local onde ela se destaque, de modo que possa vê-la todos os dias. Pode ser no papel de parede do seu celular, na sua geladeira ou até em notas autoadesivas em seu laptop. Se você olhar para a sua lista e se entusiasmar, então estará no caminho certo.

CAPÍTULO 4

INDICADORES DE DINHEIRO

Como gastar mais – muito mais! – nas coisas que você adora e menos nas outras

No capítulo anterior, você delineou a sua visão de uma vida rica. Fantástico! Mas, se eu pedisse a você e ao seu parceiro que transformassem a sua visão de vida rica em um plano, vocês saberiam o que fazer? A maioria das pessoas não saberia – ainda. Isso ocorre porque o desenvolvimento de uma visão poderosa é o primeiro passo, mas o próximo é conectar essa visão aos seus gastos reais.

Neste capítulo, eu vou mostrar uma nova maneira de encarar as suas despesas. Não, não é o mesmo velho conselho limitador que diz para monitorar cada centavo das suas despesas e depois fazer cortes em tudo. A minha abordagem é a seguinte:

Eu acredito que você deve gastar de forma extravagante com as coisas que adora, contanto que corte sem dó gastos com as coisas que você não adora.

Em que você e o seu parceiro(a) adoram gastar dinheiro? Eu não disse "gostam" de gastar dinheiro. Eu disse *adoram*. Vocês já pararam realmente para pensar nisso? Se vocês tivessem 25 mil dólares agora (suponhamos por um momento que estejam livres de dívidas), o que fariam com esse dinheiro? A sua resposta é o que eu chamo de Indicador de Dinheiro com o mostrador apontando para o "Sim".

Por outro lado, se eu perguntasse a vocês quais são os tipos de despesa com as quais não se importam muito e que estariam dispostos a cortar – vestuário, talvez, ou viagens para o exterior, ou ainda restaurantes sofisticados – isso seria um Indicador de Dinheiro com o mostrador no "Menos". Eu chamo essa ferramenta de Indicador de Dinheiro porque você pode "girar o mostrador" para cima ou para baixo como se girasse o botão do rádio para ajustar o volume. Conhecer o seu Indicador ajuda a transformar os seus gastos, porque, a partir do momento em que os identifica, pode gastar com as coisas que adora, contanto que você corte radicalmente gastos com as coisas que você não adora.

Vamos começar com os seus Indicadores de Sim: quero que você comece sabendo onde pode gastar mais. Todas as pessoas têm pelo menos um "Indicador de Sim", e todas sabem intuitivamente qual é.

Seguem-se os Indicadores de Sim mais comuns, por ordem:

1. Comer fora/comida
2. Viajar
3. Saúde e bem-estar

Existem vários outros além desses três, incluindo serviços, relacionamentos e autoaperfeiçoamento. Por outro lado, há coisas com as quais gastamos dinheiro, mas que não têm tanta importância para nós – para alguns, pode ser tecnologia, autocuidado ou melhorias na casa.

A ideia de que não é um problema gastar dinheiro em coisas que adoramos é radicalmente diferente da maioria dos conselhos relacionados a dinheiro que ouvimos, que sempre dão ênfase à limitação. *Chega de cappuccinos! Chega de férias! Não, não e não.* Isso nos faz sentir mal, nos torna acanhados, e é preconceito por definição. Seja como for, de que adianta cortar gastos com as coisas que amamos pensando no futuro, quando chegarmos aos 60 anos, se nessa idade estaremos velhos demais para usufruir dessas coisas?

Dinheiro foi feito para ser gasto de maneira significativa. Nós usaremos essa abordagem para identificar as coisas nas quais você adora gastar dinheiro. Depois que as suas dúvidas forem totalmente sanadas, falaremos a respeito de ajustar suas despesas para que elas acompanhem a sua visão. Tenha em mente que nos relacionamentos os Indicadores de Dinheiro de um cônjuge são às vezes os mesmos que os do outro cônjuge, e outras vezes são diferentes. Qualquer um dos casos é aceitável.

Junto com o seu parceiro, circule a seguir todas as categorias nas quais você adora gastar dinheiro.

- Comer fora/comida
- Viajar
- Saúde e bem-estar
- Seus filhos (seja específico: são atividades infantis, roupas ou cuidados?)
- Atividades em família
- Shows ao vivo
- Serviços
- Melhorias para a casa
- Presentes
- Relacionamentos pessoais (por exemplo, passar tempo e viver experiências com entes queridos)
- Experiências luxuosas
- Doações para a caridade
- Itens que conferem status
- Autoaperfeiçoamento (por exemplo, desenvolvimento pessoal e treinamento)
- *Acrescente as suas próprias.*

Agora coloque uma grande estrela ao lado do Indicador de Sim que você mais adora. Peça ao seu parceiro que faça o mesmo e não se preocupe se os seus Indicadores de Sim forem diferentes dos dele. (Eu e minha mulher temos indicadores diferentes, assim como muitos outros casais.)

SEUS INDICADORES DE "SIM" SÃO ESPECÍFICOS, REAIS E PRAZEROSOS

Quando você identifica os seus Indicadores de Dinheiro positivos, o que adora torna-se óbvio, mas também se torna fácil perceber de que coisas você *não* gosta – e que podem ser cortadas facilmente –, porque tem um motivo claro e real para fazê-lo. A recompensa está de fato bem à sua frente: se cortar *nisso* pode gastar mais *naquilo*.

Pedi recentemente aos membros da minha comunidade online que compartilhassem exemplos de despesas que os deixavam verdadeiramente felizes. Recebi diversas respostas interessantes.

Eis algumas das coisas que eles relacionaram:

- *"Eu tirei férias em casa com o meu parceiro."*
- *"Eu fiz aulas de surf."*
- *"Comprei um celular para a minha mãe como presente de aniversário."*
- *"Eu comprei alguns discos antigos de vinil."*
- *"Eu comprei um anel para a minha parceira."*

Para cada uma dessas respostas, eu pedi detalhes. As pessoas adoram falar sobre os seus Indicadores de Sim, mas nunca nos pedem para falar sobre as coisas com as quais gostamos de gastar dinheiro porque a nossa cultura financeira é baseada na restrição. Parece desconfortável falar sobre o assunto; é como se estivéssemos nos gabando. No entanto, quando falamos sobre isso, revelamos nossos interesses e valores. Considero isso fascinante e inspirador; quando conseguimos nos expressar de maneira real a respeito do que mais gostamos, esclarecemos as nossas prioridades de vida rica.

Uma pessoa me disse: "Sempre fui um colecionador. Hoje em dia, coleciono miniaturas militares de alta qualidade". Isso é algo incomum! Eu adoro ouvir a respeito das diferentes maneiras que as pessoas têm de encontrar alegria em gastar dinheiro. Outra pessoa me disse que adora pagar por serviços de faxineira e de babá. Eu lhe perguntei por quê. E ela respondeu: "É caro ter uma babá, mas eu gosto *muito* de não ter de me preocupar quando os meus filhos têm um dia de folga na escola ou quando estão doentes. Isso costumava ser bastante estressante para nós. Agora, quando as crianças ficam doentes, nós podemos ir trabalhar sabendo que uma pessoa que elas adoram está cuidando delas maravilhosamente bem. Além disso, é um luxo voltar para uma casa limpa. Esses gastos nos obrigam a ter férias mais simples, mas mesmo assim valem a pena".

Descontração, alívio, luxo – essas não são palavras que costumamos ouvir em conversas sobre finanças pessoais, mas é exatamente o que procuramos. Quando você associa o seu dinheiro a emoções positivas em sua vida, você pode usá-lo eficazmente para construir a sua vida rica e vivê-la. E, quanto mais clareza tivermos sobre o que nossa vida rica envolve, mais fácil será cortar despesas em categorias que *não* se encaixam.

Gastando mais com a família

"Nós moramos em Minnesota e no Natal vamos a Ohio para visitar a família. Passamos algum tempo acompanhando as previsões meteorológicas para saber como as condições do clima poderiam afetar o nosso voo de quinta-feira. Ficaríamos muito zangados se o nosso voo fosse cancelado e os nossos filhos perdessem a primeira chance que teriam de passar as festas com os avós desde 2018. Nós temos o dinheiro. Por que desperdiçar um segundo sequer com preocupações a respeito desse assunto? Então, mudamos nossas passagens para viajarmos hoje e não quinta-feira. O preço teve uma alteração de quase mil dólares, mas pagamos com satisfação. (E os avós deles estão nas nuvens de tanta felicidade!)"

– Siobhan

Algumas pessoas têm dificuldade em identificar os seus Indicadores de Sim. "Devo me basear na conveniência, nas experiências ou nos relacionamentos? Ou em todos?" Se esse for o seu caso, tente o seguinte truque: abra as fotografias do seu celular e vá passando por elas. Essas são as melhores pistas sobre as coisas de que gostamos. Se você encontrar 340 fotografias de uma única porção de sushi tiradas de diversos ângulos, o seu "Indicador de Sim" é comida.

QUADRUPLIQUE: UM EXERCÍCIO DE INDICADORES DE DINHEIRO

Em um evento em Washington, DC, eu estava conversando com um indivíduo chamado Bill, cujo Indicador de Sim era comer fora. Perguntei a ele: "O que aconteceria se você quadruplicasse os seus gastos em restaurantes? Qual seria o resultado e a sensação?". Ele respondeu: "Eu provavelmente precisaria fazer uma dieta, porque estaria comendo fora quatro vezes por semana!".

Rá, rá. Trata-se de uma resposta comum, uma dessas piadas de mau gosto que as pessoas dizem em eventos profissionais para arrancar risadinhas numa conversa cordial. Mas essa resposta foi na verdade bastante reveladora.

A maioria de nós pensa no dinheiro de maneira linear: "Gastar quatro vezes mais? Eu faria isso com uma frequência quatro vezes maior!". Nós automaticamente pensamos que "mais gastos" é sinônimo de "mais quantidade". Essa é uma visão de mundo simples, infantil até.

Eu insisti com Bill: "A quais você iria?".

Ele pensou por um segundo e respondeu: "Bem, eu guardo uma lista com todos os restaurantes com estrelas Michelin da cidade".

"E quem você levaria junto?"

Ele fez uma pausa demorada. "A minha família", respondeu. A sala ficou em total silêncio. Quando perguntei o porquê, Bill teve dificuldade para encontrar as palavras. Por fim ele falou, com voz embargada: "Eu os levaria porque eles jamais teriam dinheiro para comer num lugar assim".

Bill acabou de transitar de um entendimento linear do dinheiro para uma perspectiva multidimensional, na qual usa o seu dinheiro para comer em restaurantes de alto padrão e para tratar com generosidade as pessoas que ama.

Há muito poder em pensar no dinheiro desse modo. Sem dúvida é possível fazer mais (quantidade). Mas também é possível aumentar a qualidade, a experiência e o número de pessoas que trazemos conosco.

Agora é a sua vez. Escolha um dos seus Indicadores de Sim e imagine-se aumentando-o ao máximo – quadruplicando os seus gastos – de forma multidimensional. Qual seria a sensação? Se você costuma praticar exercícios físicos, talvez sua resposta imediata fosse ter quatro vezes mais aulas de ioga. Vá mais longe: em vez disso, sua resposta poderia ser contratar um instrutor particular ou mesmo reservar vaga naquele retiro de ioga dos sonhos – e talvez até convidar um amigo para se juntar a você. Desafie-se a pensar de forma expansiva, não apenas linear.

Girar para cima o botão do seu Indicador para viagens pode significar que você...

... se hospedará em hotéis melhores.

... viajará durante períodos mais longos de tempo.

... acrescentará experiências específicas, como um safári ou um cruzeiro.

... convidará amigos e pagará para que a família o acompanhe.

Girar para cima o botão do seu Indicador para aprender um instrumento pode significar que você...

... comprará novas músicas para ter inspiração.

... comprará um novo instrumento.

... terá aulas individuais presenciais.

... irá a um acampamento musical com duração de uma semana para ter convivência com outros músicos.

Gastando mais com fitness

"Tenho um treinador particular desde o mês passado... Ele elaborou um programa para mim, temos reuniões quinzenais e nos comunicamos por mensagem de texto depois de cada sessão de exercícios. Essa é a forma mais eficiente de me exercitar de maneira contínua. Eu nunca havia percebido a importância de contar com um sistema de apoio para ficar em boa forma. Eu me sinto forte e grato por desfrutar de um estilo de vida saudável!"

— Jared

O mesmo se aplica a basquete, aulas de improvisação, escrever suas memórias – qualquer coisa que você adore e na qual deseje melhorar.

Girar para cima o botão do seu Indicador para roupas pode significar que você...

... comprará em lojas sofisticadas.

... assinará um serviço de estilista online.

... alugará roupas de marca para ocasiões especiais.

... contratará um estilista pessoal para conhecer novas marcas, limpar o seu armário e aprimorar o seu visual.

... fazer uma viagem de compras de moda com amigos.

... levar sua mãe a Paris para assistir a um desfile de moda.

Quando pensar nas diferentes dimensões do dinheiro, considere o seguinte: nos níveis iniciais das finanças pessoais, as pessoas quase sempre se preocupam com "o quê". *O que eu posso comprar? O que eu posso pagar? O que consigo ter com o meu dinheiro?*

Em minha experiência, à medida que se tornam mais habilidosas com o dinheiro, as pessoas começam a olhar para além da quantidade, em busca de experiências, lembranças e sentimentos. Em vez de perguntar "o quê", elas frequentemente perguntam "quem". *Quem eu posso levar comigo? Quem eu posso surpreender e alegrar? Com quem posso ser generoso?*

Meu sonho para você é que considere todas essas diferentes visões quando planejar como quer gastar o seu dinheiro de maneira significativa.

FALANDO SOBRE INDICADORES DE DINHEIRO COM O SEU PARCEIRO

Um dos discursos de que mais gosto foi o que Stephen King proferiu na cerimônia do National Book Awards de 2003. Ele recordou uma época, no início da sua carreira, em que ele e sua mulher moravam num trailer e lutavam para sobreviver. Até que ele conseguiu vender um livro:

> "Durante os primeiros anos de casamento, uma das poucas vezes que vi minha mulher chorar de verdade foi quando contei a ela que uma editora de livros de bolso, a New American Library, havia pago uma montanha de dinheiro pelo meu livro, que ela havia resgatado do lixo. Eu poderia parar de dar aulas; ela poderia parar de servir rosquinhas no Dunkin' Donuts. Então ela levou as duas mãos ao rosto e chorou. Quando finalmente parou, nós fomos para a sala e nos sentamos em nosso velho sofá, que a Tabby havia comprado numa garagem, e conversamos madrugada adentro sobre o que faríamos com o dinheiro. Nunca tive uma conversa tão agradável. E nunca uma conversa me pareceu mais surreal."

Eu me lembro exatamente do lugar em que estava quando eu e Cassandra tivemos nossa primeira conversa sobre dinheiro. Nós falamos sobre o tipo de vida que queríamos ter, sobre a frequência com que queríamos viajar, se queríamos ter filhos, se iríamos querer filhos, como queríamos cuidar dos nossos pais. Foi uma das melhores conversas que já tive, porque era repleta de possibilidades.

Acontecimentos importantes como o contrato de publicação de um livro ou um casamento podem desencadear esse tipo de conversa, mas não é necessário nada tão formal. Falar sobre Indicadores de Dinheiro é uma das coisas mais divertidas que você e o seu cônjuge podem experimentar juntos, e podem fazer isso em qualquer ocasião. Eis como abordar o assunto:

> "Eu estou lendo este livro sobre psicologia financeira. O autor fala sobre descobrir os seus Indicadores de Dinheiro – as coisas com as quais você adora gastar. Acho que o meu principal Indicador é ____________________, mas também adoro __________________________. Qual você acha que é o seu?
>
> *[seu parceiro responde.]*
>
> "Sim! Foi o que eu pensei." (Ou: "Uau! Estou surpreso. Eu não esperava por isso!"). "Certo. E se você pudesse quadruplicar os seus gastos nisso, o que faria?"

Tudo o que eu quero é que você peça ao seu parceiro que aponte *um* "Indicador de Sim" e dê *um* exemplo de algo em que gastaria mais. A ideia é simplesmente dar o pontapé inicial. E depois seguir em frente! Conversas envolvendo dinheiro podem às vezes ser longas e detalhadas, mas também podem ser – como essa é – curtas e divertidas.

Eu apresento roteiros como esse porque quero que você conte com todas as ferramentas possíveis para desenvolver motivação para conversar sobre dinheiro. Se não se identificar com os roteiros, adapte-os ao seu próprio estilo. Por via de regra, não hesite em me culpar se as coisas ficarem estranhas. Sinta-se à vontade para me transformar no policial mau, no tipo esquisito, no autor com ideias malucas – qualquer coisa que quiser! Mais tarde vocês poderão voltar a tratar do assunto e escolher um dos tópicos da lista logo abaixo. Se o seu parceiro gostar da ideia, façam essas perguntas um ao outro alternadamente. Elas são interessantes e reveladoras e podem divertir vocês:

- Dez anos atrás, em que você teria adorado gastar dinheiro (mas agora não mais)?
- Em que você adoraria gastar dinheiro agora, mas sente vergonha de admitir?
- Se nós pudéssemos gastar 250 dólares, quatro vezes por ano, para construir lembranças maravilhosas, o que faríamos?
- Que coisas você conseguiria cortar com facilidade? E o que seria difícil cortar?

- O que você poderia comprar toda semana que o deixaria feliz?
- Quais foram as nossas melhores férias? E o que fez essas férias parecerem maravilhosas?
- O que queremos fazer para um acontecimento que está próximo (um grande aniversário, por exemplo)?

Casais de verdade procuram conversar sobre dinheiro

Kim, membro da minha comunidade online, relatou que o conceito de Indicadores de Dinheiro teve um forte impacto no modo como ela e seu marido se comunicam a respeito de dinheiro e prioridades. Isso até resultou na compra de uma casa.

Kim escreveu as seguintes observações:

Nossas conversas sobre gastos costumavam ser assim:
Eu: — Eu adoraria melhorar a casa – os móveis, a iluminação…
Ele: — Está tudo ótimo nessa casa. Seria jogar dinheiro fora.
[Fim da discussão.]

Depois de abordarmos o assunto usando o conceito de Indicadores de Dinheiro, as coisas ficaram assim:

Eu: — O que é realmente importante para você a respeito do lugar onde moramos?
Ele: — Eu gostaria que fosse mais perto dos locais de ciclismo de montanha e esqui. Foi por isso que nos mudamos para cá, e é uma droga ter de dirigir de sessenta a noventa minutos para fazer essas atividades.

Nós acabamos comprando uma propriedade a cinco minutos das trilhas de bicicleta e quarenta minutos mais perto do local para esquiar. Eu também fiz melhorias na decoração que desejava, que para ele são uma coisa secundária, mas isso é bom. Ambos ganhamos.

Minha observação: É comum os casais entrarem numa dinâmica em que um faz as perguntas e o outro encerra a questão. Isso pede uma nova abordagem. Kim se saiu muito bem atraindo o marido para os seus Indicadores de Dinheiro valendo-se de uma curiosidade genuína. Tenho certeza de que ele ainda precisa buscar ser mais comunicativo em relação ao modo como quer gastar o dinheiro, mas eles estão indo bem.

Rocco, outro membro da minha comunidade, teve uma experiência diferente quando convidou sua parceira para conversar sobre Indicadores de Dinheiro:

> "As coisas não acabaram bem. Nós somos bastante diferentes. Ela tem uma casa do seu casamento anterior, e o dinheiro dela vai basicamente para essa casa – para a hipoteca e para a manutenção. Quando tentei descobrir os seus Indicadores de Dinheiro, ela se recusou a falar no assunto. Disse que gasta até o último centavo todos os meses e que não tem dinheiro para realocar... Surgiram muitos sentimentos de culpa e de escassez, e foi preciso encerrar a conversa. Tenho a intenção de escrever os meus Indicadores de Dinheiro e mostrá-los a ela. Vou perguntar se ela pode fazer o mesmo (talvez começando sozinha), e verei se vai ser possível analisarmos juntos os Indicadores.

Minha observação: Isso deve ser frustrante para Rocco. Quando um parceiro está pronto para fazer mudanças e o outro não, podem vir à tona cismas que vão muito além do dinheiro. É admirável que Rocco tenha se afastado e dado espaço à sua parceira para que ela refletisse sobre a discussão, e para preparar uma abordagem mais amena no futuro. Tenho confiança nos dois!

Gastando mais em serviços

"Trabalhos manuais não são o meu forte, e eu não gosto de fazê-los. Contratei pouco tempo atrás uma pessoa para colocar prateleiras e montar alguns móveis em minha casa. Eu provavelmente poderia ter realizado sozinho esse serviço, mas não teria feito um trabalho tão bom; e essa contratação me livrou da pressão de fazer uma coisa que me desagrada. Dinheiro bem gasto!"

— *Trevor*

Aprendendo a gastar dinheiro de maneira significativa

Você se sente culpado por gastar dinheiro? Muitas pessoas se sentem. Neste país, nós ficamos divididos entre a censura puritana dos especialistas em finanças que nos dizem no que gastar ou não gastar e o consumismo sem freios que despeja SUVs e férias em Bora Bora em nossas redes sociais. O que acaba acontecendo? Nós compramos a viagem, o carro, a casa, a roupa e depois nos sentimos culpados por isso.

Esse é o pior dos dois mundos.

Existe uma alternativa melhor. Uma relação saudável com o dinheiro acontece quando substituímos essa culpa pela alegria de gastar nas coisas que adoramos. *Gastar dinheiro de maneira significativa* é uma habilidade. E conversar sobre Indicadores de Dinheiro ajuda o casal a entender o que é realmente importante.

O seu primeiro passo é dar ouvidos ao meu apelo pessoal: por favor, parem de se preocupar com pequenas despesas e ignorar o que de fato importa em seus gastos. Milhares de vezes eu já ouvi de casais a seguinte frase: "Tentamos cortar despesas, mas nada parece mudar". Quando olho para os números desses casais, o padrão é quase sempre o mesmo. Tentam cortar um pouco em tudo: 5% nas compras, 5% na gasolina, 5% nas refeições fora de casa, na lavagem do carro, nas viagens, na televisão a cabo – em tudo!

Isso é ineficaz – e, pior ainda, é uma maneira miserável de viver. Seria como se um chefe de cozinha dissesse "Alguma coisa aqui não está com um gosto bom. Vou reduzir todos os ingredientes desse prato". Não!

A abordagem correta é voltar-se para as suas grandes despesas e concentrar-se nelas de forma cirúrgica. Você e seu parceiro estão dispostos a fazer cortes em que itens? Não somente 5%, mas um número que lhes permita ter a liberdade e o dinheiro para gastar *mais* nas coisas que lhes interessam?

A SUA LISTA DE INDICADORES DE "MENOS"

Agora nós podemos falar sobre as áreas nas quais vocês querem fazer cortes.

Note que na maioria das vezes é aqui que começam as conversas sobre dinheiro. Mas primeiro passamos um longo tempo especificando e sendo claros para determinar onde vocês querem gastar *mais*. Agora, com a sua noção sobre o que seria gastar de maneira extravagante, estamos prontos para cortar gastos sem piedade em seus Indicadores de Menos, que são as coisas que não interessam. E lembrem-se: nós faremos grandes mudanças aqui.

Voltem aos resultados dos exercícios da vida rica que fizeram no capítulo anterior. O que *não* está na sua "Lista de desejos para os próximos dez anos" ou em seu dia perfeito? Por exemplo, talvez não haja uma única menção a algo que envolva comer fora quatro vezes por semana, mas se verificarem as suas despesas perceberão que têm comido fora com frequência. Se for esse o caso, essa é uma excelente área para cortar. Não faz parte da sua visão, que foi criada por ambos; então façam uma mudança, realizem cortes e redirecionem esse dinheiro para algo que esteja incluído na vida rica de vocês.

Vocês também podem descobrir, por exemplo, que embora a sua vida rica jamais faça alguma referência a férias em resorts, vocês já desfrutaram desse tipo de férias muitas vezes; mas o que gostam de verdade é acampar e estar em meio à natureza. Reorientem as suas viagens para o que realmente interessa a vocês. Outro desajuste comum: muitas pessoas gastam com carros caros, mas a sua visão de vida rica não faz menção a carros. Reduzir gastos com automóvel é difícil; talvez vocês estejam presos a prestações, e do ponto de vista financeiro pode não fazer sentido vendê-lo. Daqui por diante, contudo, considerem gastar menos com o seu carro – por exemplo, mantendo-o por bastante tempo para que vocês possam gastar mais em outras áreas da vida. (Veja mais sobre carros na página 246.)

É preciso reconhecer que consumir menos – mesmo quando se trata de coisas que não nos interessam muito – pode ser bem difícil. Quando nos habituamos a ter algo (um bom carro, tratamentos de beleza ou até mesmo frutas orgânicas), é bastante difícil imaginar a vida sem isso. De diversas maneiras, eliminar certos gastos pode equivaler a eliminar uma parte da sua identidade.

Contudo, para viverem uma vida rica, vocês precisam fazer concessões. E é isso que veremos nesta etapa. Eu juro que quando vocês estiverem gastando dinheiro com os seus Indicadores de Sim e sentindo-se conectados e felizes juntos, vocês não pensarão nas despesas que reduziram.

Eis aqui três dicas de áreas nas quais reduzir gastos:

1. ***As maiores oportunidades para fazer cortes: moradia e carros.*** Essas são as duas áreas nas quais, sem saber, gastamos excessivamente. São as mais difíceis de mudar, mas se vocês descobrirem que estão gastando demais, diminuir o tamanho da sua residência e de seus carros são as melhores soluções.
2. ***O item mais fácil de cortar despesas: comer fora.*** A maioria de nós gasta muito mais comendo fora do que imagina. Essa costuma ser a mudança mais rápida e que pode gerar centenas de dólares a mais todos os meses.
3. ***Custos invisíveis se acumulam.*** Quase ninguém controla com cuidado suas despesas de supermercado e normalmente quase todos os casais podem economizar de 100 a 200 dólares por mês se comprarem de maneira intencional. Depois, verifiquem todas as assinaturas que acumularam: vocês estão mesmo vendo, ouvindo, lendo e utilizando todas elas? Além disso, há os custos invisíveis relacionados a viagens – como transportes, gorjetas e impostos – que nós raras vezes levamos em conta. Onde quer que vocês façam cortes, certifiquem-se de redirecionar o dinheiro poupado para algo de valor para vocês: um dos seus Indicadores de Sim, pagar dívidas, poupar ou investir.

Troca: prestações de carro por serviços

"Quando eu era criança, meus pais alugavam seus carros; isso não me preocupava nem um pouco, por isso fiz o mesmo. Agora eu já sei das coisas, é claro. *(Comentário de Ramit: De modo geral, o leasing só é adequado para pessoas ricas ou para empresários que possam utilizar o automóvel por razões profissionais.)* Levou algum tempo para que eu entendesse qual seria a melhor maneira de dar fim a esse ciclo. A forma mais barata era quitar o nosso Honda CR-V 2019 em dinheiro, e foi o que fizemos. É uma grande satisfação poder dirigi-lo por 8 a 10 anos mais e não ter prestações do carro para pagar. Eu cuido do meu carro muito bem e para mim é como um jogo ver quantos quilômetros consigo fazer. Aumentei os Indicadores de Dinheiro, até no quesito comodidade, contratando uma empregada doméstica e lavando e penteando meu cabelo toda semana, assim como a minha avó."

– Min

Lembre-se: a sua vida rica é sua! Por exemplo, vocês ficariam chocados se soubessem quanto eu gasto em roupas ou viagens – é muito! Mas os meus Indicadores de Menos tornam isso possível. Eu dirijo um Honda Accord de 19 anos. Mantenho o mesmo laptop e o mesmo celular por anos. Minha mulher e eu alugamos um pequeno apartamento. Essa estratégia mantém baixos os nossos custos fixos, o que nos permite gastar em viagens, personal trainers e comodidade.

Falando sobre Indicadores de Menos com o seu parceiro

Discutir Indicadores de Menos com o seu parceiro exige uma dose de sutileza. Não traga para a conversa uma lista com dezoito coisas que vocês "precisam" cortar. Não dê a mesma importância para todas as despesas – as três maiores despesas são mais importantes do que as dez menores. Vá devagar para ir rápido: discuta até que ponto os cortes serão agressivos, peça a opinião do outro e tomem conjuntamente as suas decisões, com a evidente recompensa de poderem aumentar os seus Indicadores de Sim.

Algumas outras dicas:

- ***Liderar com flexibilidade.*** Você pode argumentar da seguinte maneira: "Veja, eu não sei exatamente o que nós devemos mudar. Mas sei que, no presente momento, as nossas finanças não estão funcionando. Estou estressado, e nós não nos sentimos bem. Eu quero que nós dois consigamos construir coisas boas. Tenho uma ideia: posso começar sugerindo algo que eu cortaria em meus próprios gastos? Depois disso, eu adoraria ouvir sua opinião". Você mostra força quando admite o que sente em relação aos seus gastos, e quando toma a iniciativa de se pronunciar; isso acabará aproximando vocês dois.
- ***Seja genuinamente curioso.*** Por exemplo, faça perguntas como: "Por que você acha que continuamos fazendo pedidos de entrega? Eu acho que é porque temos trabalhado muito duro esses dias, e estamos cansados às quintas-feiras". Vá mais além: *Quando* você gastou? O que motiva você a gastar? Com frequência, ambos ficarão surpresos com o motivo que realmente os leva a gastar dinheiro. Quando conseguimos entender a psicologia, é mais provável que a mudança permaneça. Trate as suas despesas como eu as trataria em meu podcast: eu ficaria fascinado, curioso, e esperaria que vocês recalibrassem os seus gastos e os destinassem para as coisas que vocês valorizam.

- ***Pense mais nos números principais e menos em cada decisão individual.*** Se o seu parceiro quiser gastar 15 dólares numa compra que você desaprova, e mesmo assim conseguir obter os seus resultados, eu recomendo que você *concorde com entusiasmo*. Seu objetivo não é "ganhar" cada decisão individual de gasto – na verdade, você não deve atuar como a polícia das despesas. O seu real objetivo é alcançar os seus números de uma maneira livre de culpa e com a qual os dois se sintam bem.

Quando você e o seu parceiro não concordam sobre os indicadores de menos

A boa notícia é que vocês não têm de concordar em tudo quanto aos seus Indicadores de Dinheiro! Por exemplo, a minha mulher adora praticar o autocuidado. Mas eu não gosto muito. Mesmo assim nós fizemos dar certo – nossa conta conjunta paga o nosso personal trainer (cujos serviços são importantes para nós dois), mas ela paga do seu próprio bolso por seu autocuidado personalizado.

Nem sempre as coisas são assim tão fáceis, é claro. Nós todos temos uma quantidade finita de dinheiro, e temos de fazer escolhas. O que acontece quando vocês não estão de acordo quanto aos seus Indicadores de Menos? Quando um de vocês está pronto para cortar gastos em *delivery* ou em saídas à noite, mas o outro não? Quando você está disposto a ficar num hotel barato ou a cancelar sua matrícula na academia, mas o seu parceiro não? Como é que vocês dois juntos farão cortes significativos?

A solução é reconhecer que estão trabalhando em prol de um objetivo maior – a sua visão de vida rica – e que haverá compensações. No Capítulo 7, vocês criarão o seu "Plano de Gastos Conscientes", que os ajudará a decidir quando existe a possibilidade de um acordo e quando isso não é possível. E, no Capítulo 9, eu vou lhes mostrar como configurar as suas contas a fim de que ambos tenham separadamente o próprio dinheiro, para usar do modo como desejarem.

MESMOS INDICADORES DE DINHEIRO, DIFERENTES HÁBITOS DE GASTOS

Mesmo que você e seu parceiro concordem quanto aos seus Indicadores de Sim e de Menos, talvez seja necessário fazer alguns arranjos para que tudo funcione a contento. Elise e David, por exemplo, concordaram em reduzir as despesas de moradia para poderem aumentar gastos com experiências, tais como viagens ou concertos. Elise: "Nós decidimos manter nossas despesas fixas bem reduzidas depois de conversar muito sobre a compra de uma casa. Sem fazer planos para economizar para uma entrada; alugando um apartamento de dois quartos numa cidade mais barata; compartilhando um Honda Civic usado e pago. Tomar decisões juntos sobre a redução de custos foi bastante fácil".

Para David, porém, *gastar* dinheiro era difícil. "Ele admite que fica preso aos custos porque foi muito elogiado por ser frugal e 'bom com dinheiro' por seus pais muito sovinas", diz Elise. Ela explica como encontraram uma solução juntos:

> "Eu sou a principal planejadora e compradora. Na maioria das vezes, sou eu quem planeja uma viagem ou pesquisa coisas de que precisamos, como um novo eletrodoméstico, por exemplo, e depois mostro o resultado ao meu marido. Ele *sempre* tem de pensar no assunto antes de tomar uma decisão, e às vezes diz não sem jamais ter pesquisado os preços no mercado ou me perguntado sobre o valor. No Natal passado, ele vetou o meu projeto de fazer uma excursão à Grande Barreira de Coral na Austrália porque não valia 700 dólares por pessoa na opinião dele. Em lugar disso, ele fez reserva com uma empresa mais barata – e essa empresa acabou cancelando a viagem na última hora (era uma empresa com péssimas avaliações; ele sabia que seria um risco). Ele não pensava em mim nem nas minhas prioridades quando se sentia ansioso. Agora temos um sistema que funciona desta forma: ele tem uma semana para "pensar" ou buscar uma alternativa apropriada e, se eu ainda quiser a opção mais cara, nós dividimos meio a meio o custo pelo preço dele, e eu pago o restante com minhas economias pessoais".

Não revire os olhos! Eu adorei essa solução peculiar. Todos os casais têm seus próprios hábitos e rituais. Não me importo que pareça estranho para os outros, se for justo e funcionar. Nesse caso, Elise e David aprenderam que David precisa de tempo para pensar, mas estabeleceram um prazo e um método de pagamento para viverem as suas experiências. Esse é um exemplo de elaboração de regras positivas para ajudá-los a utilizar seu dinheiro para viver uma vida rica.

Eu sugiro três diretrizes específicas para se chegar a uma decisão quando vocês estiverem em desacordo quanto ao uso do dinheiro:

1. ***Determinar a quem cabe decidir.*** Nos relacionamentos, é bastante comum que uma pessoa se encarregue das despesas de viagem e a outra das despesas da casa. Às vezes, é preciso que o parceiro esteja de acordo, outras vezes isso é mera cortesia, e em algumas ocasiões é totalmente desnecessário incluí-lo. Antes que vocês comecem uma longa discussão sobre o que vale ou não a pena, pergunte a si mesmo: *A quem cabe decidir? De que nível de desenvolvimento eu necessito?*
2. ***Conheça seus números.*** Vocês não podem tomar decisões financeiras baseados apenas em impressões. Se um de vocês estiver indeciso, é justo que o outro parceiro diga: "Você pode apresentar os seus números e me dizer o que pensa a respeito disso?". Isso elimina o círculo vicioso de sentir-se mal, mas não saber por quê, e então estender-se sem chegar a lugar algum, deixando o seu parceiro louco.
3. ***Conduzam a conversa para a sua visão de vida rica.*** Se precisarem tomar uma decisão financeira casual, perguntem a si mesmos: "Será que isso se encaixa em nossa vida rica? Caso se encaixe, e se vocês tiverem dinheiro para isso, vão em frente! Já fizeram o trabalho difícil de elaborar a sua visão no Capítulo 3. Não reinventem a roda.

APRENDENDO A PENSAR GRANDE

Quando eu e minha mulher estávamos noivos, saímos para jantar com dois casais casados. Eles nos perguntaram quais eram os nossos planos para a lua de mel. Nós estávamos empolgados – planejávamos fazer um safári de uma semana. Continuamos conversando, e então soubemos que um dos casais presentes na mesa, quando saiu em lua de mel, tirou seis meses de férias e viajou pelo mundo. *Hein?* E em seguida o outro casal nos contou que havia viajado por um ano em lua de mel. "Foi uma experiência transformadora", eles disseram.

Cassandra e eu saímos do restaurante olhando um para o outro. *Você ouviu isso? Quem são essas pessoas?* Deixar isso para lá teria sido fácil para nós. Mas nós estávamos trabalhando juntos em nossa psicologia financeira. Então fizemos a pergunta mágica: "E se?".

E se tivéssemos uma longa lua de mel? Como seria? Mas será possível fazer isso? Quem faz uma coisa dessas? Como poderíamos fazer isso?

Passaram-se alguns meses. Nós já havíamos relembrado a conversa no jantar várias vezes, falávamos no assunto e brincávamos: "E se fizéssemos isso?". Nós conversamos sobre todos os motivos que nos impediam de fazer isso, como nossos compromissos e o custo – além do mais, que loucura seria!

Não há problema em não querer viajar!

Eu reparei que as pessoas se concentram exageradamente em viagens quando sonham com uma vida rica. Elas falam constantemente em viagens (mesmo que não tenham ido a nenhum lugar nos últimos cinco anos). Eu mesmo dou neste livro muitos exemplos relacionados a viagens! Trata-se somente de uma daquelas coisas que integram naturalmente a nossa vida rica.

Contudo, será que viajar faz mesmo parte da sua vida? Tudo bem se não fizer! É por isso que eu os encorajo a serem bem específicos com os seus sonhos. Não diga apenas "viajar". Para onde vocês desejam ir? Por quanto tempo? O que querem fazer lá?

Se não tiver resposta, ou se as suas respostas não forem inspiradoras, sejam honestos consigo mesmos. Talvez não queiram viajar no momento. Talvez queiram fazer isso em alguma outra ocasião no futuro. Ou talvez nunca queiram fazer isso! O objetivo é conceber uma visão das coisas que empolguem *vocês* de verdade.

Por exemplo: eu não aprecio muito fazer meditação, mas com frequência eu me sinto pressionado a meditar como parte de uma rotina mítica de autocuidado. Não, pessoal, obrigado. Acho que vou navegar em mais quatrocentas comunidades sobre política de habitação, finanças pessoais e política, tal como fiz ontem.

Por outro lado, antes de desistir de viajar leve em consideração que talvez você nunca tenha viajado de uma maneira que lhe parecesse excitante. Você continua se hospedando em hotéis econômicos? Ainda se sente obrigado a ver as coisas turísticas habituais, mesmo que não se interesse por elas? Pode existir algum modo de criar uma experiência mágica e de vivenciá-la uma vez? Seja sincero consigo mesmo; se viajar não for uma das suas prioridades nesse momento, não faz mal. Há vários outros Indicadores de Sim para escolher.

Apesar de todos os bons motivos que tínhamos para não fazermos tal coisa, nós nos empolgávamos cada vez mais com a ideia. Por fim, decidimos fazer uma lua de mel de seis semanas. Um dos nossos Indicadores de Sim conjuntos são relacionamentos; nós tivemos independentemente a ideia de convidar nossos pais para nos acompanharem em uma parte da viagem. Dissemos a eles para simplesmente aparecerem no aeroporto e não se preocuparem com mais nada. Conseguimos assentos para que viajassem juntos e, quando aterrissaram em Roma, um veículo os aguardava para transportá-los até o nosso hotel, onde tínhamos planejado uma semana cheia de atividades. Nós os levamos a um mercado de agricultores com um chef, escolhemos vegetais e cozinhamos juntos uma refeição com cinco pratos. Visitamos uma adega de cem anos. Eu providenciei uma visita particular ao Vaticano para a minha sogra, o que foi particularmente gratificante, pois ela jamais imaginou ter um dia essa oportunidade. Quando nossos pais se foram, Cassandra e eu prosseguimos com nossa viagem de lua de mel, e fomos para o Quênia, a Índia e a Tailândia.

Nós nos recordamos dessa experiência como uma das nossas viagens mais marcantes. Aumentamos nosso Indicador de relacionamento, decidimos gastar mais em nossa lua de mel e criamos lembranças de grande significado, que nos acompanharão para sempre. Isso é o que o Indicador de Dinheiro pode fazer.

O PRAZER DE ASSUMIR A RESPONSABILIDADE SOBRE O SEU DINHEIRO – JUNTOS

Imaginem que vocês estão numa jangada, descendo o rio num agradável dia quente. Se o rio for para a esquerda, vocês irão para a esquerda. Se for para a direita, vocês irão para a direita. Eu acredito que a maioria das pessoas aborda as finanças com essa atitude de rio preguiçoso – passivamente, sem objetivo, deixando-se levar pelo fluxo. É agradável, sem dúvida, mas se resume a esperar que o rio nos leve para algum lugar.

Com o seu dinheiro, porém, é bem mais divertido pegar nos remos e remar na direção que você quer ir – sobretudo quando o casal faz isso junto. Tomar decisões juntos vai ajudá-los a alcançar os seus objetivos – e vocês se divertirão ao longo do processo, o que é igualmente importante.

Todos nós iniciamos relacionamentos pensando no casal como uma equipe, mas a vida tende a estragar essa união pouco a pouco. O meu desejo é que vocês se reconectem em sua visão compartilhada, porque, por experiência própria, eu sei que casais que lidam com o dinheiro como uma equipe percebem que podem viver uma vida muito mais rica do que um dia imaginaram – contanto que remem juntos.

A sua vida rica é importante. Levem-na a sério. Não se iludam nem diminuam o que vocês amam. Pelo contrário: tornem maior o que amam. Sim, vocês gostam de algumas coisas estranhas – aceitem isso! Os seus Indicadores de Sim podem ser como uma varinha mágica, ajudando-os a expandir o que significa mais para vocês como casal. Quando os definem juntos, torna-se muito mais fácil cortar sem piedade as coisas que não interessam. E é quando isso acontece que vocês agem como verdadeiros parceiros.

LISTA DE VERIFICAÇÃO DO CAPÍTULO 4

- ☐ Identifique os seus Indicadores de Sim. Em que você quer gastar mais? Se você quadruplicasse os seus gastos em determinada coisa, qual seria o resultado e como você se sentiria?
- ☐ Converse com o seu parceiro sobre os Indicadores de Sim dele. Algum dos Indicadores dele o surpreendeu? Quais Indicadores de Sim vocês compartilham? Tracem um plano para aumentar os gastos com esses Indicadores agora e a longo prazo.
- ☐ Identifique os seus Indicadores de Menos. Primeiro, confira novamente a sua visão de vida rica. O que *não* está nela? Isso o ajudará a identificar alguns Indicadores de Menos. Em seguida, identifique duas categorias nas quais você estaria disposto a gastar consideravelmente menos. Agora você tem opções para fazer cortes e redirecionar o dinheiro para um Indicador de Sim.
- ☐ Dê um passo decisivo para concretizar um dos seus sonhos! Escolha um Indicador de Sim e elabore um plano para torná-lo realidade, poupando para alcançar esse objetivo ou utilizando dinheiro que já tenha reservado.

CAPÍTULO 5

UM INSTANTÂNEO DA SUA VIDA FINANCEIRA

Descubra o seu patrimônio líquido em trinta minutos

Eu odeio quebra-cabeças. Quando minha sobrinha tinha 5 anos de idade, me pediu para montar um com ela. Eu lhe disse que preferia calcular as taxas de amortização para uma hipoteca de trinta anos. Mas ela me ignorou e trouxe o quebra-cabeça, e eu não tive saída a não ser fingir que estava me divertindo; até que ela finalmente desistiu, depois de vinte minutos de tortura. Vê-la arrumar o quebra-cabeça e guardá-lo foi o melhor momento da minha vida.

Muitos casais enxergam as finanças exatamente assim – como um estressante e caótico quebra-cabeça de mil peças. Não se sabe ao certo por onde começar, e definitivamente não é divertido.

Boas notícias: você não precisa montar um quebra-cabeça gigante para entender as suas finanças. Precisa apenas de quatro peças.

OS ÚNICOS DADOS DE QUE VOCÊ PRECISA PARA CALCULAR O SEU PATRIMÔNIO LÍQUIDO

ATIVOS (valor atual do carro, da casa, dos bens, da empresa)	$
INVESTIMENTOS (401(k), previdência privada - todos os investimentos)*	$
ECONOMIAS (conta de poupança, fundo de emergência)	$
DÍVIDAS (empréstimos estudantis, dívidas de cartão de crédito, hipotecas, financiamento de carro)	$

* O 401(k) e o 403(b) são planos de aposentadoria (nos Estados Unidos) de contribuição definida, patrocinados por empregadores, que permitem aos funcionários economizar dinheiro para a aposentadoria com benefícios fiscais. No Brasil, o equivalente mais próximo desses planos é o Plano Gerador de Benefícios Livres (PGBL), um tipo de previdência privada que também permite deduções no imposto de renda e oferece benefícios fiscais na aposentadoria. (N. do T.)

Esses quatro valores lhe fornecem um "instantâneo" de suas finanças, incluindo quanto tem e quanto deve. Somados eles representam o seu *patrimônio líquido*, que é um dado de enorme utilidade. Você pode estar preocupado com o dinheiro para as despesas diárias, porém numa situação melhor do que pensa! Ou pode estar gastando perigosamente sem saber que tem uma dívida elevada demais.

O objetivo desse exercício é *rapidez*, não precisão. Por mais complicadas que pareçam as suas finanças, você pode fazer isso com rapidez. Quero que você coloque rapidamente no papel valores aproximados – ativos combinados, investimentos combinados, poupanças combinadas, dívidas combinadas, e não se importe em ser 100% preciso. Estimativas com margem de erro de até 10 mil dólares são razoáveis. Você poderá corrigir os números mais tarde.

Eu reparei que algumas pessoas resistem ao aspecto "bruto" desse exercício. O dinheiro nos domina, mas quando temos a oportunidade de simplificar nossas finanças nós não conseguimos escapar da necessidade de complicar excessivamente as coisas. Isso acontece porque nossos cérebros são programados para a precisão; por isso, quando nos deparamos com qualquer coisa que tenha relação com matemática ou números, nós nos transportamos de volta à álgebra do oitavo ano, quando todos os nossos números tinham de estar absolutamente corretos. Deixe isso de lado! *Para essa situação, aproximado é bom.*

Vamos analisar cada parte do seu patrimônio líquido.

Ativos. Esse é o valor atual do seu carro, de sua casa e de qualquer outro imóvel ou negócio que você tenha.

- Por quanto a sua casa seria vendida se você a colocasse à venda hoje? Se não tiver certeza quanto à resposta, entre num site imobiliário, insira o seu endereço e use isso como a sua melhor estimativa. Não contabilize nenhuma dívida ainda (nós faremos isso mais adiante).
- O mesmo se aplica ao seu carro: o nível de rigor que busco aqui é pesquisar no Google a marca, o modelo e o ano do seu carro, e saber por quanto estão sendo vendidos muitos outros carros como ele. Talvez reduzir em 500 dólares para compensar aquela ocasião em que você deixou cair suco de amora no assento do passageiro.
- Caso você possua bens especiais, como joias ou arte, inclua-os nessa seção se quiser; porém, como não estamos em *O Grande Gatsby,* duvido que isso se aplique à maioria das pessoas.

- Não inclua "bens futuros", como um bônus antecipado ou uma herança inesperada (a tia Margaret pode viver até os 110 anos). Adotar uma abordagem conservadora significa levar em conta somente o dinheiro que de fato se tem. Você deve elaborar o seu documento financeiro de uma página supondo o pior – não o melhor – porque dessa maneira todas as surpresas que você tiver serão positivas.
- Toda a seção "ativos" não deve demorar mais que cinco minutos. Faça um cálculo aproximado e siga adiante.

Investimentos. Isso inclui as suas contas de aposentadoria e todos os outros investimentos que você possui, tais como seguro de vida, fundo de índice ou fundos mútuos, ou mesmo ações individuais. Se for investimento tem de ser incluído aqui.

- Sim, as suas contas de aposentadoria, como as 401(k) e Roth IRAS (conta de aposentadoria com benefícios fiscais), entram! Estou repetindo isso porque essa é uma das perguntas mais comuns que me fazem. Contas de aposentadoria são contas de investimento!
- Algumas pessoas têm opções de ações. Pessoalmente, eu não as levo em consideração até que sejam dinheiro real no banco, mas isso depende de você. (Mais uma vez eu o encorajo a ser conservador com relação às suas estimativas, e por esse motivo eu não incluiria opções de ações.) Unidades de ações restritas são outra categoria na qual você deve fazer o melhor que puder para estimar o valor.
- Lembre-se de não se deixar envolver por minúcias. Alguns milhares de dólares aqui ou ali não fazem diferença alguma nessa fase.

Economias. Separado dos investimentos, esse é o dinheiro das economias líquidas ao qual você pode ter acesso facilmente. Isso inclui o dinheiro das suas contas de poupança bancárias, o seu fundo de emergência e toda poupança reservada a compras específicas no futuro (como uma entrada). Isso *não* inclui o dinheiro das contas de aposentadoria.

- Tecnicamente você pode acrescentar sua conta-corrente a essa categoria. Na verdade, isso não tem importância, porque a maioria das pessoas não mantém muito dinheiro na conta-corrente.

Dívidas. Incluem-se nessa categoria dívidas de cartão de crédito, empréstimos estudantis, empréstimos para compra de carros, hipotecas e todos os empréstimos pessoais.

- É útil separar esses empréstimos por tipo (por exemplo, empréstimo estudantil versus dívida de cartão de crédito) para ter um panorama geral das suas categorias de dívida. Por exemplo: 56 mil dólares de dívida total (48 mil de hipoteca, 2 mil de débito em conta-corrente, 6 mil em empréstimo estudantil).

PASSO 1: Busque começar pelas partes mais fáceis.

Pegue uma folha de papel, divida-a em quatro, identifique cada quadrante (Ativos, Investimentos, Economias e Dívidas) e anote as contas que precisa conferir em cada seção. Talvez você possa eliminar uma das seções rapidamente. Por exemplo, se você aluga a sua casa e não possui carro, seus ativos podem ser zero. Essa seção já pode ser eliminada! Se não tiver dívidas de cartão de crédito nem empréstimos estudantis e souber o montante da sua hipoteca, preencher a seção de dívidas será fácil. Comece eliminando as dívidas mais fáceis e continue a avançar.

PASSO 2: Acessem todas as suas contas juntos... lentamente.

Eu quero que você e seu parceiro(a) façam isso juntos. Reservem algum tempo, reúnam seus dados, preparem um chá. Isso não deve ser tratado como uma lista de coisas a serem checadas. Descontraiam-se, respirem fundo e reflitam a respeito do que as contas mostram. Façam perguntas um ao outro: "O que você acha desse valor?", "Está surpreso com isso? Eu estou!".

Dê sentido às coisas que são banais. É possível que vocês estejam desengavetando essas contas depois de anos. Provavelmente as estão examinando juntos pela primeira vez. Sejam gentis um com o outro.

Preocupados e Evitadores se verão fisicamente tensos, tentando inconscientemente mudar de assunto ou mesmo sabotar o processo todo. Se você vir o seu parceiro em dificuldades, aceite-o e encoraje-o. A verdade é que o estresse é parte do processo para quase todas as pessoas. Eu quero que vocês sintam alguma tensão nessas conversas – e que superem essa tensão – porque vocês estão desenvolvendo habilidades para lidar com números cada vez maiores como equipe.

Se os trabalhos se tornarem opressivos, lembrem-se de que vocês não precisam fazer tudo na primeira tentativa. Façam uma parada e descansem. Voltem no dia seguinte. Mas voltem juntos.

Se o seu parceiro quiser desistir, você pode dizer isso: "Claro, vamos dar um fim a esse assunto. Eu quero que nos sintamos bem em relação a isso, e eu gostei da conversa que tivemos sobre isso hoje. Podemos voltar a tratar desse assunto no final da semana.

O que nos atrasa nessa etapa

"Eu não sei a senha."
É surpreendente, mas isso é o que impede muitos casais de criarem o seu retrato financeiro. Levem o tempo que for necessário, mas é preciso que vocês entrem nessas contas. Alterem a sua senha se for preciso (o ideal é que vocês utilizem um gerenciador de senhas para evitar esse contratempo no futuro). Seja paciente consigo mesmo e com o seu parceiro.

"Fazer isso vai demorar uma eternidade, porque eu tenho um plano 401(k) antigo na Fidelity e um novo no Schwab."
Quando eu tenho tarefas que me fazem querer pular do décimo andar de um prédio, eu gosto de dividir o processo em duas partes. Eu faria isso da seguinte maneira: reuniria todas as informações sobre as minhas contas, incluindo os logins e senhas. No dia seguinte, iniciaria a sessão e anotaria os valores. Se não fizesse assim, eu enlouqueceria quando descobrisse que não conseguiria iniciar em três contas consecutivas, e começaria a amaldiçoar o Fidelity.

"Não sei o valor exato das opções que são parte da minha remuneração, porque ainda não foram exercidas."
Nós não estamos tentando fazer uma análise de fluxo de caixa ou coisa parecida... Uma estimativa aproximada já basta. Se começar a fazer cálculos mais complicados do que um aluno do sexto ano conseguiria fazer, não está no caminho certo. Simplifique as coisas!

Há muito significado em cuidar do seu parceiro dessa maneira. A meta é melhorar a gestão conjunta do dinheiro. Empatia é de grande importância. Eu teria tentado dar o meu melhor nessa etapa quando era mais novo. Passar pelas "tarefas" do modo mais eficiente possível teria me enchido de orgulho – "Fiz tudo direito!". Mas teria sido um equívoco. O objetivo não é ser eficiente, mas sim construir uma vida rica em conjunto. Isso exige tempo e compreensão, como a construção de qualquer relação significativa. Eu gostaria de ter tirado o meu chapéu da "eficiência" e colocado o meu chapéu do "significado". Espero que vocês façam isso agora.

PASSO 3: Faça as contas (fáceis).

Quando você tiver um total em cada quadrante, calcular o seu patrimônio líquido será fácil. É para isso que esse exercício serve.

Some os ativos, os investimentos e as economias. Subtraia as dívidas. O resultado é o seu patrimônio líquido.

ATIVOS
\+ INVESTIMENTOS
\+ ECONOMIAS
\- DÍVIDAS

O TOTAL É O SEU PATRIMÔNIO LÍQUIDO.

Se for um valor positivo, ótimo!

Se for um valor negativo, não se preocupe. Muitos casais têm patrimônio negativo quando apenas a dívida é considerada. Os números não mostram que vocês são pessoas boas ou más – são somente números que refletem as suas finanças atuais. Nós superaremos isso.

Agora comemorem o seu progresso e evitem falar de dinheiro por alguns dias. Vocês já fizeram muito.

E SE O MEU PARCEIRO CONTINUAR SEM INTERESSE POR NADA DISSO?

Uma leitora chamada Krystal, que há pouco tempo encontrou grande motivação em assuntos relacionados a finanças, tem se esforçado para despertar esse interesse em seu marido. Ela escreveu:

> "Eu aprendi que é extremamente difícil manter as suas finanças em dia quando você faz as mesmas coisas desajustadas com o dinheiro durante anos e anos – e quando um dos parceiros (eu) consegue enxergar os problemas e o outro não... Ele demora muito mais tempo para aceitar alguma ideia, ao passo que eu estou pronta para pôr mãos à obra; por esse motivo, eu precisei tomar as rédeas da situação e arrastá-lo comigo para a maior parte das mudanças."

Choque de realidade: você já pediu ajuda?

Às vezes dizemos a nós mesmos que estamos conduzindo nosso barco remando sozinhos, mas a verdade é que não pedimos a participação do nosso parceiro. Nós dizemos...

- "Minha mulher nunca concordará em me ajudar com as finanças."
- "Tenho de fazer tudo sozinho."
- "Acho que quem toma conta do dinheiro na família sou eu."

Algumas vezes essas histórias são verdadeiras, outras vezes não. Pergunte a si mesmo: *Eu pedi ajuda de maneira clara e amigável? Eu estou me "esquecendo" de alguma coisa? Outra pessoa diria a mesma coisa se estivesse observando a minha vida?* Talvez o seu parceiro não seja tão resistente como você pensa; talvez ele seja. Assegure-se de que as histórias que você conta a si mesmo refletem a realidade.

Arrastar uma pessoa não funciona. Krystal planejou e trabalhou para a sua vida rica, mas seu parceiro não colaborou; e ela está frustrada, como era de se esperar.

Eu aposto que se eu voltasse no tempo e dissesse à Krystal de cinco anos atrás: "Ei, você precisa pagar o seu cartão de crédito, automatizar as suas economias e aumentar consideravelmente os seus investimentos!", ela reviraria os olhos e me ignoraria. Agora ela tenta fazer a mesma coisa com o marido, que mostra resistência.

Krystal e seu marido estão fora de sintonia. Ela está focada em providenciar economias de emergência (algo que seu marido considera desnecessário) e em poupar para as metas de vida rica, incluindo uma viagem a Paris com sua filha no prazo de dois anos, objetivo que ela descreve com detalhes vívidos: "Eu quero visitar o Louvre com ela, ver a Torre Eiffel, caminhar pelas lindas e sofisticadas lojas francesas, e saborear um café francês forte enquanto como um autêntico *croissant* num bistrô na calçada". Seu marido, porém, está em desacordo com ela.

A dura verdade é que cada um passa por seu próprio processo para priorizar uma vida rica. Alguns parceiros podem demorar mais tempo. Você pode auxiliar o seu parceiro fazendo-lhe perguntas sem julgar e direcionadas para os interesses dele – *não* para o que ele "tem de" fazer. Nesse caso, eu recomendaria que Krystal fizesse ao marido, de maneira gentil, as seguintes perguntas no decorrer de várias conversas:

- *"O que você acha da situação financeira em que nós estamos?"*
- *"Se você pudesse mudar alguma coisa, o que mudaria?"*
- *"Se continuarmos no caminho em que estamos, onde você acha que estaremos dentro de um ano? Onde você gostaria de estar?"*

Quando você constatar que está pisando em terreno sólido – com seu parceiro percebendo que *ele também* gostaria que alguma coisa mudasse –, aí então terá liberdade para dizer: "Tudo bem, o que acha que devemos fazer?".

Se pressionar o seu parceiro nesse processo, você o arrastará para o resto da vida. Mas quando ele chegar lá por conta própria e ambos estiverem remando na mesma direção, vocês logo recuperarão o tempo perdido.

Agora que já sabe qual é o seu patrimônio líquido, vamos deixar os números de lado e nos concentrar por alguns instantes na sua dinâmica monetária. Depois retomaremos os números.

LISTA DE VERIFICAÇÃO DO CAPÍTULO 5

- ☐ Marque uma data com o seu parceiro para entrarem em suas contas. Acessem as contas - bancárias, de cartão de crédito, contas de aposentadoria, contas de qualquer outro investimento, empréstimos, tudo. Anote todos os números.
- ☐ Some as suas poupanças, ativos e investimentos, e subtraia as suas dívidas - esse é o seu patrimônio líquido. Conversem a respeito do que descobriram. Como se sentem em relação a esse valor? Como podem usá-lo para avançar com passos positivos rumo à sua vida rica?
- ☐ Se o seu cônjuge se mostrar relutante, encoraje-o gentilmente a se juntar a você no processo de descoberta. Pergunte a ele: "O que acha da situação financeira em que estamos?".

CAPÍTULO 6

MUDANDO A SUA DINÂMICA FINANCEIRA

Como falar sobre dinheiro sem brigar, ficar empacado ou desistir

Quando eu era adolescente, fui a um show de mágica com a minha mãe (fato que me faz perceber, enquanto escrevo isso, que eu era bastante entediante).

Como era habilidoso aquele mágico. Fazia perguntas ao acaso aos integrantes da plateia e depois incorporava suas respostas ao espetáculo sem perder o ritmo. Falava com o público e convidava alguém para subir ao palco, tudo isso enquanto realizava truques incríveis, que nenhum de nós conseguia explicar. Parecia magia de fato.

Agora, décadas mais tarde, entendo o que estava acontecendo. Em meu podcast, meus convidados sentem muitas vezes que sou capaz de ler suas mentes, sobretudo quando adivinho as frases exatas que dizem uns aos outros privadamente. Parece mesmo magia para a pessoa com quem estou falando. Na realidade, porém, são coisas que eu já havia visto antes – fiz as mesmas perguntas incontáveis vezes a milhares de pessoas, e agora consigo adivinhar coisas que parecem inacreditáveis. Mas não são; são apenas padrões que a maioria de nós traz consigo.

Por exemplo, quando eu pergunto: "O que é uma vida rica para você?", a resposta é praticamente a mesma sempre: "Fazer *o que* eu quero, *quando* quero".

Quando eu peço a uma pessoa que fale sobre as coisas nas quais ela gosta de gastar, suas sobrancelhas se erguem, seus olhos brilham e ela começa a sorrir – quase sempre.

E quando eu pergunto por que eles têm certas crenças sobre dinheiro – como quem deve pagar despesas nos encontros – eles ficam claramente assustados. As suas respostas no começo são lógicas ("Ele ganha mais, por isso deve pagar mais..."). Quando eu insisto, porém, muitas vezes eles dizem: "Bem, foi assim que eu cresci".

Isso é honesto. Nossa criação fornece um modelo poderoso e inconsciente para pensarmos o dinheiro – e impõe determinadas expectativas. Raras vezes nós percebemos a marca profunda que isso nos deixa. Essa marca é invisível, incontestável e muitas vezes permanece adormecida dentro de nós – até décadas mais tarde, quando falamos com um parceiro a respeito de uma despesa qualquer que subitamente se tornou existencial.

Já exploramos a sua própria psicologia financeira no Capítulo 2. Passaremos agora a explorar a dinâmica financeira do casal, que é o modo como ambos se relacionam com o dinheiro juntos. Em muitos relacionamentos, a dinâmica do dinheiro é como um terceiro parceiro invisível: existe a sua psicologia financeira, a psicologia financeira do seu parceiro e a dinâmica com a qual ambos se comunicam sobre dinheiro.

Muito disso passa despercebido, mesmo para casais que estão juntos há décadas. Por exemplo, se vocês têm determinadas expectativas sobre o tipo de casa em que devem morar, ou com que frequência viajar, não surpreende que briguem por dinheiro. A maioria de nós nunca compartilha expectativas em voz alta! Esses desejos que não são expressos são parte de uma "lista secreta de desejos" que o seu parceiro talvez não conheça. Muitos de nós esperamos que o nosso parceiro faça certas coisas em relação ao dinheiro, mas nunca dizemos exatamente o quê – porque é possível que nós nem mesmo tenhamos consciência disso.

Confira as frases abaixo. Alguma delas lhe soa familiar?

- *Eu quero que ele mostre interesse por nossas finanças – pelo menos uma vez! Parece que eu tenho de fazer tudo sozinha por aqui.*
- *Eu quero que ela pense nas consequências antes de fazer outra compra por impulso.*
- *Eu quero que ele pare de ser tão sovina!*
- *Eu quero que ela planeje as férias e não deixe isso para mim, como sempre.*
- *Eu quero que ele prepare um plano financeiro para a nossa família. O que estamos fazendo? Quando é que vamos nos aposentar? QUALQUER COISA!*

Nós quase nunca conversamos de maneira franca sobre as nossas expectativas. E como poderíamos? Na maioria das vezes, nem mesmo sabemos o que queremos! E nós não andamos por aí com uma lupa, analisando o nosso relacionamento e buscando maneiras eficazes de melhorar, dizendo: *Tudo bem, precisamos de uma mudança. Vou avaliar o que deu errado e tentar outro caminho.*

Não, nada disso... É bem mais comum suspirarmos e dizermos: "*Uff, isso não está funcionando. Vamos continuar assim por mais 25 anos!*".

E assim seguimos transformando sentimentos incômodos em comportamentos tais como discutir quanto gastamos no supermercado; e, ao longo dos anos, esses comportamentos se tornam padrões profundos e enraizados. Modificar os nossos próprios padrões é bastante difícil, mas mudar a dinâmica de um

Roteiros invisíveis sobre amor e dinheiro

No Capítulo 2, eu falei sobre roteiros invisíveis, crenças tão entranhadas em nós que nem percebemos que as temos. Agora considere isto: quais são os roteiros invisíveis sobre dinheiro que vocês têm em sua relação? Seu parceiro segue os mesmos roteiros invisíveis? O que seria preciso para reescrevê-los? Eis aqui alguns dos roteiros invisíveis mais comuns sobre amor e dinheiro que ouço dos casais:

- "Não é romântico falar de dinheiro."
- "É normal divergir a respeito de dinheiro. O dinheiro é estressante."
- "Ele não se dá bem com dinheiro."
- "Eu ganho dinheiro; ela gasta!"
- "Eu não preciso de muito, mas parece que ele está sempre gastando em alguma coisa. Por exemplo, será mesmo que precisamos comprar mais brinquedos para as crianças?"
- "Vida rica? Estamos só tentando pagar as nossas contas."
- "Nossas dívidas provavelmente vão nos acompanhar até o dia da nossa morte."

relacionamento íntimo é ainda mais. Brigar é algo conhecido, familiar; além disso, o que mais podemos fazer? Já tentamos de tudo!

Neste capítulo, nós falaremos de estratégias que vocês poderão usar imediatamente para cessarem os desentendimentos e terem um relacionamento saudável com o dinheiro.

TRÊS DINÂMICAS DE CASAL COMUNS E COMO MODIFICÁ-LAS

Sim, vocês podem modificar a dinâmica do seu relacionamento! Se há anos você vem tentando sem sucesso convencer o seu parceiro a conversar sobre dinheiro, você pode mudar isso. Se o dinheiro sempre parece um "peso" ou se vocês conversam até não poderem mais e não chegam a lugar nenhum, é possível mudar isso também.

Vamos começar levando a sério a nossa dinâmica de relacionamento. As pessoas, em sua maioria, reconhecem que há uma parte do seu relacionamento que desejam mudar, mas quando tomam conhecimento em detalhes do que seria necessário para essa mudança, têm o costume peculiar de minimizar o problema:

Casal: Nós sempre discordamos quando o assunto é dinheiro. Nós até já falamos em nos separar.
Ramit: Podem me dizer o que pensam que está acontecendo?
Casal: Bem... Na verdade, a situação não está tão ruim assim. Nós discutimos por causa de dinheiro às vezes. Eu nem chamaria isso de discussão... É mais como uma divergência. Nem de longe é ruim como os desentendimentos de outras pessoas... Francamente, acho que só precisamos de um orçamento.
Ramit: *(Olha com incredulidade)*

Essa situação – na qual um casal tem um problema profundo e existencial, mas sempre que começa a falar em mudança subestima esse problema – é tão comum que a chamo de "Paradoxo da Minimização do Dinheiro". As pessoas preferem manter uma dinâmica ruim, com a qual estão familiarizadas, do que tentar mudar para algo possivelmente melhor, porém desconhecido. Em outras palavras, "melhor o diabo que você conhece do que o diabo que você não conhece". O antídoto para a minimização é ter clara compreensão do que acontecerá se vocês não mudarem: "Nosso dinheiro acabará em oito meses", ou "O dinheiro nos fará brigar por toda a nossa vida de casados", ou "Nossos filhos vão captar o nosso estresse com relação a dinheiro e sentirão o mesmo quando forem mais velhos". Definam ações reais e específicas sem minimização. *Daí então* estarão prontos para realizar mudanças.

Este livro tem como objetivo mudar da defesa para o ataque a sua abordagem ao dinheiro, o que exige uma recalibragem da sua dinâmica de comunicação. Para viver uma vida rica, nós precisamos ser honestos – honestos conosco mesmos e com os que estão à nossa volta.

Para ajudar a identificar a sua dinâmica, eis aqui três dinâmicas comuns – e pouco saudáveis – que vejo o tempo todo em meu trabalho com casais, e meus conselhos para mudá-las.

Roteiros básicos para evitar as brigas mais comuns ocasionadas por dinheiro

GASTO EXCESSIVO

Em vez disto: "Ah, meu Deus, você comprou mesmo isso? De onde é que vamos tirar dinheiro?".

Diga: "Eu percebi que adotei um padrão de lhe dar sermões sobre os motivos de precisarmos economizar. Acho que não está dando resultado. Você não acha também? [Acho.] Podemos nos sentar e decidir o que queremos que o nosso dinheiro faça por nós dois, juntos?". (Veja mais sobre gastos excessivos na página 164.)

DIVIDINDO AS TAREFAS RELACIONADAS ÀS FINANÇAS

Em vez disto: "Você nunca quer parar para planejar as nossas férias! É por isso que acabamos desperdiçando tanto em passagens de avião e temos de ficar em hotéis horríveis".

Diga: "Eu fiz uma lista das tarefas relacionadas às nossas finanças que ficaram sob minha responsabilidade – e das que ficaram sob a sua. Essa lista não me parece justa. Precisamos conversar sobre refazê-la. Podemos conversar na terça ou na quarta à noite?".

ESTRAGANDO AS CRIANÇAS

Em vez disto: "Você não consegue dizer não às crianças! Assim vai estragá-las. Elas não saberão se controlar, assim como você não sabe!".

Diga: "Vamos fazer uma lista dos valores financeiros que queremos ensinar aos nossos filhos. Quais valores eles já aprenderam conosco? E quais queremos que eles aprendam?".

ASSUMINDO A RESPONSABILIDADE PELOS DESAFIOS FINANCEIROS

Em vez disto: "Você está com a cabeça enfiada na areia. Por que eu sempre tenho de ser a única a me responsabilizar?".

Diga: "Eu me sinto só aqui, pensando e guardando para mim o que penso. Eu te amo e quero um parceiro nisso".

DINÂMICA DE COMÉDIA

Todos nós conhecemos algum casal que vive às turras por anos, discutindo, implicando um com o outro, trocando desaforos. A conversa deles é acelerada, atordoante; pode ser divertida, mas torna-se desconfortável depois de algum tempo. No início, eles completam as frases um do outro e contam excelentes histórias. É possível perceber que eles jogam esse jogo juntos, caçoam um do outro, o que é bastante cativante no começo.

Porém, se olharmos com mais cuidado, perceberemos que os dois estão desempenhando um papel. É comum que casais assim passem décadas sem ter uma conversa verdadeiramente genuína sobre dinheiro. Vejamos um exemplo.

Michelle e Eric (do episódio 58 do podcast), que passaram por momentos difíceis com suas finanças, vêm repetindo o mesmo discurso nos últimos vinte e cinco anos. "Somos como os Costanza, os pais do George em *Seinfeld*", diz Eric, "discutindo como duas crianças, implicando e gritando, gritando e implicando..."

Michelle foi criada numa família abastada e até hoje espera que seu marido a sustente. Eric ganha 55 mil dólares e sente que não pode dar à sua mulher o estilo de vida que ela quer. Há décadas os dois estão em conflito devido a essa dinâmica. E agora, na casa dos cinquenta anos de idade, os dois sentem que jogaram fora o tempo propício para investir e se aposentar com conforto, e que talvez tenham de continuar trabalhando até morrerem.

Isso se manifesta na forma de provocações mal-humoradas e divertidas ao mesmo tempo, num jogo de discussões incessantes que vez por outra explodem. Falando como alguém que não gosta muito dessa dinâmica – a qual eu raramente vejo acontecer com casais amigos meus –, fiquei chocado com algumas das conversas. Eis aqui um dos momentos da nossa sessão:

Ramit: — Eric, qual foi a última vez que você se lembra de ter conversado sobre dinheiro com a Michelle?

Eric: — Nós conversamos sobre dinheiro vez por outra, mas muito superficialmente. Nós não nos aprofundamos. Sempre que eu tento ter essa conversa com a Michelle, ela me afasta. Ela diz: "Eu resolvo isso. Pare de estragar tudo".

Michelle: — Não é nada disso. Você nunca disse "Vamos nos sentar e fazer isso". Ou então você conversa por trinta segundos e depois fica três anos em silêncio.

Eric (*dirigindo-se a mim)*: — Agora você vê o que eu tenho de aguentar.

O que eles fazem parece performático. Eles fazem a piada e depois se viram para mim e riem. Eric "olha para a câmera" e faz um comentário sarcástico. Eles estão representando. A certa altura, fica evidente que eles não estão de fato falando um com o outro – estão ambos representando personagens.

Pergunto à Michelle e ao Eric se eles gostam dessa dinâmica.

"Não", os dois respondem. "Queremos mudar."

Se querem mesmo mudar, por que isso continua acontecendo depois de quase três décadas de relacionamento? Faço-lhes uma pergunta simples: "O que vocês ganham com essa dinâmica?".

(A primeira resposta a essa pergunta sempre é "Eu não sei" ou "Nada". Então eu cuidadosamente recuei. "Vocês sabem. Pensem nisso." Dito isso, eu esperei. A resposta seguinte é sempre verdadeira.)

Eric responde: — Eu acho que nos sentimos à vontade nos "bicando". Assim eu me sinto menos incomodado com o que aconteceu no passado... e é como se eu tivesse razão, ao menos uma vez.

Aí está! E ela surge enfim. A verdade: *É bom ter razão.*

E o que aconteceu no passado? Falência, expectativas conflitantes quanto ao tipo de vida que deveriam viver e anos evitando conversas sinceras. Em vez de criarem uma visão compartilhada da sua vida, os dois acabaram em lados opostos do ringue, lutando para ter razão e aos poucos tornando-se adversários e não parceiros.

Para piorar, as suas discussões criam uma falsa sensação de realização: mesmo que "ganhar" uma interação pareça um sucesso, a verdade é que isso os mantém encurralados. As discussões faziam Michelle e Eric terem a *impressão* de que estavam lidando com o dinheiro, mas na realidade elas afastaram – por décadas! – totalmente a possibilidade de que ambos planejassem seu futuro. Os dois adotaram máscaras para evitar conversas desagradáveis sobre o que de fato esperam e anseiam.

Conclusão: a Dinâmica de Comédia é uma máscara para cobrir a dor genuína. É uma maneira de enterrar emoções desagradáveis – falta de controle, muitas vezes – e de sentir que progressos estão ocorrendo quando na verdade não estão. Eles podem ganhar essa discussão, mas perderam o objetivo fundamental de serem parceiros.

O que fazer: pergunte a si mesmo: *O que eu tenho a ganhar com essa dinâmica que mantenho com o meu parceiro? O que eu evito quando discuto? Que emoções mascaro quando implicamos um com o outro por ninharias?*

Eu gosto muito do conceito de máscaras, porque todos nós as usamos às vezes, e todos nós intuitivamente entendemos que podemos pôr e tirar máscaras. Encare a dinâmica do seu relacionamento como uma máscara que você pode retirar e examinar. Quando perceber a forma e as dimensões dessa máscara – por exemplo, sarcástica, evasiva ou baseada no medo – você poderá decidir "tirá-la" e substituí-la por outra.

Lembre-se: essa pode ser a forma como você sempre falou sobre dinheiro, mas isso não significa que você tem de continuar a se comunicar assim. O mais importante é reconhecer a dinâmica em que vocês se envolveram e decidir que ela não os beneficia. (Tente: "Eu quero fazer uma mudança. Acho que podemos fazer melhor em nossas conversas acerca de dinheiro, e tenho uma ideia".). Depois falem sobre o tipo de dinâmica que gostariam de criar juntos.

A DINÂMICA DO PERSEGUIDOR/EVITADOR

Se você comprou este livro, provavelmente você é um Perseguidor. E tem corrido atrás do seu parceiro Evitador, tentando convencê-lo a falar de dinheiro durante todo o relacionamento de vocês. É isso que define essa dinâmica: o perseguidor e o perseguido, como o Coiote e o Papa-Léguas.

O Perseguidor está desesperado para que o seu parceiro participe de algum modo das suas finanças, a fim de sentir que são uma equipe, porém o seu parceiro nem mesmo fala de dinheiro. O Perseguidor já tentou de tudo – ser simpático, ser duro, falar de dinheiro em momentos diferentes do dia. Nada funciona. E quando funciona dura apenas instantes; seu parceiro Evitador faz um esforço pouco convincente antes de retornar à sua indiferença costumeira.

O Perseguidor pode até mesmo sentir que é o culpado. *Se ao menos eu conseguisse encontrar a maneira correta de abordar esse assunto*, ele pode pensar, ou *Eu sei que me zango às vezes*... E isso faz sentido porque o Perseguidor é no mais das vezes um grande chato. Perseguidores são ansiosos. Estão sempre preocupados. E o parceiro do Perseguidor não quer tomar parte nisso. (Evidentemente tudo isso é injusto, porque o Perseguidor costuma ser empurrado para esse papel contra a sua vontade.)

Eis um exemplo: Lily e Sean, que juntos ganham 140 mil dólares por ano, têm gastos que excedem os seus custos fixos. Lily assume o estresse e administra o dinheiro sozinha. Sean descreve o que sente quando Lily fala de dinheiro: "É como se eu desligasse – digo a mim mesmo *não, isso outra vez*, então me afasto e penso em alguma outra coisa".

Eles descrevem assim a sua dinâmica:

Os seus modelos em finanças

Quem o inspira quando se trata de dinheiro? Certa vez, eu entrevistei um fuzileiro naval que me disse que havia criado um "dojô mental" repleto de mentores com os quais buscava se aconselhar; um recurso que ele próprio inventou, puramente intencional – alguns desses mentores estavam vivos, outros já haviam morrido há um longo tempo. O seu dojô mental era apenas uma experiência que lhe permitiria aprender com as pessoas que admirava à distância.

Tente fazer isso! Por exemplo, pense em alguém cuja maneira de lidar com dinheiro você admira. Essa pessoa compraria um carro se tivesse dívidas no cartão de crédito? Como ela lidaria com uma criança pequena que lhe pedisse um brinquedo caro? Que palavras essa pessoa usaria se quisesse conversar sobre dinheiro com o seu cônjuge?

Curiosamente, mais da metade dos casais com os quais eu falo ficam sem resposta quando eu pergunto quem eles admiram quando o assunto é dinheiro. Sem modelos positivos, é de surpreender que tenham dificuldade para gerir seu dinheiro?

Quando buscar modelos financeiros, pense em seus amigos que mantêm relacionamentos ou em seus parentes. Se não houver ninguém que lhe sirva, pense em personagens de programas de televisão ou de um filme. (Às vezes, eu uso o Capitão Picard, de *Star Trek*, para questões relacionadas à liderança.) Pode ser o personagem que você quiser. Depois pergunte a si mesmo: *O que faria esse indivíduo ou esse casal? Como eu descreveria o modo como eles encaram o dinheiro? Se estivessem em meu lugar, como abordariam a situação em que me encontro agora e que decisão tomariam?*

Com essas perguntas, você cria "aberturas" em sua maneira de pensar sobre dinheiro. Eu também gosto dessa abordagem, porque às vezes é mais fácil recorrer a outra pessoa do que buscarmos respostas em nós mesmos. O que esse casal faria se estivesse, por exemplo, pensando em comprar um SUV novo? Bem, eles provavelmente se sentariam, calculariam o custo total de propriedade (ver página 163) e falariam sobre o assunto: *Acha que podemos pagar isso? Não, acho melhor esperarmos um ano e depois voltarmos a falar no assunto.* Experimente fazer isso.

Lily: Eu não quero colocar a culpa no Sean, mas se eu tento falar sobre dinheiro ou peço que se junte a mim numa decisão, ele perde o interesse e se desliga. Por esse motivo, eu tenho me sentido bastante sozinha – e depois me sinto um pouco culpada porque, como sou eu quem manda, é minha a culpa de estarmos aqui.

Sean: Não é fácil, porque ela comanda as finanças no que diz respeito a pagar as contas e tudo o mais. E, quando falamos de finanças, é sempre a respeito de uma decisão impossível para a qual não existe resposta – como, por exemplo, em que é que podemos gastar menos. Mas a Lily está cuidando disso – e ela faz um trabalho muito bom.

Será que a Lily aprecia essa dinâmica de ter de perseguir o Sean? Não! Alguém gosta? De jeito nenhum! Uma das tragédias aqui é que o Perseguidor fica preso em um ciclo crescente de querer mais participação compartilhada nas finanças; ele não a obtém e acaba se tornando cada vez mais agressivo, afastando ainda mais o outro parceiro. Isso está bem documentado na dinâmica Perseguidor/Alienador que os terapeutas veem com regularidade.

Observe também o que Sean está fazendo: ele conta com uma estratégia para desviar a atenção e a responsabilidade. Algumas vezes é consciente, outras é inconsciente; seja como for, tem o mesmo efeito: ele pode continuar evitando o dinheiro. Lily tenta desesperadamente lançar-lhe a bola da responsabilidade, mas ele a atira de volta. Como podemos ver, o parceiro perseguido se torna evasivo, quase escorregadio.

Para o Perseguidor, isso pode parecer confuso. O Perseguidor termina as conversas dizendo coisas como "Tentei argumentar com ele sobre seguir o nosso plano, e agora a obrigação de resolver tudo é *minha*? O que foi que aconteceu, afinal?". Então o Perseguidor recua, levando o Evitador a evitar ainda mais a situação. Essa dinâmica se perpetua ao longo de anos. Fissuras são criadas. Ambas as partes começam a indignar-se mutuamente, e o dinheiro passa a ser um importante fator de desentendimento.

No decorrer do tempo, o Perseguidor continuará fazendo todo o trabalho pesado, e acabará explodindo diante de um pequeno problema. Isso dá ao Evitador uma chance de reagir com indignação e concluir que estava certo o tempo todo. *Viu? Está sempre estressado com o dinheiro. Não é normal zangar-se por causa de 5 dólares no McDonald's!* Essa estratégia lhes dá mais alguns meses de passividade, que é tudo o que eles querem. Os Evitadores farão o possível para não falar de problemas imediatos envolvendo dinheiro, mas nunca estão conscientes dos efeitos a longo prazo das suas ações.

Conclusão: a dinâmica Perseguidor/Evitador é uma cocriação. De um lado se encontra normalmente uma pessoa que gosta de agradar. Do outro, está um parceiro que consciente e inconscientemente cultiva camadas de incompetência. Casais com uma dinâmica assim nunca tiveram uma conversa honesta sobre dinheiro.

O que fazer: eu me lembro de ter lido em algum lugar que "Quando estamos acostumados a privilégios, a igualdade nos parece um fardo". O Evitador está acostumado ao privilégio de ter outra pessoa cuidando de suas finanças. Por isso, quando você estiver reajustando a sua dinâmica financeira – mesmo que ela nem se aproxime da divisão meio a meio – espere uma reação forte. Aqui estão os seus objetivos para manter o processo lento e metódico:

1. ***Concordar em fazer uma mudança.*** Não relativize. Exponha a situação e concorde que vocês dois precisam melhorá-la. Isso não é fácil, porque nessa dinâmica o Evitador no mais das vezes se encontra em situação muito confortável e resiste intensamente à mudança.

2. ***Passe uma pequena parcela da responsabilidade para o Evitador.*** Diga ao seu parceiro que gostaria que ele escolhesse uma ocasião para vocês se encontrarem e conversarem sobre dinheiro. Isso é tudo. Devagar, um passo após o outro. Depois, diga-lhe que gostaria que ele colaborasse com três itens da agenda (por exemplo, quanto vocês gastaram em compras no último mês, quanto ele considera adequado reservar para férias futuras, ou até mesmo o saldo da sua conta-corrente conjunta.) Lembre-se: *Diga* a ele, não pergunte a ele. Você está reconfigurando de modo sutil a relação ao definir expectativas em vez de perguntar e transferir o poder para ele.

3. ***Planejar a resistência.*** O Evitador usará uma série de truques para atrapalhar a reunião: vai se enfurecer, agir como se estivesse decepcionado e vai se depreciar ("Eu não consigo mesmo fazer nada direito") ou mudará o assunto falando de algo que *você* fez de errado. Haja o que houver, não morda a isca. Antecipe o que ele fará, e lembre-se de manter a concentração. Use esta frase: "Acho que estamos meio perdidos em detalhes. O Ramit provavelmente diria que nós devíamos nos concentrar novamente no que é positivo. Podemos tentar isso?" (Lamento que você tenha de carregar esse fardo, mas a realidade da situação é essa.)

A variação pais/filhos

A dinâmica Perseguidor/Evitador tem algumas variações, e a mais comum delas é a dinâmica pais/filhos. Eu já vi essa variação acontecer de diversas maneiras:

- Eu vi um homem implorar para que a sua mulher tirasse dele o cartão de crédito.
- Eu vi uma mulher envolvida num esquema de marketing multinível perder 3 mil dólares por mês (durante meses seguidos!) enquanto o seu marido estoicamente mantinha as suas vidas funcionando. Ele se considerava "o provedor", é claro.
- Eu já vi uma pessoa casada que nunca havia pagado uma simples conta, e que sentia até orgulho por não saber como acessar nenhuma das contas da família.

A dinâmica pais/filhos relacionada a dinheiro – que ocorre quando um dos cônjuges começa a atuar como o "pai/mãe" responsável em assuntos que envolvem finanças – é extremamente nociva para os relacionamentos, por duas razões:

1. O seu parceiro não é uma criança, e se você o tratar como tal não vai conseguir que ele se comporte como adulto. (Você pode estar incluído nessa dinâmica caso desempenhe o papel de "chato".) É essencial redefinir a relação pais/filhos para parceiros íntimos com visão de vida rica compartilhada.
2. Essa dinâmica é kryptonita sexual: a figura do "pai" sente-se compreensivelmente repelida por ter assumido tal papel de autoridade.

A boa notícia é que a dinâmica pais/filhos pode ser corrigida. Quando tratamos um adulto como adulto, dizemos a ele o que esperamos e estabelecemos limites claros, muitas vezes ele corresponde às nossas expectativas. Também se pode considerar a possibilidade de procurar um terapeuta.

Depois que vocês marcarem uma hora para falar sobre dinheiro, não conversem sobre isso antes do momento combinado – guarde as suas ideias para a reunião. É possível que o Evitador não cumpra a sua parte no combinado. Tenha um plano para isso também (porque não estar preparado é outra forma de fazer fracassar a reunião). Por exemplo, lembre-o do que vocês dois haviam combinado e remarque a reunião para o dia seguinte.

Mais avançado: a maioria dos Perseguidores aceita a perspectiva de ter de convencer o parceiro a lidar com dinheiro. Eu detesto isso. O Perseguidor está habituado com o desequilíbrio, por isso sente que recai sobre ele o ônus de convencer *o outro* a aceitar a sua parte na responsabilidade. Perseguidor, eu tenho uma proposta para você: e se você rejeitasse totalmente esse enfoque e não se colocasse na posição secundária de ter de convencer alguém? Você poderia dizer a si mesmo: *Eu não vou convencê-lo. Em lugar disso, vou lhe comunicar as minhas expectativas, e deixarei que ele decida se quer ou não que façamos uma reunião.* Veja em seguida os pontos que você quer comunicar:

- É assim que se fala de dinheiro num bom relacionamento (ver página 132).
- Essas são as minhas expectativas quanto às nossas responsabilidades financeiras.
- É disso que eu preciso para que tenhamos sucesso como casal.

Dizer isso com convicção exige muita coragem, porque é essencialmente um ultimato. É como dizer: "Vamos fazer isso. Se não fizermos, eis o que eu serei obrigado a fazer". Em uma relação íntima, isso é extremamente sério. Mas eu quero lhe dar permissão para ser claro a respeito do que está sentindo e para comunicar o que necessita a fim de ter um relacionamento saudável, porque isso *é* sério. Se precisar de ajuda para isso, procure um terapeuta.

A DINÂMICA POBRE INOCENTE/FACILITADOR

Já ouvi isso um milhão de vezes. Faço uma pergunta simples, como "Qual é o seu banco?". Um dos cônjuges olha para mim e ri. "Não faço a menor ideia!"

Isso chama imediatamente a minha atenção. Faço outra pergunta: "Por que você acha que não consegue parar de gastar dinheiro?".

"Eu simplesmente não sei!", é a resposta.

Essa é a técnica do Pobre Inocente, um roteiro inconsciente que muitas pessoas adotam para tentar se esquivar de perguntas desagradáveis. As pessoas que recorrem a essa técnica dizem de fato: "Eu, coitado de mim? Por que não consigo parar de gastar dinheiro? Eu simplesmente não sei! Faço tudo certo. Você sabe? Porque eu não sei".

A abordagem do inocente de olhos arregalados funciona muito bem para o Pobre Inocente. Ele aos poucos vai envolvendo em seus problemas o seu parceiro, os seus pais ou qualquer outra pessoa próxima, muitas vezes sem ter consciência do que está fazendo. Ele descobriu que a sua técnica é eficaz para evitar temporariamente assumir responsabilidades.

(Isso é basicamente o que eu costumava fazer em minhas aulas de arte no ensino médio, matéria na qual eu ia mal – porque nunca praticava. Eu levantava as minhas mãos num gesto dramático e persuadia minha professora a me "ajudar" com os meus projetos – o que na prática significava que ela os faria por mim.)

O que fazer quando você percebe que conversa sobre dinheiro... mas nunca entra em ação

Um dos fatores mais frustrantes num relacionamento é a *indecisão.* A pessoa fala, fala e fala sobre a necessidade de mudar, mas nada acontece realmente. Se você estiver lendo isso e acenando com a cabeça, sabe exatamente a que me refiro.

Quando estão nesse padrão, os casais não têm consciência do perigo real com que lidam. Eu conversei com um casal que estava a dois meses de ficar sem dinheiro, e ainda assim ambos continuavam evitando tomar até mesmo pequenas decisões financeiras. Quando passamos anos em sintonias financeiras diferentes, nossas posições se tornam cada vez mais rígidas e nossa capacidade de tomar decisões se deteriora.

Vamos então falar sobre o que fazer a respeito disso. Minha primeira sugestão é consultar um terapeuta de casais, que pode ajudar você a identificar a origem desses padrões e a fazer mudanças. Alguns casais fazem isso, mas outros não. Talvez um dos parceiros não esteja disposto a se consultar com um terapeuta, ou não consiga encontrar tempo para isso, ou ache uma alternativa cara demais.

Na verdade, o que vemos nesse caso é uma total falta de urgência. Como para o Evitador da página 54, até agora não houve consequências graves para o evitamento de decisões reais. No fundo, porém, você sabe que algo está errado, muito errado.

É evidente que os Pobres Inocentes têm entes queridos que os ajudaram, geralmente durante anos. É provável que o seu parceiro se deixe envolver por essa dinâmica, e acabe "ajudando-o", dando-lhe as respostas, cuidando das finanças da casa e até acessando as suas contas, porque o seu parceiro Pobre Inocente simplesmente não sabe como fazer isso.

Essa dinâmica impressiona quando a ouvimos (veja o episódio 24 do meu podcast). Eu faço uma pergunta simples ao Inocente. Sem aviso, o seu parceiro Facilitador entra em ação para ajudar, e começa a oferecer soluções. "Já tentou isso? Ah, tudo bem, sei que não dará certo porque você não tem a senha para o nosso IRA. E isso, já tentou? Não? E que tal isso? E aquilo?" De súbito, o assunto deixa de ser o Inocente e seus problemas e passa a ser algo completamente diferente.

Eu já testemunhei a rotina do Pobre Inocente vezes demais para deixar que passe despercebida por mim. Quando eu chamo a atenção para esse comportamento, os

Eis o verdadeiro segredo: mesmo que isso pareça uma dinâmica de casal, você precisa fazer uma mudança pessoal. Você está lendo este livro por uma razão; está pronto para agir. Se você e o seu parceiro fossem fazer isso juntos, já teriam feito.

A melhor forma de fazer essa mudança é estabelecer expectativas e depois comunicar ao seu parceiro o que você precisa, como os pontos na página 125.

Isso intimida porque é bastante direto. Você não está perguntando por que o seu parceiro se sente dessa ou daquela maneira. Não está remoendo coisas do passado. Apenas tomou uma decisão e está seguindo adiante. Casais indecisos consideram isso absolutamente terrível. *E se o meu parceiro não me ouvir? E se ficar zangado? E se...??*

Se eu pudesse me sentar com você, eu lhe perguntaria gentilmente: "Quando você pensa em seu dinheiro, sabe que há algo de errado? Então chegou a hora de realizar uma mudança".

Comece a economizar. faça um "Plano de Gastos Conscientes" (veja o próximo capítulo). Consulte um terapeuta sozinho.

Talvez o seu parceiro o acompanhe. Talvez não. O principal é que quando você sabe absolutamente que precisa fazer uma mudança, às vezes tem de fazê-la sem o seu parceiro.

casais, que nunca haviam percebido que repetem essa dinâmica, sempre reagem com um silêncio perplexo.

É preciso ressaltar que os Pobres Inocentes muitas vezes foram criados sem orientação alguma quanto a dinheiro. Em razão disso, quando se apaixonam e juntam forças com o parceiro – mudando-se, pagando contas, enfrentando os custos da habitação, do carro e das demais despesas – suas habilidades com finanças são parcas. O Pobre Inocente muitas vezes se vê passando para o parceiro a responsabilidade por suas próprias finanças.

O problema é que quem não compreende como o dinheiro funciona fica em desvantagem para o resto da vida. Nós gastamos demais, porque tudo ao nosso redor foi estruturado para encorajar esse comportamento. Nós nos envolvemos em problemas porque acumular montanhas de dívidas no cartão de crédito é uma prática considerada normal, e não compreendemos como as taxas de juros de 27% nos prendem. O Facilitador tenta ajudar, oferecendo conselhos e justificativas, mas acaba perpetuando a dinâmica. Com o tempo, apesar dos grandes esforços do Facilitador, eles começam a enfrentar dificuldades com dinheiro, com dívidas, com sonhos frustrados. Quanto mais as pessoas se preocupam, mais culpam umas às outras. Que tragédia.

Essa é uma das razões que me fazem adorar o meu trabalho. Eu sei que com algumas mudanças cruciais uma pessoa pode assumir o controle sobre o seu dinheiro e trabalhar junto com o seu parceiro para realizar mudanças – mudanças maiores do que imaginava serem possíveis. Mas essa pessoa não poderá fazer isso se o seu cônjuge continuar desempenhando o papel de Pobre Inocente.

Pobres Inocentes também são vulneráveis porque, por desconhecerem as regras básicas do dinheiro, são atraídos por esquemas de enriquecimento rápido. Eles sentem que não têm outras opções, sobretudo quando estão envelhecendo e ficando sem tempo. Eles costumam comprar seguros de vida ("Me disseram que seria dinheiro livre de impostos!"), cair em esquemas de marketing multinível ("é renda passiva!") e entrar em outros embustes.

Eu conversei com uma Pobre Inocente, Katie, que se esforçava bastante para se livrar desse padrão:

> "Depois da nossa conversa, eu me dei conta de que sempre odiei que me dissessem 'você não tem dinheiro para isso'. Era ainda mais difícil dizer a mim mesma que eu não podia comprar determinada coisa quando eu sabia que tinha um cartão de crédito em meu bolso dizendo 'Sim, você pode'. Mas agora eu vejo que ser inábil em relação ao dinheiro deixava-me profundamente envergonhada, e que eu esperava falhar antes mesmo de começar. Percebi que eu precisava mudar sistematicamente a

minha maneira de pensar e sentir em relação ao dinheiro, começando por me educar e compreender os fundamentos."

Conclusão: o Pobre Inocente se vale da estratégia "Não sei!" como forma de evitar perguntas incômodas sobre dinheiro. Não saber algo não é um problema. Problema é quando o "não saber" se torna a sua identidade. O Facilitador apoia o Pobre Inocente, permitindo que a situação se prolongue indefinidamente.

O que fazer: você pode mudar a dinâmica Pobre Inocente/Facilitador. É pouco provável que você pule imediatamente de A para Z, mas pode passar de A para B e depois seguir adiante com passos firmes.

Se você for o Pobre Inocente, faça a escolha consciente de aprender a respeito de dinheiro e tomar medidas simples, como depositar 50 dólares por mês numa conta-poupança. Esse pequeno passo leva a mais dez passos, que por sua vez levam a vinte, e assim por diante. Se você for o Facilitador, tome nota das dinâmicas do seu relacionamento para entendê-las com clareza, depois diga ao seu parceiro que quer modificar a relação que vocês têm com o dinheiro. Diga-lhe que você gostaria de ter a ajuda dele para dar um pequeno passo (como, por exemplo, assumir uma única conta), e que, com o tempo, apreciaria que ele o ajudasse em mais coisas.

Quando vocês dois conseguirem realizar mudanças juntos, a sua identidade mudará de "Pobre Inocente" e "Facilitador" para um casal que pode gerenciar conjuntamente o seu dinheiro.

QUANDO VOCÊS SIMPLESMENTE NÃO ESCUTAM UM AO OUTRO: ATORMENTADOS POR MALDIÇÕES DE DINHEIRO

Se você e o seu parceiro têm conversas frequentes a respeito de dinheiro, mas têm a sensação de que não conseguem se entender, pode haver a presença de um "fantasma": um *fantasma de dinheiro.*

O fantasma de dinheiro é uma crença que um dos cônjuges trouxe para a relação, e que se instala perpetuamente entre vocês. Por isso, sempre que você e o seu parceiro falam sobre algum problema financeiro, vocês não estão falando do problema e sim do *fantasma*. E lidar com esse fantasma pode ser extremamente frustrante.

Seguem algumas maldições de dinheiro comuns:

- "Eu tenho de poupar, poupar, poupar cada centavo que puder." *(Muitas vezes essa pessoa economiza uma quantidade exageradamente grande de dinheiro, e depois se sente infeliz por não ter dinheiro suficiente para as despesas do dia a dia.)*
- "Todas as dívidas são ruins, e eu serei uma pessoa ruim se tiver dívidas." *(Sente-se frequentemente infeliz por ter dívidas – preocupa-se, sente-se desesperançado, mas raras vezes faz um plano para saná-las.)*
- "Precisamos comprar uma casa o mais depressa possível." *(Tem uma visão muito limitada em relação à compra de uma casa, que se revela na comparação com os amigos que têm casa própria. Frequentemente sente que gastar dinheiro em qualquer coisa que não seja uma casa é desperdício.)*
- "Eu preciso ter 5 milhões de dólares com 40 anos de idade, caso contrário serei um fracassado." *(Essa pessoa usa um valor arbitrário para definir sucesso – no mais das vezes um valor irrealista que ela escolheu quando tinha vinte e poucos anos.)*
- "Meu parceiro já se endividou antes, por isso não confio nele. Se voltar a gastar, voltará a ter dívidas..." *(Vive no passado e não reconhece que as pessoas podem mudar.)*
- "Na minha família todos têm uma relação ruim com o dinheiro." *(Essa pessoa conta a si mesma histórias que muitas vezes não se baseiam na realidade.)*
- "Jamais teremos o bastante. Vamos ficar sem dinheiro." *(Preocupa-se com o que pode dar errado, mas não elabora um plano para o que realmente acontecerá.)*
- "De que serve tentar? Estamos atrasados demais para fazer a diferença." *(Lava as mãos e basicamente admite que não tem controle algum; e sendo assim, por que incomodar-se?)*
- "Nós não temos a menor ideia do que estamos fazendo." *(Dizem a si mesmos que são pessoas simples e que não conseguem entender essas questões complicadas envolvendo dinheiro.)*

Havia um fantasma causando problemas para Peter e Sheena. Sheena conseguiu pagar 50 mil dólares da sua dívida de 70 mil, e o pagamento do restante estava bem encaminhado. Porém o seu fantasma – *todas as dívidas são horríveis e devem ser saldadas o mais depressa possível* – tornava a vida insuportável e estressante.

Sheena decidiu que ela e Peter destinariam 60% da sua renda à dívida. Eles pararam de comer fora. Ela descartou toda e qualquer oportunidade de diversão que tivesse um preço elevado. Em certa ocasião, Peter quis falar sobre o que eles poderiam fazer em seu décimo aniversário, mas Sheena não foi capaz de sonhar nem por alguns minutos. Ela só enxergava a dívida, o tempo todo.

Esse tipo de comportamento costuma ser considerado virtuoso. Eu gosto de economizar. *Estou numa missão de pagamento da minha dívida. Vou concentrar todos os meus esforços na quitação dessa dívida.* Contudo, nós dificilmente percebemos que alcançar um objetivo usando agressividade em excesso pode ser ineficaz, como uma dieta radical. No caso de Sheena, separar 60% da sua renda praticamente não lhe deixava dinheiro nenhum para mais nada.

O fantasma de dinheiro de Sheena levou-a a negligenciar outras partes importantes do seu relacionamento. Sempre que Peter queria falar sobre dinheiro parecia que não estava falando com sua mulher – ele falava com o fantasma devedor da sua mulher. Podemos dizer que uma pessoa tem um fantasma de dinheiro quando o seu comportamento deixa de ser saudável e passa a ser irracionalmente focado e até maníaco. Alguns exemplos disso são ter fixação pela ideia de possuir uma casa, e chorar por ainda não ter uma, zangar-se por causa de uma cobrança de dez dólares ou – assim como Sheena – pagar dívidas de forma tão acelerada que o resultado é a total exaustão.

Quando investigamos a fundo o que está por trás dos nossos fantasmas de dinheiro, geralmente conseguimos encontrar a sua raiz. No caso de Sheena, era o medo de repetir os hábitos de uso de cartão de crédito que deixaram os membros da sua família em situação difícil. A boa notícia é que há uma saída: quando identificamos um fantasma de dinheiro nós o desmascaramos, o que nos permite controlar o fantasma em vez de sermos controlados por ele. Por isso, se perceber que o seu parceiro não o está ouvindo e que o fantasma está bloqueando a sua comunicação, chame a atenção para isso.

Escolha um nome para o fantasma. Seja teatral! Como é o nome daquele que não para de sussurrar no seu ouvido que você vai ficar sem dinheiro e vai acabar procurando comida nas latas de lixo? Wally Calafrios? Vá ainda mais fundo: Wally Calafrios se veste com farrapos e cheira mal – está longe de ser a melhor pessoa para lhe dar conselhos.

Isso deve lhe parecer exagerado – e é mesmo. Você deve estar imaginando alguém coberto de lixo sussurrando-lhe que você sempre estará endividado. É ridículo. E é exatamente dessa forma que você vai internalizar o absurdo de deixar um fantasma controlar o seu dinheiro.

Você pode até se divertir à custa do fantasma. *Oh, não! Acho que o Wally Calafrios voltou. Wally? Você está aí? Pensei que você estivesse de férias!* (Sorria com vontade. Isso é uma piada, não uma punição verbal, uma lição da qual tenho de me lembrar todos os dias). Depois, escolha outro fantasma que você realmente queira ouvir; como por exemplo a Gina Generosa, que diz: "Você pode pagar a sua dívida e viver uma vida equilibrada". Escolha quem você ouvirá.

UMA CONVERSA SAUDÁVEL SOBRE DINHEIRO

Você já ouviu alguma vez uma conversa saudável sobre dinheiro? A maioria de nós responderia "não". Ninguém nos ensina a falar sobre esse assunto. Mal conseguimos entender e lidar com o nosso próprio dinheiro! Com base em que deveríamos saber como falar com um parceiro com expectativas e experiências diferentes? O dinheiro é o último tabu que se esconde atrás de portas fechadas e, a não ser nos filmes, a maioria de nós nunca ouviu outro casal lidando com divergências financeiras.

Quanto às coisas importantes da minha vida, gosto de estudá-las bem e adaptar o que aprendo. Lembro-me de ter lido um artigo do tipo "O que faço num fim de semana" sobre um modelo profissional, um indivíduo que parece não ter de se esforçar para ser saudável e exuberante. É fácil dizer "Deve ser ótimo ser geneticamente privilegiado" (e eu tenho certeza de que ele é); mas no artigo ele contou como andou por quilômetros para se encontrar com os amigos para um lanche, depois foi fazer mais uma caminhada e ainda passou duas horas na academia. Adorei ler isso, porque me ajudou a entender que se quisesse ficar mais saudável havia certos comportamentos que eu poderia mudar. Não dependia somente do meu DNA. Eu tinha o controle!

Não, eu não vou me tornar um modelo profissional (a não ser que os pelos grossos do meu braço sirvam de modelo para a criação de tapetes). Mas quero saber o que é a excelência, porque posso adaptar lições de modelos, nadadores olímpicos e ganhadores do Prêmio Nobel para melhorar a minha vida.

No que diz respeito ao dinheiro, quero que você conheça um exemplo de excelência. Veja abaixo como se desenrola uma conversa saudável e positiva. Use isso. Adapte isso às suas necessidades.

Eis aqui uma conversa sobre gastos com compras:

> "Acho que devíamos ser um pouco mais cautelosos com as compras. Estamos gastando 900 dólares por mês. Talvez possamos baixar para 700 dólares."
>
> "Bem, quem faz as compras sou eu. Setecentos dólares não me parecem uma quantia realista."
>
> *Observe a reação compreensivelmente defensiva. Note também que a conversa parece terminar abruptamente.*

"Entendo. E obrigado pelo tempo que você passa escolhendo alimentos saudáveis para nós. Que valor você acha que podemos gastar mais convenientemente?"

Note que o parceiro que iniciou a conversa conseguiu retomá-la expressando reconhecimento e dizendo "entendo", e depois perguntando – sem afirmar nada – qual valor o outro parceiro acredita ser realista. Além disso, ele "devolveu a bola" para o parceiro a fim de tornar isso um diálogo, não um monólogo.

"Acho que posso fazer funcionar com 750 dólares."

"Excelente! Se gastarmos 750 dólares, significa que teremos de comer fora uma vez a menos por mês. Isso incomodaria você?"

Tenha o cuidado de perguntar se o outro concorda; não presuma que o outro concorda.

"Não, estou de acordo."

"Ótimo!"

Aproveite a vitória!

Permita que eu explique isso um pouco melhor. Digamos que a pessoa responsável pelas compras no supermercado tenha concordado em gastar 750 dólares por mês, mas certa vez acabou gastando 850 dólares. Quando vocês se reunirem para a sua "Reunião mensal sobre dinheiro" (ver página 201), podem lidar com essa discrepância da seguinte maneira:

"Preciso lhe dizer uma coisa. Nós concordamos com 750 dólares esse mês para as compras, mas eu excedi esse valor."

"Ah, ok. O que você acha que aconteceu?"

Essa resposta não é acusatória, como se você gritasse "COMO VOCÊ PÔDE DEIXAR ISSO ACONTECER?". Também soa ainda mais brando quando você diz "*O que* você acha que *aconteceu*?", *que é mais gentil do que "O que aconteceu?". Todas essas técnicas sutis convidam à discussão aberta.*

"Bem, em primeiro lugar tivemos aquele jantar. Além disso, o bebê não dormiu em seu horário de cochilo, por isso ficou gritando no carrinho e por isso não consegui prestar atenção aos itens que colocava nele. Mas acho que consigo retornar à média de 750 dólares por mês. Só terei de ser um pouco mais rígida com o que comprarei na loja."

Eu gosto desse exemplo porque abrange vários aspectos:

- Dá a um parceiro o poder de decidir como gastar em certa categoria.
- Esse parceiro é realmente responsável por essa categoria de despesas.
- Quando surge um problema (e ele surge), um parceiro usa uma linguagem gentil para entender o que aconteceu, e o outro propõe uma solução para recolocar as coisas em seu devido lugar.

Essa situação poderia ter levado a discussões e desentendimento, mas em vez disso produziu uma conversa construtiva. Melhor ainda: os dois parceiros lidaram com um problema *juntos*. Além disso, de modo geral 100 dólares a mais não são grande coisa. Mas estabelecer um vínculo entre vocês dois é de enorme valor.

E sempre: não importa o teor da conversa sobre dinheiro, termine a reunião dizendo ao outro "Eu te amo". Nunca é demais expressar reconhecimento ao seu parceiro, e se sempre que falarem sobre dinheiro associarem a ocasião a um grande abraço caloroso, ambos rapidamente perceberão que se sentem bem.

Seguem mais algumas maneiras de terminar com amoroso reconhecimento e gratidão uma conversa sobre dinheiro:

- *Você é incrível.*
- *Estou tão feliz por conseguirmos trabalhar juntos nisso, mesmo tendo sido tão difícil.*
- *Sozinho eu não conseguiria.*
- *É tão gratificante poder falar sobre isso com você!*

LISTA DE VERIFICAÇÃO DO CAPÍTULO 6

- ☐ Consulte os roteiros invisíveis sobre amor e dinheiro na página 115. Onde você reconhece a si mesmo e ao seu parceiro?
- ☐ Quando você lê sobre as dinâmicas dos casais, com qual delas você se identifica mais? Faça uma lista do que gostaria de mudar na sua dinâmica de casal.
- ☐ Escolha um mentor financeiro – alguém que você gostaria de ter como exemplo se precisasse tomar uma decisão importante com relação a dinheiro. (O indivíduo escolhido nem precisa saber que é seu mentor.)
- ☐ Identifique o seu próprio fantasma de dinheiro, depois dê nome a ele, provoque-o e retome o controle.

CAPÍTULO 7

CRIANDO O SEU PLANO DE GASTOS CONSCIENTES

Faça os seus números reais coincidirem com os números da sua vida rica

No final deste capítulo, você terá um plano de uma página que integrará os seus Indicadores de Dinheiro e a sua visão de vida rica aos seus números atuais, de maneira que cada dólar seja direcionado para o tipo de vida que você e o seu parceiro querem construir juntos.

O Plano de Gastos Conscientes (PGC) mostrará instantaneamente como vocês estão gastando, economizando e investindo. Esse plano é simples o bastante para que vocês possam se concentrar em quatro número – quatro apenas! – e continuar a gastar em restaurantes, concertos ou atividades para os seus filhos, ao mesmo tempo que investem o seu dinheiro. Com esse plano, vocês também terão uma pequena margem para ajustes; assim, quando tiverem uma despesa inesperada conseguirão enfrentá-la.

Ainda melhor: não será necessário registrar o preço dos tomates ou outras despesas ocasionais de três dólares.

Mas quero pedir uma coisa: vocês precisarão ampliar o seu campo de visão e abordar os seus números de maneira diferente.

Nós geralmente nos concentramos tanto nas despesas diárias que uma perspectiva de longo prazo pode parecer estranha. Se eu pedisse a uma pessoa para calcular quanto gastará em compras esse ano, a sua primeira reação provavelmente seria: "Minha nossa, eu não faço ideia". Essa seria a reação da maioria das pessoas.

Não se preocupem – não pedirei que calculem quanto gastarão em uvas daqui a seis anos. Mas vou mostrar a vocês como lidar com as grandes perguntas associadas ao dinheiro, e depois inseri-las num plano no qual objetivos possam realmente ser alcançados. Perguntas como:

- *Nós queremos morar numa grande casa no Texas?*
- *Nós dois queremos trabalhar quando tivermos filhos?*
- *Nós queremos passar o domingo com a família?*
- *Quando queremos nos aposentar – com 50, 65, 80 anos?*

O importante não é encontrar respostas exatas para essas perguntas, mas sim forjar a conexão que vem de conversar sobre elas. Falar de dinheiro regularmente torna mais fácil falar de dinheiro para sempre. Sendo assim, quando algo correr mal – o que é inevitável – vocês podem permanecer calmos, não se deixar dominar pela frustração e se concentrar em lidar juntos com o contratempo.

Nós usaremos o Plano de Gastos Conscientes para determinar qual a destinação que vocês querem que o seu dinheiro tenha (veja o modelo nas páginas 284-285). Os casais me dizem que essa é a parte mais difícil do programa. Ela é *mesmo* difícil, falando francamente, porque agora começamos a lidar com números específicos. Na minha opinião, tudo o que tem valor é difícil, e eu vejo isso como uma oportunidade de criar a sua vida rica a partir de uma página em branco. Vamos fazer isso juntos.

VOCÊ NÃO PRECISA DE UM ORÇAMENTO

Pelo que eu sei, menos de 1% das pessoas conseguem seguir um orçamento por mais de dois meses. Por quê? Em resumo, os orçamentos são opressivos e ineficazes, além de parecerem ruins. Considerem o que é necessário para a elaboração de um orçamento: vocês precisam registrar as suas despesas dos últimos meses (ninguém conhece esses números). Depois é necessário criar uma planilha complicada, com centenas de linhas registrando cada centavo, incluindo os gastos com bicarbonato de sódio em fevereiro.

E depois desse trabalho todo... vocês só têm um punhado de números para olhar. Sabem o que fazer a partir desse ponto? Evidente que não. Tudo o que vocês conseguem saber é que "se comportaram mal". E como se não bastasse, *para o resto das suas vidas* vocês terão de continuar registrando todos os seus gastos nessa planilha gigantesca.

E para quê? Claro que vocês podem evitar gastos excessivos em filme-plástico; mas o que ganham realmente com a atividade de acompanhamento, restrição e apontar de dedo pelos próximos quarenta anos?

A resposta é nada. Não ganham nada.

Vocês não precisam de um orçamento. A verdadeira gestão do dinheiro consiste na elaboração de uma vida rica e na utilização do seu dinheiro para vivê-la. O controle de pequenas despesas é inútil se não estiver vinculado a uma visão mais abrangente, algo que quase nenhum orçamento faz.

Imaginem um Plano de Gastos Conscientes como uma sala lindamente organizada. Quando vocês organizam o seu PGC de maneira correta, a gestão do seu dinheiro parecerá tranquila. Vocês abrirão espaço para as coisas de que gostam – quer isso signifique beber alguns drinques num restaurante, esbanjar em cuidados pessoais ou sair com a sua família uma vez por semana. E tudo isso enquanto cortam onde têm de cortar.

O QUE É UM PLANO DE GASTOS CONSCIENTES?

Orçamentos estão voltados para o passado. O Plano de Gastos Conscientes aponta para o futuro.

O seu PGC permite-lhes decidir *para onde querem que o seu dinheiro vá*. Se quiserem ter um encontro romântico semanal, ou reformar a cozinha, ou pagar a sua dívida em seis anos e não em oito, podem incluir isso.

Vejam em seguida os quatro números que vocês precisam dominar para que isso funcione:

Custos fixos: preferencialmente 50%-60% do salário líquido (ou seja, dinheiro depois dos impostos).

- *Inclui a sua renda ou hipoteca, pagamento do carro, pagamento de dívidas, compras – tudo o que vocês têm de pagar todo mês.*

Poupança a curto prazo: preferencialmente 5%-10% do salário líquido.

- *Dinheiro de que vocês podem precisar nos próximos 1 a 5 anos, incluindo fundo de emergência, entrada para uma casa ou um carro, fundo para férias.*

Investimentos de longo prazo: preferencialmente pelo menos 10% do salário líquido.

- *É onde é criada a riqueza real. Inclui todos os investimentos: 401(k), IRA, e assim por diante. Esse é o dinheiro de longo prazo que vocês não precisarão usar por pelo menos dez anos.*

Gastos livres de culpa: preferencialmente 20%-35% do salário líquido.

- *As coisas nas quais vocês adoram gastar: comer fora, viagens, massagem, produtos de beleza, atividades para as crianças – vocês decidem.*

A filosofia aqui é simples: se vocês atingirem esses quatro números todos os meses, terão uma chance muito boa de viverem uma vida rica.

É mesmo bastante simples. Não é preciso registrar duzentos números todos os meses. Não é preciso discutir sobre um gasto inesperado de 50 dólares no mercado. Somente um ótimo sistema que lhe possibilite olhar para a frente – poupando, investindo e gastando nas coisas que lhe interessam – seja qual for o seu rendimento.

Eis um exemplo do funcionamento disso: João e Joana reúnem-se uma vez por mês para examinar seus números. Eles conhecem os seus custos fixos, poupanças, investimentos e valores de despesas sem culpa, e por isso a sua "Reunião mensal sobre dinheiro" é objetiva.

Eles adoram comer fora; por isso, em seus gastos sem culpa eles criaram condições para ir a restaurantes duas vezes por semana. Na semana passada, porém, eles exageraram nos gastos jantando com a família e ultrapassaram os valores que haviam estabelecido. Nenhum problema nisso – ambos concordaram em não comer fora na semana seguinte, a fim de retornarem ao caminho certo.

Para terminar, eles levaram algumas perguntas para abordar na próxima reunião. Tranquilo, leve e metódico.

Antes de começarmos a elaborar o seu PGC, é necessário que vocês compreendam bem um importante conceito. Para viver uma vida rica, vocês precisam se elevar a um nível superior de planejamento. Para a maioria das pessoas, isso significa antecipar os seus gastos em um ano. À medida que se tornarem mais hábeis com o dinheiro, começarão a planejar para cinco anos, dez anos e até trinta anos. A princípio isso pode ser incômodo para vocês, porque nós estamos muito acostumados a realizar tarefas no dia a dia. Mas não se pode viver uma vida rica apenas olhando alguns dias à frente.

ELABORANDO O SEU PLANO DE GASTOS CONSCIENTES

Você e o seu parceiro podem fazer o seu PGC em três sessões de conversas. A primeira é rápida e não envolve nenhuma pesquisa. (Eu também criei um modelo para vocês na página 284.)

CONVERSA Nº 1:
FAZER UM ESBOÇO EM 60 MINUTOS

A sua primeira conversa tem como objetivo estimar a sua renda mensal e as suas despesas – para isso vocês precisarão apenas do seu cérebro e de uma página em branco. É assim que vocês farão o seu PGC: como um desenho a lápis que irão colorir mais tarde. O tema de hoje é *rápido e fácil* – não faltarão oportunidades para que vocês façam ajustes mais tarde.

Comecem anotando o seu rendimento bruto e líquido – isto é, o que vocês ganharam antes e depois dos impostos – e também qualquer outro dinheiro que ganhem ou recebam. Dividam por 12 para determinar os valores do rendimento mensal.

Por exemplo, se a sua renda bruta for de 75 mil dólares e a sua renda líquida for de 63 mil dólares, escrevam...

Renda mensal bruta: $6.250

Renda mensal líquida: $5.250

Depois disso, escreva os seus quatro tipos de custos mensais. Alguns valores vocês podem saber de cabeça, como o aluguel ou a prestação do carro. Para obter outros vocês terão de fazer estimativas. Tudo bem, mas façam uma estimativa elevada. (Explico por quê: quem treina para uma competição quer treinar mais intensamente para que a coisa real pareça mais fácil. No PGC, quero que vocês "treinem mais pesado" arredondando as despesas *para cima*, porque prefiro que vocês acabem com mais 2 mil dólares no final do ano do que *devendo* 2 mil dólares acidentalmente.)

SEUS CUSTOS FIXOS

Vamos começar com os custos fixos, que são as despesas que têm de ser pagas todos os meses. Eis uma maneira simples de entender os custos fixos: mesmo que um de vocês perdesse o emprego, vocês teriam de continuar pagando essas despesas. Alguns dos valores podem variar de mês para mês – como as compras de supermercado –, mas basta usar uma média e arredondar para cima. Isso deve ser rápido e fácil – não mais de vinte minutos; por isso, trabalhem em equipe, façam as suposições que considerarem mais adequadas e não se preocupem com a precisão. Cumprimentem-se ao final da sessão.

Usem as seguintes categorias por enquanto (vocês podem acrescentar outras ou editá-las no final da sessão.)

- Moradia (hipoteca, serviços, seguros e todos os outros custos; se alguns deles forem anuais, dividir por 12 para saber o custo mensal)
- Carro (pagamento do empréstimo, seguro, gasolina, manutenção, bilhetes de estacionamento)
- Despesas médicas (plano de saúde, receitas médicas e outros gastos médicos)

- Dívida (pagamentos mensais de dívidas de cartão de crédito, empréstimos estudantis ou qualquer outra dívida, com exceção da hipoteca, que já está incluída em moradia)
- Celulares e internet
- Gêneros alimentícios
- Roupa essencial
- Doações
- Despesas com as crianças (inclui itens como fraldas, roupas e material escolar)
- Despesas domésticas (por exemplo, itens de farmácia e material de limpeza)
- Animais de estimação (inclui alimentação, cuidados anuais e outras despesas)
- Diversos

Custos fixos mensais (Soma de todos os gastos mencionados acima) $____________.

SUA POUPANÇA/ECONOMIAS

Esse é o valor que todos os meses vocês reservam para fins de poupança, como um fundo de emergência ou o pagamento da entrada de uma casa. Se o valor variar, escolha uma média, mas dessa vez arredonde *para baixo*. Se o valor for zero – honestamente, para a maioria das pessoas é zero – simplesmente coloque zero.

Contribuições mensais para fins de poupança . . . . $____________.

SEUS INVESTIMENTOS

São as contribuições regulares para o seu 401(k), 403(b), IRA, HSA* e qualquer outra conta de investimento. (Observação: incluí uma breve exposição sobre investimentos pré e pós-impostos na página 285.)

Contribuições mensais para investimento. . . . . $____________.

Bom trabalho! Está quase terminado. A categoria final é a minha favorita.

* O IRA é uma conta individual de aposentadoria (Individual Retirement Account) que oferece vantagens fiscais para quem poupa. O HSA (Health Savings Account) é uma conta de investimento com benefícios fiscais, planejada para cobrir despesas de saúde. IRA e HSA podem funcionar como conta-poupança para a aposentadoria (nos Estados Unidos). (N. do T.)

OS SEUS GASTOS LIVRES DE CULPA

Pense nas coisas em que vocês gastam para se divertir. Dou a essa categoria o nome de "gastos livres de culpa" porque assim que terminarem este livro e realizarem algumas mudanças serão capazes de fazer as coisas que amam sem se sentirem culpados. Quando vocês considerarem coisas como viagens, que acontecem esporadicamente, façam uma estimativa aproximada do total anual e então dividam por 12.

Eu incluí algumas categorias para ajudá-los a calcular aproximadamente os seus gastos mensais com os itens abaixo. Lembre-se: se não tiver os valores na sua cabeça, faça uma estimativa, mas uma estimativa elevada. Vocês podem ficar impressionados com o valor dos números – sobretudo se arredondarem para cima. A maioria das pessoas fica. Isso é bom!

- Comer fora/encomendar (inclua refeições em restaurantes com amigos e refeições de aniversário)
- Roupas não essenciais (inclua compras opcionais, acessórios e até limpeza a seco)
- Saúde/fitness (academia, esportes, aulas)
- Cuidados pessoais (tratamento facial, massagens, corte de barba, unhas, maquiagem, corte e tratamento de cabelo, depilação)
- Assinaturas (Netflix, Amazon Prime, aplicativos, games, tudo)
- Viagens (somar os gastos com viagens anuais e dividir por 12)
- Presentes (aniversários, casamentos etc.)
- Passatempos
- Decoração e melhorias para a casa (inclua aqui a renovação da casa.)
- Limpeza da casa
- *Acrescente a sua própria.*

Gastos mensais livres de culpa (somar tudo o que foi citado acima). $____________.

Como passo final, tome o montante total de cada categoria e divida cada um por seu salário líquido para comparar todas as suas despesas. Por exemplo: custos fixos de $3.000/salário líquido de $5.000 = 60% (essa é uma proporção sólida).

Intervalo

Muito bem, é hora de parar e relaxar por alguns instantes. Vocês puseram números na página! Isso mostra que estão avançando bem.

Nas páginas seguintes, nós vamos melhorar esses números. Depois eu lhes mostrarei como ajustá-los para que possam pagar a dívida mais rápido, economizar e investir mais, e gastar mais nas coisas que adoram. Vocês terão controle sobre o seu dinheiro – vão determinar para onde ele irá. Antes de conseguirmos isso, quero que percebam como se sentem agora. Chocados por constatarem para onde vai o seu dinheiro? Animados com a expectativa de algum esclarecimento? Assustados? Esperançosos? Tudo isso é normal.

Sempre que vocês aperfeiçoarem e revisarem o seu PGC ele se tornará mais leve, mais fácil e mais claro. Quanto mais trabalharem em seu plano, mais o entenderão e mais controle terão sobre ele. Em breve, esse PGC deixará de ser uma lista de números para se tornar uma estrela-guia para a sua vida rica. Alcançaremos esse objetivo juntos.

Nesse momento, porém, quero que desacelerem, deem um abraço um no outro e façam uma pausa nesse projeto. Nem mesmo falem sobre dinheiro pelo resto do dia! Façam algo que lhes dê prazer – e comemorem esse grande passo.

CONVERSA Nº 2: EM BUSCA DE DETALHES

Agora que vocês têm um rascunho do seu PGC, vamos recuar e nos assegurar de que todos os números estão corretos. Para isso, apenas as suas estimativas não bastarão; vocês precisarão examinar as suas despesas reais. Isso é como preencher com cores um desenho em preto e branco.

Vocês encontrarão um modelo simples de PGC na página 284. Porém eu recomendo que baixem a versão digital (pesquise "Ramit Sethi CSP"), que é ainda mais fácil de usar e faz muitos dos cálculos que têm de ser feitos. Um pedido: não comecem usando um orçamento antigo, por favor. Comecem com uma página em branco.

Para essa análise, recomendo que vocês escolham um mês "normal" e um mês irregular (como um mês de férias ou de grandes viagens) e calcule a média entre ambos os meses. Esse panorama de dois meses permitirá ver como flutuam as suas despesas. Depois vocês incluirão cada despesa em suas categorias (custos fixos, poupança, investimentos e gastos livres de culpa) e levarão em conta todos os gastos inesperados.

Fazendo isso, vocês substituirão as estimativas feitas na Conversa nº 1 por *números reais*, tornando muito mais preciso o seu PGC.

Organizando os seus números de maneira rápida e fácil: acesse o site do seu cartão de crédito, que lhe fornecerá todas essas transações relacionadas a qualquer mês.

Eles até classificam as despesas para vocês! (Se utilizarem mais de um cartão, façam o mesmo para cada um deles.) Isso vai ajudar a determinar quanto gastaram em gasolina no mês passado, em supermercados, em restaurantes, em assinaturas – tudo o que figura em sua lista. Mas é aqui que as coisas se complicam: a maioria dos casais não usa cartões de crédito para pagar tudo. Certas coisas pagam em dinheiro, outras pagam com cheques, usam aplicativos financeiros como o Venmo para pagar os amigos e usam diferentes contas bancárias para despesas diferentes; e é por isso que talvez vocês precisem fazer um esforço maior.

Organizando os seus números de maneira mais avançada: se vocês quiserem números extremamente precisos, criem a sua própria planilha e analisem todos os gastos desses meses. O site do seu cartão de crédito permite que vocês baixem as transações, que depois podem abrir em qualquer planilha e reclassificar usando as categorias da página 140 (cuidados com animais de estimação, alimentação etc.). Revejam em seguida as suas transações bancárias e façam uma estimativa dos gastos em dinheiro do modo mais preciso que puderem.

Analisando os seus números reais vocês saberão com clareza para onde o seu dinheiro está indo – e onde poderão cortar radicalmente para poderem gastar mais nas coisas que adoram. Eu mostrarei abaixo como contabilizar coisas como despesas adicionais de férias. E lembrem-se de que vocês podem sempre melhorar o seu PGC mais tarde. Esse processo provavelmente levará algumas horas. Eu recomendo que reservem alguns períodos de duas horas seguidas, talvez num fim de semana. Vocês podem examinar os números, fazer um intervalo, recomeçar a tarefa e, se possível, encerrá-la no dia seguinte. Se ainda restarem dúvidas, basta anotá-las e retornar outro dia com a mente revigorada.

ACRESCENTE AS SUAS DESPESAS "OCASIONAIS" FUTURAS

Um dos fatores fundamentais para viver uma vida rica é elaborar um plano *antes que vocês precisem fazê-lo*. É exatamente isso que vocês farão agora com uma visão de 12 meses: organizar-se para não serem surpreendidos por gastos "ocasionais" ou irregulares.

Eis como vocês farão isso: identifiquem as despesas e o montante, dividam por 12, e então coloquem esse montante na categoria adequada do seu Plano de Gastos Conscientes e calculem a porcentagem do salário líquido. Por exemplo, se vocês sabem que mandarão o seu filho para um acampamento de verão por 5 mil dólares, isso equivale a cerca de 415 dólares por mês (5 mil dólares/ 12 meses), que vão para os seus custos fixos em "Campos de Férias".

Eis algumas despesas irregulares comuns:

- Imposto predial
- Mensalidades (escola, acampamento de férias) ou outras despesas com educação
- Carro (reparos, manutenção, registro, compra de carro novo)
- Compras de tecnologia (telefone, computador)
- Gastos com animais de estimação (despesas veterinárias não anuais, brinquedos, hospedagem)
- Gastos de festas (transporte, presentes)
- Gastos de férias (transporte, hospedagem, alimentação, bebidas, gorjetas, impostos)
- Celebrações (aniversários, casamentos)
- Entretenimento (concertos, teatro)
- Despesas médicas (consultas com médico e com dentista, medicação, tratamento)
- Aulas/cursos
- Alimentação (comer fora)
- Despesas com passatempo/lazer
- Emergências de viagem de última hora
- Prêmios de seguro de vida

É fácil pular esse exercício por julgar que é impossível prever esses custos. Resistam a essa tentação! A verdade é que vocês podem fazer estimativas decentes, e eu quero que sigam o meu princípio dos 85%: cumprir 85% do caminho é melhor do que não planejar nada.

Eis alguns exemplos de estimativas:

- *Em junho teremos a viagem para o casamento do meu primo* (passagem aérea, hotel, aluguel de carro, transporte do aeroporto e para o aeroporto, mais 25% para impostos e gastos diversos).
- *Provavelmente precisaremos substituir o ar-condicionado da sala. Isso vai ficar em 3 mil dólares, então precisaremos reservar 250 dólares por mês para essa despesa.*
- *As festas vão ser muito movimentadas, porque toda a minha família virá para cá* (número de pessoas para quem serão comprados presentes, multiplicado pelo valor médio que vocês provavelmente gastarão, mais comida e bebidas).

A essa altura, os seus números estão se tornando mais precisos. Agora que já contabilizaram a sua revisão média de dois meses e as suas estimativas de doze meses de gastos futuros, vamos terminar: acrescentem 15% aos seus custos fixos para qualquer coisa que vocês possam ter esquecido, e o seu PGC está pronto.

Muitas pessoas sentem o coração palpitar no peito quando preenchem os números reais pela primeira vez. Reunir esses números já é tarefa difícil, porém classificá-los é ainda mais difícil. Mas lidar com as nossas emoções pode ser a pior parte, porque o modo como gastamos o nosso dinheiro está associado às nossas escolhas, às nossas prioridades, aos nossos erros e às nossas identidades. As pessoas em sua maioria nunca se dão ao trabalho de organizar as suas finanças dessa forma.

Por esse motivo, eu dividi em várias partes esse processo de levantamento dos seus números. Para a maioria das pessoas, analisar as despesas concretas é extremamente intimidante. As pessoas acreditam que precisam registrar cada centavo antes de seguirem em frente, e desistem antes mesmo de começar. Além disso, elas têm medo do que irão encontrar. Eu queria que a Sessão de Conversa nº 1, onde vocês anotaram as suas expectativas, fosse um primeiro passo rápido que os preparasse para o trabalho mais detalhado na Conversa nº 2.

Fazer o trabalho é difícil – e muitas vezes os resultados também não ajudam. As pessoas ficam em sua maioria de queixo caído quando se dão conta dos gastos que estão fazendo. Se vocês ficarem chocados, não há problema. Quando colocamos *tudo* na balança, os números podem ser esmagadores. É assustador perceber que estamos gastando mais do que pensávamos – e também, talvez, descobrir que estamos gastando mais do que temos. A boa notícia é que vocês decidiram enfrentar o problema.

É melhor saber do que não saber! Essa é a minha filosofia. Agora que estão cientes do destino que estão dando ao seu dinheiro, vocês podem ajustar os seus gastos para que correspondam à sua visão partilhada de vida rica... que é exatamente o que faremos na sessão de Conversa nº 3.

CONVERSA Nº 3: REAJUSTANDO OS SEUS GASTOS PARA QUE CORRESPONDAM À SUA VISÃO DE VIDA RICA

Primeiro vocês anotaram o que acreditam que estão gastando. Depois aperfeiçoaram esses valores quando examinaram mais a fundo as suas despesas reais, incluindo o planejamento de gastos "inesperados". Agora nós reajustaremos os seus números para que se encaixem na sua visão de vida rica.

Mas, antes de entrarmos nos detalhes relacionados ao ajustamento das suas despesas, vejamos de que maneira exatamente é possível usar o dinheiro para viver uma vida rica. Isso os ajudará a se lembrar da necessidade de fazer alguns cortes.

Escolha algo de que você goste muito. Móveis novos para o seu quintal, talvez, ou uma viagem de final de semana. Para esse exemplo, fiquemos com os móveis. Fale com o seu parceiro sobre a sua ideia para o conjunto de pátio. Onde vão colocá-lo?

Quantas pessoas vocês querem acomodar? Os móveis serão estofados? Faça uma pesquisa online para se inteirar do custo aproximado do conjunto que tem em mente. Não deixe de incluir os impostos, a entrega e todos os custos acessórios, como coberturas de móveis para a chuva. Divida por doze para determinar a quantia que terão de separar, e depois escreva esse valor na seção de poupança do seu PGC. Por exemplo:

> "O conjunto de pátio nos custará 1.200 dólares. Compraremos sofás próprios para a área externa e duas mesas. Se acrescentarmos 350 dólares para uma cúpula e 250 dólares para aumentos de preço, impostos e entrega, o total chegará a 1.800 dólares. Se quisermos a mobília em um ano, teremos de economizar 150 dólares por mês (1.800 dólares/doze meses). Parece muito, por isso compraremos daqui a dezoito meses: 100 dólares por mês. Podemos fazer isso."

Vocês agora têm uma seção oficial de poupança em seu PGC! No Capítulo 9, vão programar a poupança automática para que o seu dinheiro vá diretamente para o seu novo fundo de móveis. (Claro, fiquem à vontade para substituir o exemplo e os valores por algo que queiram comprar ou fazer.)

Agora é chegado o momento de fazer algumas modificações no seu Plano de Gastos Conscientes. Vocês podem redirecionar o seu dinheiro para as coisas que lhes interessam e usar a sua lista de Indicadores de Menos do Capítulo 4 para cortar gastos com coisas que não façam parte da sua vida rica.

É nesse ponto que os sonhos começam a se tornar realidade. À medida que avançarem nessa etapa, perguntem-se: *Que grande mudança estamos prontos para fazer a fim de vivermos a nossa vida rica?*

Vou ajudá-los a fazer essas mudanças. Para começar, quero que economizem algum dinheiro todos os meses. Trabalhando juntos, verifiquem linha por linha os seus gastos sem culpa e identifiquem duas categorias nas quais possam diminuir as despesas em 50% num período de seis meses. Procurem cortar 10% por mês até alcançarem o seu objetivo.

Eis um exemplo bastante simples:

Comer fora: Despesa atual: $500/mês

Mês 1: $450
Mês 2: $400
Mês 3: $450 (Às vezes, vocês falham!)
Mês 4: $375
Mês 5: $300
Mês 6: $250

Consideremos agora um exemplo mais complicado: despesas irregulares como viagens. Digamos que vocês façam quatro viagens de 1.200 dólares por ano, totalizando 4.800 dólares. Como reduzir esse gasto? Ora, vocês poderiam reduzir o número de viagens que fazem, da seguinte maneira:

Viagens: Despesa atual: $400/mês

Mês 1: $1.200

Mês 2: $0

Mês 3: $0

Mês 4: $0 (Em vez de uma viagem de 1.200 dólares a cada três meses, vocês decidem pular duas, reduzindo os seus gastos anuais em 50%.)

Mês 5: $0

Mês 6: $0

As 3 perguntas que sempre me fazem sobre o PGC

1 - "Nós sabemos que teremos de reduzir as refeições fora de casa. Podemos pular o PGC e simplesmente começar daí?"

Não! Muitas pessoas *pensam* que sabem onde estão gastando demais, mas não compreendem como, num cenário mais amplo, as nossas despesas se comparam com a nossa poupança, investimentos e patrimônio líquido. Por exemplo, muitos casais se sentem culpados por sua despesa com comida para viagem, mas nunca lhes ocorre quanto estão poupando automaticamente todos os meses. O PGC ajuda a enxergar o quadro completo e a preparar as bases para tudo o que se segue; por isso, confie no processo.

2 - "Isso não é só um orçamento?"

Não. Um orçamento é voltado para o passado, ao passo que o Plano de Gastos Conscientes é direcionado para o futuro. Mais importante: se você passar o resto da vida usando um orçamento e tiver sucesso, o que ganhará? Na prática, terá passado a vida seguindo números aleatórios. Mas se tiver sucesso utilizando o Plano de Gastos Conscientes, que é bem mais simples, terá desfrutado da sua vida rica, o que inclui comer fora, viajar, comprar coisas que você adora e investir na construção de uma verdadeira riqueza. A finalidade não é controlar os números. A finalidade é viver uma vida rica. É isso que o seu Plano de Gastos Conscientes vai ajudá-los a alcançar.

Ou então vocês podem mudar o tipo de viagem que fazem, tornando, por exemplo, a viagem mais curta ou hospedando-se em locais menos caros:

Mês 1: $600 (Nesse exemplo, vocês cortam pela metade o percurso da viagem.)
Mês 2: $0
Mês 3: $0
Mês 4: $600 (Nesse caso, vocês ficaram num hotel mais barato.)
Mês 5: $0
Mês 6: $0

Como podem ver, vocês contam com muitas opções para cortar os seus gastos. O que importa é buscar o número certo e criar juntos o seu plano.

Coloquem esse processo em prática com duas despesas separadas, e mais rápido do que esperam terão *centenas de dólares todo mês* para redirecionar para as coisas que realmente lhes interessam.

3 - "Posso completar o PGC sem o meu parceiro?"

É necessário que vocês examinem juntos esses números, para que ambos compreendam o que é de fato importante quando começarem a falar em mudanças. É compreensível que talvez vocês estejam ocupados, que um de vocês não se sinta à vontade com os números, que sempre exista, enfim, um motivo para adiar a análise deles. Mas vocês compraram este livro porque queriam estar em sintonia. Assim sendo, trabalhem juntos no seu PGC.

Se o seu parceiro mostrar resistência..

- **Aborde o assunto com delicadeza.** Você pode tentar dizer "Ei, estou lendo este livro... Eu adoraria que fizéssemos juntos esse exercício. Você gostaria de fazer isso?".
- **Lembre-se de que se trata de várias conversas.** As coisas *não* dependem de uma grande e decisiva conversa. Aja com leveza, sabendo que terá várias oportunidades de falar sobre dinheiro.
- **Quando não souber a resposta, admita que não sabe.** Se você não souber a resposta para algo, diga somente "Falando francamente... eu não sei!". Seja teatral. Reaja com bom humor. Deem risada juntos. Se não for algo de importância no momento, anote a dúvida e aborde-a mais tarde. Eu prefiro que vocês se divirtam e sigam em frente do que se preocupem em chegar a um número exato com três casas decimais.

"NÓS JÁ CORTAMOS TUDO O QUE FOI POSSÍVEL!" ISSO RARAMENTE É VERDADE

Eu sei o significado de se sentir preso. Alguns anos atrás, o meu negócio estava me sobrecarregando. Eu tinha reuniões a cada trinta minutos, era puxado de um lado para outro e mal tinha tempo de almoçar. Tentei diminuir o número de reuniões, mas sempre que eu tentava me esquivar de uma surgia algum motivo que me forçava a comparecer.

Se nessas circunstâncias alguém me dissesse para "pensar a longo prazo" e fazer um plano, eu teria olhado para essa pessoa sem entender. Eu mal conseguia chegar ao fim de um dia.

Por fim, após meses de disputas de queda de braço com as reuniões, eu cancelei todas elas. Comecei com um calendário em branco e me perguntei: *O que é importante aqui?*

O marketing era importante para o meu negócio, por isso dedicava 25% do meu tempo a reuniões de marketing. Os produtos eram importantes, então eu dedicava outros 25%. Em lugar de cortar uma área minúscula após outra, eu iniciei do zero. E isso fez toda a diferença.

Essa situação é a mesma que vocês estão vivendo com o seu PGC: começar de novo e aliar o seu dinheiro às suas prioridades. Isso é bem mais eficaz do que tentar cortar despesas uma atrás da outra ao acaso. Já trabalhei durante horas com casais que gastavam mais dinheiro do que ganhavam, e que tinham justificativas para manter todas as suas despesas. Por fim dei-lhes uma página em branco, e – como por mágica! – eles subitamente mudaram todas as suas despesas, melhorando-as.

Por exemplo, se logo no começo vocês decidirem que vão poupar todos os meses de 5% a 10%, investir de 5% a 10% e usar de 20% a 35% para gastos sem culpa, rapidamente vocês podem descobrir que…

- já não querem mais comprar o almoço quatro vezes por semana – preferem gastar esse dinheiro em dois jantares especiais todos os meses.
- vão ter de cortar as aulas de natação das crianças.
- não há o que fazer – um de vocês terá de vender o carro.

Lembrem-se de que o objetivo é reajustar as suas despesas para que o seu dinheiro seja canalizado para a *sua* vida rica. Quando os casais trabalham em seu

PGC todos concordam, em teoria, que querem gastar de modo extravagante nas coisas que adoram e cortar sem dó as coisas de que não gostam. O problema é que quando eu peço para cortarem sem dó, eles me dão a mesma resposta: "Não há mais nada que possa ser cortado. Já tentamos tudo".

Repense: não se poupa e se investe o que *sobra*. Você poupa e investe *primeiro*. Esse é o significado de "pagar a si mesmo primeiro", e quando escolhemos quanto vamos poupar e quanto vamos investir (eu recomendo 5%-10% cada, no mínimo), o restante das nossas despesas flui em torno disso.

Conversando — sem desentendimentos — sobre fazer cortes em seu PGC

Jennifer e Andrew, um casal com o qual trabalhei recentemente, tinham cerca de 4.600 dólares em dívidas no cartão de crédito. Quando eu examinei os seus números, constatei – para espanto dos dois – que eles estavam gastando 600 dólares por mês no Grubhub, um serviço de entrega de comida. Era dinheiro que eles poderiam estar usando para pagar a sua dívida. O curioso em nossa conversa (episódio 96 do meu podcast) foi a extrema dificuldade para conseguir que esse adorável casal falasse diretamente sobre reduzir essa despesa.

Trata-se de um casal que gasta centenas de dólares em entrega de comida, algo que eles próprios admitem ser "bem embaraçoso"; e ainda assim não foi fácil para eles falar sobre a redução desse gasto! Isso porque mesmo uma despesa óbvia como entrega de comida não é simples. Ocorre que ela representa um luxo, um alívio para as responsabilidades diárias, e após algum tempo as pessoas acabam se acostumando. A ideia de suspender isso parece dolorosa.

Eu os ajudei a perceber o que o Grubhub significava para eles. Jennifer, que carregava a contragosto o fardo das tarefas domésticas – como muitas mulheres fazem – queria que Andrew *notasse* quando ela estava exausta e precisava de ajuda para cuidar das refeições da família. Contudo, até então ela não havia sido clara a respeito do que precisava. Mesmo quando eu os observava enquanto conversavam, ela se apressava a oferecer soluções sem dar a Andrew tempo para pensar no que fazer.

Eu os ajudei a terem uma conversa construtiva, na qual pedi a Jennifer que lançasse de volta a "bola da responsabilidade" sempre que Andrew tentasse lhe entregar essa bola. No final, eles acabaram economizando centenas de dólares por mês para saldar a dívida do cartão de crédito.

Alertas vermelhos financeiros de Ramit

Eu elaborei quatro perguntas simples para ajudá-los a determinar se as suas finanças colocam vocês em perigo extremo. Concebi essas perguntas depois de conversar com vários casais que descontraidamente me contavam sobre os seus 62 mil dólares em dívidas de cartão de crédito, dois caminhões de 70 mil dólares e 78% da renda comprometida com custos fixos, e indagavam: "O que acha disso, Ramit?".

O que eu acho? Acho que vou ter um enfarte! Não consigo respirar! Meus batimentos cardíacos estão em 195 e vocês aí, bebendo tranquilamente uma limonada?

Se vocês estão correndo perigo, precisam saber disso – agora. Façam a si mesmos essas perguntas:

- Em seu Plano de Gastos Conscientes, suas despesas ultrapassam 100%?
- Seus custos fixos ultrapassam 65%?
- Vocês têm dívidas no cartão de crédito?
- Você e o seu parceiro não conseguiram ter as Conversas nº 2 ou nº 3?

Responder "sim" a qualquer uma das perguntas acima dispara o "Alerta Vermelho de Ramit", o que significa que mudanças devem ser feitas imediatamente. Diga ao seu parceiro que a situação é grave e que é preciso agir com rapidez. Se ele oferecer resistência, culpe a mim. A sua prioridade deve ser solucionar esses problemas.

André disse: "A conversa me fez assumir a responsabilidade, e foi provavelmente uma das mais transparentes que já tivemos desde que estamos juntos".

O que você quer dizer ao seu parceiro de forma objetiva e clara? O que ele precisa ouvir? Você pode dizer o que necessita claramente, sem deixar de ser simpático. Os melhores recursos que você tem para conversar com o seu parceiro sobre dinheiro são o Plano de Gastos Conscientes e a sua visão de uma vida rica. Falem sobre os documentos em vez de culparem um ao outro. Quando começarem a mudar as coisas, voltem sempre a se perguntar: "Que grande mudança estamos dispostos a fazer para vivermos a nossa vida rica?".

Tenham em mente que vocês cortarão certas coisas para financiar outras. No caso de Jennifer e Andrew, eles não estão simplesmente cortando o Grubhub; eles estão se tornando um casal sem dívidas. E estão trabalhando habilidades para comunicar com clareza o que querem e necessitam. Não se esqueçam de que é parte essencial do corte redirecionar deliberadamente esse dinheiro para onde vocês desejam que ele vá; caso contrário as despesas acabarão por absorvê-lo.

OS MANDAMENTOS DO PGC

Eis alguns dos prós e contras de recalibrar as suas despesas:

Não tentem reduzir de modo aleatório 5% em tudo e em todas as categorias. É deprimente e não funciona.
Tentem escolher duas áreas de despesas opcionais e se comprometam a reduzir cada uma delas em 50% no decorrer de seis meses, o que provavelmente poupará centenas de dólares todos os meses, dinheiro esse que vocês podem redirecionar para a sua vida rica.

Não fiquem obcecados com o "sacrifício" do que decidir cortar.
Comecem com a atitude correta: vocês não estão cortando as coisas de que gostam – estão construindo a vida rica que querem. Essa sutil mudança os coloca no controle e lhes dá um motivo para realizar essas mudanças. Se considerarem esse processo pura e simplesmente como uma eliminação de tudo o que vocês gostam, então todo o esforço estará condenado. Ninguém quer ser limitado! Eu não quero, você não quer, seu cônjuge não quer. Repensem as suas mudanças para se concentrarem no que estão construindo, não no que estão descartando.

Não apontem o dedo acusadoramente nem empreguem linguagem do tipo "você sempre..." ou "você nunca...".
Falem da visão e dos números de *vocês*, usem a expressão "nosso futuro". Empreguem o pronome *nós* sempre que puderem. (Por exemplo: *"Parece que estamos gastando demais em X... Eu adoraria que pudéssemos gastar mais em Y"*.)

Não saquem os seus investimentos de aposentadoria para pagar dívidas. Muitos casais se deparam com valores elevados, entram em pânico e vendem os únicos investimentos que possuem, o que acaba lhes custando muito caro no futuro. (A não ser que vocês estejam numa situação difícil; mas eu procuraria os meus credores para pedir ajuda, venderia a minha casa e arranjaria um segundo emprego antes de pensar em sacar investimentos.)
Tenham calma antes de fazer mudanças substanciais. Explorem todas as alternativas, inclusive entrar em contato com a empresa de cartão de crédito ou do empréstimo estudantil e pedir ajuda. Muitas dessas empresas cooperarão com vocês na elaboração de um plano de pagamento. Muitas vezes, pessoas com dívidas severas fazem de tudo exceto a única coisa que funciona: *Definir um plano de pagamento da dívida, estabelecer pagamentos automáticos e ser paciente.*

Não recorram a um congelamento brusco das despesas se as coisas parecerem ruins.
Sejam honestos consigo mesmos: vão realmente mudar todas as suas despesas do dia para a noite? Segundo a minha experiência, declarações bombásticas quase nunca se mantêm. Eu busco mudanças reais e sustentáveis que possam ser mantidas todas as semanas. É melhor economizar 5% de forma constante do que sonhar em economizar subitamente 40%.

Não façam promessas vãs sobre gastar menos.
Sejam específicos ao tratar das áreas *importantes* em que desejam fazer cortes, mesmo que pareça engraçado. Por exemplo, se concordarem em diminuir as despesas de supermercado, a conversa poderia transcorrer da seguinte maneira:

— Podemos diminuir a conta do supermercado de 800 para 600 dólares no próximo mês?

— Eu cuidarei disso. Acho que podemos fazer isso. (*O ideal é que uma pessoa se encarregue da tarefa.*)

— Há algo que eu possa fazer para facilitar? *(Vocês são uma equipe construindo juntos a sua vida rica. Essa é uma oportunidade excelente para trabalharem um ao lado do outro. Se o seu parceiro não se prontificar para a tarefa, diga-lhe: "Eu adoraria que me perguntasse como poderia me ajudar." O outro não consegue ler a sua mente!)*

— Eu acho que não será tão difícil assim se me concentrar enquanto faço compras; mas é sempre um caos com as crianças no carrinho pedindo bolachas. E se eu fizesse as compras nos domingos pela manhã, enquanto as crianças estão em casa com você, para que eu possa me concentrar? Isso seria de grande ajuda. (*Observe como isso é específico. Economizar dinheiro em artigos de importância não é apenas "esforçar-se*

O que fazer se os seus números forem muito ruins?

É fácil enganarmos a nós mesmos quando nos sentimos impotentes. Algumas pessoas negam a verdade ("As coisas não estão assim tão ruins!"). Outras se agarram aos filhos ou ao cônjuge ou levam o cachorro para passear.

Eu me consolo no mundo implacável dos negócios, onde encontro inspiração nas técnicas rigorosas de redução de custos.

Falo sério. Quando as empresas crescem demais e contratam ou se expandem excessivamente, são extremamente eficazes em reconhecer isso e em fazer mudanças – com rapidez. Caso contrário, acabarão falindo. As empresas "ajustam o seu tamanho" cortando pessoal, diminuindo o espaço de escritórios e redefinindo metas. A velocidade com que essas empresas se adaptam para sobreviver deveria servir de inspiração para nós.

Infelizmente, a maioria de nós não faz o mesmo com suas finanças pessoais. Nós ignoramos o problema. Silenciosamente esperamos que se resolva sozinho. Pensamos em soluções ambiciosas ("Precisamos apenas ganhar mais dinheiro!"). Mas o que realmente precisamos fazer é reconhecer a situação real e operar grandes mudanças rapidamente, assim como fazem as empresas multimilionárias.

Deixem-me explicar a que me refiro quando falo em "grandes mudanças": vender a sua casa e alugar um apartamento é uma grande mudança. Vender o seu carro bom e adquirir um velho e usado é uma grande mudança, assim como tirar os seus filhos de atividades extracurriculares caras. Essas mudanças são impensáveis para a maioria de nós e nós *tentaremos fazer de tudo, menos o que for realmente necessário.* Contudo, se parece não haver remédio para os seus números, talvez precisem fazer exatamente isso.

A minha filosofia: as mudanças virão *de* vocês ou *para* vocês. Eu prefiro que venham de vocês. Chega de evitar o problema. Tomemos a iniciativa!

mais" ou ter intenção. Trata-se de descascar cuidadosamente as camadas da logística para descobrir por que a despesa está tão elevada e como é possível diminuí-la.)

— Ah, tudo bem para mim. Eu posso fazer isso.

— Obrigada! Isso vai ser muito bom. Adoro a ideia de fazermos isso juntos. *(Aproveitem todas as oportunidades para comemorar e se reconectar com a sua vida rica.)*

Excelente.

O FUNDO DE EMERGÊNCIA DO CASAL

Eu adoro um fundo de emergência sólido. É um porto financeiro que me proporciona a segurança de saber que eu e a minha família ficaremos bem mesmo que algo corra mal. Quando vocês mais precisarem, saberão que ele estará lá. Façam contribuições mensais a esse fundo, e assim, de maneira lenta, porém segura, fortalecerão a sua posição financeira.

Os fundos de emergência levam muito tempo para ser abastecidos – muitas vezes são anos de contribuições lentas e metódicas. Isso é ótimo! Acrescentem o fundo como um item na seção de poupança do seu PGC. Então, definam transferências automáticas de 3% (ou mais) da sua renda líquida para uma conta de poupança exclusiva (talvez a chamem de "Só para Caso de Emergência!"). O objetivo é reunir uma quantia suficiente para cobrir de três a seis meses de despesas essenciais – suficiente para manter as luzes acesas, a geladeira abastecida, as despesas de moradia pagas e gasolina no carro, e também pagamentos mínimos de dívidas. Vocês podem calcular essa quantia somando a seção de custos fixos do seu PGC e multiplicando por três ou seis – o número de meses que vocês escolheram.

Esse dinheiro será guardado numa conta poupança independente, e vocês devem tratá-la como se fosse invisível. Quando surgir uma emergência, porém, poderão tomar providências rapidamente. Se um ente querido adoecer do outro lado do país e precisar de vocês, basta ir até o aeroporto e pegar um voo – qualquer voo – sem nem parar para considerar o preço. Foi para isso que pouparam.

Eu recomendo que vocês conversem sobre o que consideram ser uma emergência, a fim de contarem com uma lista clara de situações que justifiquem o uso do seu fundo de emergência. O fundo não deve ser usado para cobrir despesas quando a sua conta-corrente estiver com pouco saldo, para compras grandes para as quais vocês não pouparam *("Seria bom comprar aquela televisão de 75 polegadas agora, enquanto está em promoção, e devolvemos ao fundo de emergência no próximo mês")*, nem para ajudar a pagar a entrada de uma casa ou de um carro.

Eu detesto pensar que um dia a minha família possa ter de enfrentar uma emergência, mas me traz conforto saber que temos o nosso fundo, aguardando tranquilamente o momento em que será necessário.

O prazer de gastar sem culpa

Gastar sem culpa é minha parte favorita do "Plano de Gastos Conscientes" porque é a que me proporciona mais alegria, seja essa versão de alegria um café de origem especial, uma boa massagem, uma tarde de golfe, aulas de salsa ou comer fora.

O seu "Plano de Gastos Conscientes" mostrará quanto poderão gastar sem culpa. (Isso é importante porque a quantia em sua conta bancária irá oscilar, mas o seu PGC estará lá para orientá- os.) Suponhamos que o plano lhe diga que vocês têm 1.000 dólares por mês em despesas sem culpa, e que você e seu parceiro decidam dividir essa quantia meio a meio. E agora?

- Cada um de vocês é responsável por 500 dólares.
- Todos os meses, quando se reunirem para falar de dinheiro (veja mais sobre isso no Capítulo 10), vocês compartilharão quanto gastaram desse valor de 500 dólares. Isso não leva muito tempo, porque vocês estão apenas relatando um valor que pertence a vocês; por isso não vem ao caso se gastaram 400 ou 423 dólares. Trata-se somente de uma oportunidade para confirmar que ambos estão bem no que diz respeito a gastar sem culpa – e para compartilhar alguma alegria. ("A minha massagem foi excelente. Devíamos ir juntos mês que vem!")
- Se vocês excederem o seu valor para gastar sem culpa, é sua responsabilidade mencionar e corrigir isso.
- Se vocês não usarem as suas quantias para gastos sem culpa, tudo bem; vocês podem acumular esses valores. Mas não façam disso um hábito. Assim como algumas empresas insistem para que seus funcionários tirem férias todo ano, eu insisto que vocês usem o dinheiro todo mês. É importante que vocês desenvolvam a capacidade de gastar dinheiro de maneira proveitosa.

PERGUNTEM-SE SEMPRE: "O QUE É QUE NÓS GANHAMOS?"

Mais uma coisa apenas. Eu trabalho longas horas, às vezes nos fins de semana, e assumo muitos riscos. Sempre me pergunto: *"O que ganho com isso?"*.

Vocês deviam se perguntar a mesma coisa. Vão em frente! Estendam a mão, com a palma para cima – como se estivessem prestes a receber dinheiro – e se perguntem: *"O que ganhamos? Fazemos todas essas mudanças para economizar centenas de dólares todos os meses, e o que ganhamos com isso?"*.

Vocês precisam responder a essa pergunta por si mesmos, porque ela diz respeito exclusivamente à sua situação. Talvez o que vocês ganhem seja para pagar uma dívida sufocante. (Duzentos dólares a mais por mês podem lhes poupar mais de dois anos de pagamentos num saldo de 10 mil dólares no cartão de crédito). Talvez vocês pudessem levar seus filhos para visitar os avós duas vezes por ano. A escolha é de vocês.

Por esse motivo é tão importante fazer grandes mudanças em seus gastos – eu uso a frase "Cortar custos sem dó", e não estou brincando – para que vocês tenham consciência do destino do seu dinheiro. Quando vocês tiverem uma visão perfeitamente clara da sua vida rica e perguntarem com frequência a si mesmos "O que é que nós ganhamos?", saberão que estão financiando a sua visão relacionada à compra de um veleiro ou à construção do jardim dos seus sonhos no quintal – ou tudo aquilo que for importante para vocês. Isso é profundamente gratificante e extremamente motivador.

Vocês trabalham duro. Estão lendo este livro juntos. O que ganham com isso?

LISTA DE VERIFICAÇÃO DO CAPÍTULO 7

- ☐ No decorrer das três conversas, elabore com o seu parceiro o "Plano de Gastos Conscientes" de vocês.

    1. A primeira conversa é leve e descontraída – apenas coloquem no papel as suas melhores estimativas sobre as suas despesas, como um primeiro esboço.
    2. A segunda conversa abre espaço para que vocês forneçam detalhes sobre despesas reais, incluindo os próximos doze meses.
    3. É na terceira conversa que você e o seu parceiro se comprometerão a realizar grandes mudanças para reequilibrar as suas despesas de maneira a ajustá-las à sua visão de uma vida rica.

- ☐ Assumam conjuntamente a responsabilidade pelo seu PGC. Façam "Reuniões mensais sobre dinheiro" (ver página 201) a fim de realizar ajustes e permanecer no rumo certo. Agora o dinheiro é uma parte regular e positiva da vida de vocês!

- ☐ Abram uma conta-poupança exclusiva para o seu fundo de emergência e estabeleçam transferências automáticas, mesmo que se trate de uma quantia pequena. Com o passar do tempo, vocês construirão o seu "colchão" financeiro.

- ☐ Lembrem-se de se perguntarem *"O que ganhamos?"* por reajustarem as suas despesas. E lembrem-se também de redirecionar o dinheiro que economizaram para algo que seja do interesse de vocês – pagar dívidas, aumentar poupança e investimentos ou gastar sem culpa.

CAPÍTULO 8

CONTROLANDO AS SUAS DESPESAS

Controle as despesas invisíveis, elimine os gastos excessivos e recupere o seu tempo

Há uma piada recorrente entre os médicos: um paciente vai fazer um check-up de rotina e o médico lhe pergunta como estão as coisas. O paciente faz que sim com a cabeça "Sim, tudo vai bem!". Eles conversam por mais alguns minutos, a consulta termina e o médico começa a se retirar. Ele já ia passando pela porta quando de repente ouve o doente dizer: "Ah, sim, doutor, eu já ia me esquecendo de dizer... Faz seis dias que estou com um sangramento na nuca".

Isso acontece o tempo todo no meu podcast. As pessoas vêm e dizem com muita seriedade: "Nós não sabemos para onde está indo o nosso dinheiro!". Então, depois de conversarmos por três horas eles deixam escapar de repente uma verdadeira bomba que me deixa de queixo caído.

Lembro-me de um casal do Kansas: Austin e Annie. Eles ganhavam muito bem numa região onde o custo de vida era baixo – tinham uma renda familiar de 130 mil dólares. Se estivessem lidando bem com o seu dinheiro, Austin e Annie poderiam estar numa situação financeira maravilhosa. De algum modo, porém, o dinheiro estava escapando do controle deles.

Pelo menos foi o que pareceu durante uma hora, enquanto conversávamos a respeito das contas do supermercado, do custo da comida entregue em domicílio e outras áreas sobre as quais eles discordavam. Mas subitamente, e de maneira casual, Ana mencionou as ferramentas de Austin. "Ferramentas? Que ferramentas?" Eu descobri depois que para o seu trabalho, que Austin descreveu como "tornear chaves inglesas", ele gastava entre 1.500 e 2.500 dólares *por mês* em ferramentas.

— Um ano atrás eu tinha uma dívida de 36 mil dólares só em ferramentas — Austin me disse. — E o preço mais alto que já paguei por um carro foi de 3 mil dólares. Minha caixa de ferramentas custou mais do que qualquer um dos veículos que já comprei.

Eu, que não sei diferenciar uma chave Phillips de uma chave de ponta plana, não fazia ideia de que havia caixas de ferramentas tão caras. Mas entendo por que Austin não mencionou isso antes. Quando algo está fortemente enraizado em nossa identidade – como acontece com Austin e suas ferramentas – a nossa mente recorre a uma variedade de técnicas para nos poupar de enfrentar o problema. *Para onde está indo todo o nosso dinheiro? Não, não podem ser as minhas ferramentas. Eu as uso todos os dias.*

Por esse motivo é fundamental pôr os números no papel: isso desmonta as narrativas que criamos para os nossos gastos e torna as "despesas invisíveis" claramente visíveis. As coisas ficaram bastante claras para Austin e Annie: quem ganha 130 mil dólares e sofre com o preço das compras não pode se dar ao luxo de gastar dezenas de milhares de dólares em ferramentas.

DESPESAS INVISÍVEIS

Quando eu examino Planos de Gastos Conscientes dos casais, as principais categorias em que noto gastos exagerados são moradia e carros. Mas não termina aí. Há muitas despesas invisíveis que deixam as pessoas impressionadas.

Despesas invisíveis são aquelas que inconscientemente nós não queremos enfrentar. Aplicamos truques psicológicos a nós mesmos para permanecermos sem saber. Eis como as despesas se tornam invisíveis:

Despesas que fazem parte da sua identidade. Para mim – um cara que não tem nem mesmo um martelo – era evidente que Austin estava gastando demais em ferramentas. Mas nem ocorreu a Austin que ferramentas de 100 mil dólares poderiam representar um problema. Ele arranjou uma justificativa bastante lógica: "Preciso delas para o trabalho". Austin precisa de 100 mil dólares em ferramentas tanto quanto eu preciso de uma nave espacial para ir até o supermercado.

Trata-se de uma situação comum de identidade – *eu preciso desse item para ser a pessoa que eu acredito que seja.* Você verá a mesma coisa para caminhões, bolsas extravagantes, atividades infantis caras, casas e viagens. Eu quero que você trabalhe para obter as coisas que adora, mas é preciso que possa pagá-las antes de comprá-las. No meu entendimento, quando se trata de examinar os nossos gastos tudo está sobre a mesa, até as coisas que nos tornam quem somos. Você terá de mudar sua identidade se quiser viver uma vida rica. Não encare isso como uma perda. Pense no próximo capítulo da sua vida.

Deslocamento mental. A nossa mente nos prega peças. Quando pensamos em nossos gastos, levamos em conta algumas despesas, mas ignoramos outras. Trata-se de "deslocamento mental". Por exemplo, é espantoso o número de pessoas que tem centenas de milhares em empréstimos estudantis e não se preocupa com essa parte da dívida. Quando lhes pergunto sobre suas finanças, elas muitas vezes respondem "Está tudo bem". Quando pergunto sobre os 150 mil dólares em empréstimos estudantis, elas riem e respondem "Ah, isso não conta. Vou levar isso para a cova". Também ignoram despesas pontuais, tais como férias ("Tirei só uma vez, na primavera passada") e despesas supérfluas como maquiagem ou lanches ("Foi apenas um pequeno mimo").

Permitam-me ser bem direto nesse ponto: não importa se vocês compraram algo uma vez, ou quando estavam cansados, ou se chovia quando compraram. Tudo conta!

Curiosamente, as pessoas também se valem do deslocamento mental ao contrário, quando não consideram o dinheiro que de fato têm. Por exemplo, cerca de 40% das pessoas não levam em conta os seus fundos de aposentadoria quando eu lhes pergunto quanto dinheiro possuem. Elas dizem: "Eu não penso nesse dinheiro como algo real. Está guardado em minha conta de aposentadoria". Mas *é* real! Por isso é tão importante registrar os nossos números e os verificarmos juntos.

Não contabilizar o verdadeiro custo das despesas ocasionais. O cérebro humano realmente deixa a desejar quando se trata de grandes despesas. Em primeiro lugar, falhamos em considerar os custos-fantasmas (veja o quadro na página seguinte), ou seja, todos os custos que não figuram no preço de etiqueta. Por exemplo, eu adiciono 50% ao preço do meu hotel para contabilizar os impostos, as gorjetas e as refeições.

Mas o nosso desempenho é ainda pior quando poupamos para despesas pontuais, sobretudo as "inesperadas". Se você planeja desfrutar de férias que lhe custarão 2.500 dólares daqui a doze meses, então deveria poupar cerca de 210 dólares todos os meses. E suponhamos que você tenha de substituir o seu telhado daqui a doze anos aproximadamente, e que o preço disso será de 15 mil dólares. Isso significa que você deve separar, a partir de hoje, 100 dólares por mês. (Quem faz algo assim? Quase ninguém.)

Planejar com antecedência é o que eu entendo por passar à ofensiva. Quando você abandona o hábito de reagir a problemas financeiros e passa a olhar para o futuro, você se presenteia com o privilégio de estar preparado, independentemente do que possa acontecer. Você percebe por que faz tanto sentido, financeiramente falando, realizar e manter grandes aquisições como um carro e uma casa, onde a verdadeira economia ocorre depois dos primeiros anos (a diferença entre manter um carro de 40 mil dólares por quatro anos e doze anos é de espantar). A maioria de nós não pensa assim. Nós simplesmente tropeçamos nas despesas durante a vida inteira, sempre sentindo que estamos tentando "recuperar o atraso" – porque estamos!

Três letras que mudarão o modo como você encara o dinheiro: CTP

A primeira prestação do meu carro foi de 350 dólares. Mas, quando eu somei todas as despesas ocultas do meu carro, incluindo custos-fantasmas como gasolina, estacionamento, seguro, tíquetes de estacionamento e manutenção, vi que estava pagando mais de mil dólares por mês É por esse motivo que sou obcecado com o custo real das coisas. Não apenas com o preço de etiqueta, mas o CTP, ou custo total de propriedade.

A maioria de nós simplesmente olha para o preço na etiqueta, sem nunca considerar os custos-fantasmas; e depois nos perguntamos por que as coisas parecem escapar ao nosso controle. Uma das melhores competências financeiras que podemos desenvolver é a contabilização de todos os custos-fantasmas nas grandes compras. Lembre-se: você não quer ser surpreendido por suas finanças.

Custo total de moradia: Eu acrescento 50% ao preço de uma hipoteca. Isso engloba seguros, manutenção, impostos e reparos.

Custo total do carro: é preciso contabilizar não apenas o pagamento mensal, mas também o seguro, a manutenção, os reparos, a gasolina, o estacionamento etc. Os seus três maiores trunfos são (1) a escolha do carro, (2) a taxa de juros e (3) o tempo de posse do carro. Compre de forma inteligente, porque você provavelmente gastará dezenas de milhares de dólares a mais do que o valor mostrado na etiqueta.

Você pode concordar com os meus números ou discordar deles – isso não vem ao caso. Mais importante é que você leve em consideração os custos-fantasmas, porque eles irão somar centenas de milhares de dólares no decorrer da sua vida.

COMPREENDENDO AS DESPESAS EXCESSIVAS

Um dos meus conceitos favoritos em psicologia social é o da dissonância cognitiva, que descreve o modo como as pessoas lidam com duas ideias conflitantes e contraditórias. Por exemplo, todos sabem que fumar é prejudicial. E quase todos acreditam que ter saúde é importante. Sendo assim, como os fumantes justificam o ato de fumar? "Todos nós vamos morrer um dia. Melhor aproveitar o meu tempo aqui."

Todos nós sabemos que dívidas de cartão de crédito são ruins; por que então há pessoas que continuam gastando quando não têm dinheiro para isso? "Pelo menos eu não sou como o Gerry, que tem 50 mil dólares em dívidas de cartão de crédito!" (A propósito, é por isso que reality shows são tão populares.)

As pessoas são muito boas em justificar comportamentos que não fazem sentido. Lembra-se dos tipos em finanças que abordei no Capítulo 2? Os Sonhadores (página 64) são os mais habilidosos em racionalizar gastos irracionais – e os mais inclinados a isso. Sem entender como a mente humana interpreta determinado comportamento, são poucas as chances de mudá-lo.

Eis o que os que gastam demais dizem a si próprios:

"Está tudo bem!" As pessoas que gastam demais, em sua maioria, não se dão conta de que estão gastando demais porque nunca prestaram atenção de fato aos seus números. É evidente que dão uma rápida olhada nas compras individuais. Talvez até já tenham espiado a fatura do cartão de crédito e lamentado. Mas nunca avaliaram totalmente o seu quadro financeiro, incluindo o seu patrimônio líquido, a taxa de poupança, taxa de investimento e todo o resto incluído no Plano de Gastos Conscientes. Surpreendentemente, eu falo com frequência com casais que gastam mais do que ganham todos os meses e *nem têm ideia disso.*

"Eu mereço isso!" Pessoas que gastam demais têm determinada ideia de como sua vida deveria ser, e essa ideia muitas vezes está desligada da realidade das suas finanças. Se sondarmos os motivos que as levam a gastar demais, no mais das vezes receberemos uma resposta como esta: "Eu trabalho duro e mereço poder comer uma boa refeição". Talvez sim, mas se eu perguntar: "Como você sabe o que pode pagar?", ninguém consegue me dar uma resposta.

"Mas eu não faço isso todos os dias." Pessoas que gastam demais se valem de uma técnica sagaz: dizem a si próprios que cada custo é somente uma despesa ocasional. "Eu não tiro férias todas as semanas. Essa foi uma ocasião especial: o meu aniversário de

40 anos!" Se essas pessoas fossem realistas em relação aos seus gastos nesses artigos pontuais – carros, viagens, jantar em restaurantes, roupas –, elas teriam de arcar com as consequências de suas ações. Com o tempo, as suas escolhas de gastos tornam-se a sua realidade: "Eu não abro mão de me hospedar no Ritz-Carlton". Elas evitam uma contabilidade séria porque sabem, no fundo, que estão gastando demais.

"Quero que os meus filhos tenham mais do que eu tive." Esse é um roteiro invisível profundamente norte-americano, a indiscutível justificativa que usamos para gastar excessivamente e para nos mimarmos em demasia. Afinal de contas, quem iria criticar uma pessoa por querer dar aos seus filhos uma vida maravilhosa? A resposta é: Ramit Sethi a criticaria. Quando uma pessoa quer realmente que seus filhos tenham mais do que ela teve, ela começa dando o exemplo e mostrando-lhes como ter uma relação saudável com o dinheiro. Ensina aos filhos a palavra "não" e lhes explica por quê. Essa pessoa sabe que amar os filhos não é simplesmente dar a eles tudo o que pedem, mas sim ensiná-los a serem hábeis com dinheiro – e essa habilidade começa com os pais.

Gastar excessivamente pode parecer algo arrasador, mas em quase todos os casos com que me deparei as pessoas que gastavam demais eram desprovidas dos fundamentos básicos: não tinham uma visão ampla das suas finanças, não tinham ideia da destinação que queriam dar ao seu dinheiro e não contavam com poupança nem investimento automáticos. Tudo isso pode ser corrigido! Você já conhece a sua visão e os seus números. Nós logo trataremos da automatização. Se você estiver gastando demais, é hora de reescrever a sua identidade. Juntamente com o seu parceiro, comece respondendo às seguintes perguntas:

- Como podemos descrever a nossa relação com o dinheiro no presente momento?
- Como queremos que seja no futuro o nosso relacionamento com o dinheiro? (Seja específico).
- Que mudanças nós dois estamos dispostos a fazer para conseguir?

Uma pessoa que gasta demais pode mudar?

Sim, sem dúvida – se tiver uma razão para mudar. Infelizmente, querer mudar raramente basta. Se bastasse, já teria funcionado.

Um motivador poderoso é a visão clara e vívida de uma vida rica. Quando você e o seu parceiro conseguem ver o local exato que querem visitar, ou ver a alegria nos rostos dos seus filhos quando exploram um parque nacional pela primeira vez, então comprar coisas aleatoriamente torna-se de súbito menos atraente do que as recompensas da sua poderosa visão compartilhada. (Reveja o Capítulo 3 para elaborar ou aperfeiçoar a sua visão.)

Para os pais, o que mais motiva é a constatação de que seus filhos estão observando – e assimilando – a sua relação com o dinheiro. Se os pais tiverem mentalidade de escassez, os filhos provavelmente terão também mentalidade de escassez. Se a mãe é quem administra o dinheiro enquanto o pai o ignora, a sua filha provavelmente assimilará a lição de que as mulheres é que devem controlar o dinheiro, e os homens não se preocupam com isso.

Usem essa motivação! Perguntem uns aos outros: "Se tivéssemos de ser brutalmente honestos, como diríamos que os nossos filhos descreveriam o modo como lidamos hoje com o dinheiro? Queremos que eles nos vejam discutir por causa das nossas finanças? Se não mudarmos nada, como eles lidarão com o dinheiro em seus relacionamentos futuros?

Se você não tem filhos, olhe para dentro de si mesmo: de que você precisa para mudar? Que visão seria impactante o suficiente para levar você a mudar o seu comportamento em relação ao seu dinheiro?

"Nós podemos pagar por isso?"

A maneira como pensamos se podemos pagar por algo costuma basear-se em nossos sentimentos no momento, no saldo em nossa conta-corrente ou na direção que sopra o vento. Quantas vezes vocês já fizeram a si mesmos perguntas como estas:

- Podemos pagar 50 dólares pelo jantar?
- Podemos comprar aquele celular de mil dólares?
- Podemos pagar 5 mil dólares para tirar férias em família?

Essas são as perguntas erradas a se fazer. Quando vão decidir se podem pagar por determinada coisa, eis a maneira correta de se pensar na questão:

- Nós estamos contribuindo automaticamente com 5%-10% do nosso salário líquido para as nossas contas-poupança todos os meses?
- Estamos contribuindo automaticamente com 5%-10% (de preferência mais) todos os meses para as nossas contas de investimento?
- Podemos pagar por esse item ou experiência sem contrair dívidas?

QUANDO O SEU PARCEIRO GASTA DINHEIRO DEMAIS

Você já sabe que o seu parceiro gasta além da conta. Pode ser frustrante e penoso vê-lo estragar repetidas vezes os seus planos compartilhados de uma vida rica. O seu trabalho é compreendê-lo a fundo e conceber um plano para convencê-lo. (Eu gostaria que você não precisasse assumir esse papel, mas se quiserem realizar juntos uma autêntica mudança você terá de dar o primeiro passo.)

Quando vocês iniciarem essa série de conversas, lembre-se de que já elaboraram uma visão e examinaram seus números juntos. Reserve um segundo para recordar ao seu parceiro que vocês já percorreram um bom caminho, e depois siga em frente com uma atitude positiva e genuína curiosidade.

ABORDAGEM INICIAL

O objetivo é simplesmente fazer com que concordem em ter uma conversa sobre as suas despesas.

Tente: "Quero ter uma conversa em que possamos falar sobre encontrar maneiras de nos sentirmos bem em relação ao nosso dinheiro. Qual é o melhor momento

---

Se a resposta a todas essas perguntas foi "sim", parabéns! Vocês provavelmente podem pagar (ver página 244 para ter orientações mais específicas).

Não use o seu cartão de crédito para comprar coisas que você não possa pagar até o fim do mês. Não quero que se endividem por nada, a não ser uma casa e um carro. Não contraia dívida para comprar uma grelha. Não contraia dívida para comprar roupas. Não contraia dívida para desfrutar de férias. *Não faça* a compra se ela não for coberta pelo dinheiro livre de culpa que você economizou especificamente para pagá-la.

Quando eu dou às pessoas essa orientação claramente e sem rodeios, elas muitas vezes se chocam. *Mas então como compraremos as coisas?* A resposta: vocês não vão comprar! Vocês economizam e *depois* poderão comprar. Se as coisas não estão correndo do modo que vocês desejam, é hora de perguntar: "O que especificamente nós podemos cortar a fim de redirecionar fundos para essa compra futura?".

Saber se podemos pagar por algo começa com números, não com sentimentos. Por mais indigesto que seja afirmar isso, às vezes os nossos sentimentos *não têm tanta importância*. A acessibilidade diz respeito a números, sobretudo. Verifique a parte financeira – *depois* vocês podem avaliar se um artigo é valioso o bastante, e se se encaixa em sua vida rica para que gaste dinheiro com ele.

para conversarmos?". *(Note que você não está conversando ainda, está apenas buscando um pequeno acordo pedindo-lhe que reserve algum tempo para falarem sobre o assunto. Isso permitirá que seu parceiro se prepare mentalmente e não se sinta "emboscado".)*
Evite: "Nós precisamos conversar sobre os seus gastos."

DESENVOLVENDO O PLANO

Os *detalhes* são fundamentais nesse caso. Quando eu ajudo pela primeira vez casais que fazem gastos excessivos, invariavelmente ouço a palavra *tentar*; por exemplo, "Acho que preciso tentar com mais empenho".

Não. Eu não "tento" tomar banho todos os dias, nem vou "tentar" parar de gastar demais. Quando algo é prioritário para mim eu faço um plano, identifico as áreas nas quais eu possa falhar e depois enfrento o problema com força total.

Por exemplo, se o seu parceiro gasta demais comendo fora, pergunte-lhe quanto dinheiro ele pode gastar comendo fora de acordo com o Plano de Gastos Conscientes (você deve *perguntar* isso, não dizer, porque perguntando você o envolve na situação). Depois pergunte-lhe qual é o seu plano. Um plano ruim seria "Vou me esforçar mais". Um bom plano seria "Eu percebi que como fora sempre que estou cansado. Vou fazer um planejamento – preparar as refeições no domingo, por exemplo – para levar o almoço para o trabalho. Continuo querendo comer fora, mas limitarei isso a duas vezes por semana". Esse, sim, é um plano digno do nome.

Seguem outras sugestões para quem gasta demais:

- O gastador deve conhecer os seus números e encontrar uma forma de controlar os seus gastos. A responsabilidade é dele, não do seu parceiro.
- Pessoas que gastam demais estão quase sempre cercadas de tentações. Se gastam excessivamente no supermercado, elas recebem avisos sobre promoções no estabelecimento. Se gastam demais na Starbucks, passam pelo lugar de propósito todo dia. Concentre-se em mudar o seu ambiente se quiser operar mudanças reais em seus gastos.
- Usem a "Reunião mensal sobre dinheiro" para se inteirarem a respeito dos gastos de cada um. Seja paciente com o seu parceiro: desenvolver uma nova habilidade trará alguns percalços. O importante é que ele esteja aberto à mudança e disposto a realizar a mudança.
- Se for absolutamente necessário, você pode usar a técnica do "envelope", em que uma pessoa recebe uma determinada soma de dinheiro para o mês, e quando esse dinheiro acaba, não há mais. Essa técnica não me agrada muito, porque afeta a estrutura de contas que vou desenvolver no Capítulo 9. Mas é uma alternativa para casos graves de gasto excessivo.

ACOMPANHAMENTO SE HOUVER UMA PEQUENA MELHORA

Tente: "Eu reparei que alcançamos o nosso valor de gastos sem culpa esse mês! Eu tenho de dizer que agradeço muito. Significa muito para mim!" *(Faça elogios sem indicar os próximos passos. Deixe acontecer o momento bom! Vocês sempre poderão falar nos próximos passos em outra ocasião.)*
Evite: "Que ótimo. Mas agora vamos falar sobre..."

ACOMPANHAMENTO SE NADA MELHORAR OU SE AS COISAS PIORAREM

Tente: "Eu sei que falamos sobre fazer uma mudança em nossas finanças. Como acha que estamos nos saindo?" *(O assunto deveria ser discutido numa Reunião Mensal sobre Dinheiro – não sem mais nem menos. Críticas aleatórias a respeito de dinheiro nunca produzem mudanças positivas. Elas provocam reações defensivas. Se após várias conversas as coisas não mudarem, talvez seja o momento de falar mais seriamente.)*
Em seguida, tente: "Ter essa conversa me deixa nervoso, mas eu sei que preciso fazer isso. Cerca de duas semanas atrás, você e eu concordamos em monitorar nossos gastos em restaurantes e em bebidas. Você disse que seria o responsável, mas eu vi que mais uma vez nós gastamos mais que o estipulado em nosso plano. Pode me dizer o que aconteceu?" *(Deixe que o seu parceiro responda. É provável que ele desvie a conversa para outro tema não relacionado, ou que devolva a pergunta a você. Recoloque-o no rumo.)* "Pode me dizer o que vai fazer a respeito disso?" *(O segredo é deixar que o seu parceiro apresente a solução. Se não foi você quem causou o problema, não se envolva na solução.)*
Por fim: "Como você vai garantir que essa solução se mantenha?"
Termine redirecionando para a estrela-guia: "É muito importante que você tenha isso sob controle, porque nós temos de trabalhar juntos para gastar o nosso dinheiro como uma equipe."
Evite: "Eu sabia. Você sempre diz que vai mudar, mas nada acontece."

Não importa se o problema são gastos exagerados ou alguma outra aflição financeira – deve haver apoio mútuo para que as coisas melhorem. Podemos criar a estrutura perfeita de reunião, e dizer exatamente as coisas certas, e ainda assim é possível que nada mude. A realidade é essa. Isso dito, eu costumo acreditar que quando as pessoas dizem que "tentaram de tudo", elas na verdade não tentaram muito. Eu acredito que quase sempre exista uma possibilidade de melhorar o modo como pensamos, falamos e nos comportamos em relação ao dinheiro. Às vezes, contudo, o nosso parceiro não concorda.

Você perceberá porque sentirá que o está arrastando consigo. Raras vezes ele contribui. Em lugar disso, espera que você dê alguma sugestão e depois concorda a contragosto. Se você nunca mais falasse em dinheiro, ele ficaria muito contente por nunca mais ter de conversar sobre isso. E você sentiria um aperto no coração se eu lhe perguntasse o seguinte: "O seu parceiro está ajudando ou prejudicando o seu avanço rumo a uma vida rica?".

E ainda há a pergunta mais séria, aquela que é verdadeiramente difícil de fazer: "Esse é o melhor parceiro que você poderia ter para a sua vida financeira nos próximos 20, 30, 40 anos?".

Em resumo, as reuniões e os roteiros só funcionarão se o seu parceiro quiser de verdade criar uma vida rica juntos. Por esse motivo ele é o seu parceiro. Se por meio de palavras e ações ele lhe revelar que não é um autêntico parceiro, então você saberá que é chegada a hora de fazer a si própria perguntas ainda mais difíceis.

TAREFAS DE BAIXO VALOR VS. TAREFAS DE ALTO VALOR

Tarefas de baixo valor

- Fazer comparação de preços para economizar 2 dólares em mirtilos.
- Acessar o aplicativo do seu cartão de crédito todos os dias para se assegurar de que está tudo bem.
- Sentir-se culpado por não ter introduzido todos os seus gastos num aplicativo.

Tarefas de alto valor

- Descobrir como fazer os seus gastos se encaixarem nas quatro categorias do Plano de Gastos Conscientes.
- Criar uma visão grande e poderosa de uma vida rica e usar os seus gastos mensais para chegar lá – mesmo que leve tempo economizar e investir.
- Falar sobre dinheiro de maneira positiva e proativa todos os meses – juntos.

ONDE QUASE TODOS NÓS PODEMOS FAZER CORTES

Para 90% das pessoas com quem falo, a alimentação – seja comer fora, seja encomendar – é a maior categoria na qual há dinheiro para poupar e redirecionar para algo que importa mais. Não é nenhum mistério. A maioria das pessoas gasta em demasia nessa área. Como eu sei disso? Porque é o que vocês me dizem. Nunca em toda a minha vida ouvi alguém dizer: "Minha vida rica é pedir comida quente no Chipotle".

As despesas com restaurantes parecem escapar facilmente ao nosso controle, por muitas razões. Comida é emocional – comprar uma refeição é bem mais do que apenas fome; é questão de conveniência, impulsividade, recompensa e muito mais (ver Jennifer e Andrew na página 151).

Para um casal, controlar gastos com restaurantes e entregas de comida em domicílio pode ser uma tarefa complicada: um dos cônjuges pode comprar o almoço no trabalho. O outro pode ter um jantar mensal com amigos. Você pede uma pizza para as crianças e paga com uma nota de vinte que traz no bolso do seu casaco. Você compra algo para comer no caminho para casa e está sem o cartão de crédito certo. Talvez vocês tenham filhos crescidos e enviem a eles dinheiro pelo Venmo para que comam com os amigos. É uma desordem, e pode escapar ao controle com facilidade.

Eu compreendo. Como se pode mudar essa situação? É disso que falaremos agora.

Para fins de monitoramento, fique atento à utilização do mesmo cartão de crédito para tudo o que conte como comer fora. Isso será útil. Em segundo lugar, sejam gentis e solidários um com o outro – mudar hábitos alimentares pode ser um desafio.

Eu pedi à minha comunidade que compartilhasse as suas experiências sobre redução de fundos destinados a comer fora/encomendar comida e o redirecionamento desse dinheiro:

> "Durante a pandemia nós encontramos um açougueiro que começou a fazer entregas em domicílio, e continuamos fazendo uma encomenda mensal. Congelamos a carne, por isso sempre temos deliciosos cortes prontos para serem cozinhados todas as noites. Agora que fazemos as noites da semana em casa, comer fora no fim de semana é algo que não nos preocupa."
>
> — *Mary*

Como reequilibrar as coisas quando se gasta demais

Em nossa "Reunião mensal sobre dinheiro", minha mulher e eu recentemente descobrimos que gastamos *bem* mais do que pensávamos numa viagem a Nova York. Olhamos um para o outro com cara de espanto, e começamos a investigar a fim de descobrir o que havia acontecido. Depois que descobrimos — os gastos com hospedagem e alimentação foram maiores do que o que havíamos planejado - o problema foi resolvido: ajustamos a quantia que estamos guardando para a nossa próxima viagem a Nova York e cortamos nas refeições e em alguns outros itens, o que acabará equilibrando as nossas finanças com o tempo.

Problemas aparecerão - isso é garantido! Mas se vocês se planejarem, esses problemas não serão existenciais. Eles se tornarão algo que vocês poderão examinar juntos, como cientistas com um microscópio.

Será que levamos em conta todos os custos-fantasmas?

Deixamos de registrar nossos números principais?

Como podemos melhorar para que esse tipo de coisa não volte a acontecer?

Falhas ocorrem em qualquer sistema. O importante é resolvê-las como uma equipe - e fazer uma correção para que o problema não volte a acontecer.

"Acho que a parte mais difícil de não comer fora é a perda da vibração. Ainda tento descobrir como conseguir a energia de estar num restaurante cheio de gente – isso é o que eu mais gosto quando janto fora. Um dos meus objetivos de vida rica é promover um jantar colaborativo com os amigos, no qual todos trazem algo – não deixa de ser economicamente eficiente, a comida é mais fresca e posso captar todas as vibrações sociais!"

— *Lauren*

"Estávamos comendo fora de cinco a seis dias por semana; a única refeição que fazíamos em casa era o desjejum! Agora cozinhamos todas as quartas-feiras e domingos, e comemos as sobras pelo menos uma noite, o que nos permite economizar um bom dinheiro. Eu destino a minha parte à dívida do cartão de crédito. Após um longo dia é difícil ter de cozinhar e depois limpar tudo, mas ver a dívida diminuir é o nosso prêmio."

— *Rosana*

O TARGET NÃO É A SUA VIDA RICA

Eu imploro: por favor, *por favor*, parem de postar nas redes sociais memes sobre gastar demais no Target. O que eu terei de fazer para não me deparar mais com esses memes sempre que abro o Instagram? Devo fechar minhas contas? Todo o meu negócio? Só me diga, e eu farei qualquer coisa para que isso pare.

Você sabe de que memes eu estou falando:

"LOL! Fui ao Target comprar filme-plástico e saí de lá com US$ 300 em compras! Nem sei o que comprei! Alguém mais faz isso??"

É de coração que lhe digo: você é bom demais para isso. A sua vida rica não pode ser comprar mercadorias numa loja de varejo e depois se gabar de que nem mesmo sabe o que comprou.

Ouço muitas pessoas fazendo piada sobre o dinheiro que gastam distraidamente no Target; elas saem da loja com compras no valor de 300, 400, 500 dólares, compras que nunca tiveram a intenção de fazer. E ainda costuma haver uma segunda piada sobre o fato de que não contam a aventura ao cônjuge – olhar maroto e mão sobre a boca! Sem mencionar o bate-boca quando a farra das compras é descoberta.

Uma vida rica não é perambular por uma loja, comprar uma porção de coisas que nos fazem sentir bem durante uma hora, e depois ir para casa e deixar tudo isso de lado. Isso não tem significado algum. Sei disso porque quando eu peço às pessoas que descrevam a sua vida rica elas nunca mencionam o Target. Jamais. Nem mesmo as pessoas que gastam nesse estabelecimento centenas de dólares todos os meses!

Eu compreendo a conveniência e o apelo. Cresci nos subúrbios. Conheço cada um dos corredores do Target. Meu livro já foi vendido lá! Mas eu vejo algo de sombriamente deprimente nessas piadas – partilhadas quase exclusivamente por mulheres –, porque elas minimizam os seus sonhos, que são bem maiores do que uma ida às compras.

Lindsey, que fez parte do episódio 31 do meu podcast, brigou com o marido por causa de seus gastos no Target. Ela comparou sua ida ao Target a uma ida a um cassino: "Eu perco a noção de tudo. Posso ir e desembolsar 300 dólares se me deparar com um bom negócio... Meu estresse de escassez desaparece num piscar de olhos... Puf!".

Na verdade, ela via o Target como um lugar de alegria porque foi essa a experiência que teve na infância. Ela agora tenta reviver essa experiência – e isso causa problemas financeiros em seu casamento.

Perguntei a ela: “Você quer ir ao Target como atividade de lazer daqui a dez anos?”. “Não!”, ela respondeu. “Preciso quebrar esse padrão.” A sua vida rica não pode ser comprar por impulso numa loja de varejo qualquer. Uma vida rica é muito maior e mais significativa que isso.

Combinem um limite de gasto aceitável para ambos

Uma jovem enviou-me uma mensagem nas redes sociais, zangada porque o marido comprava um chá gelado todos os dias. Ela queria que eu a ajudasse a convencê-lo de que ele estava errado. "São 5 dólares por dia!", ela disse. "É um desperdício de dinheiro." Durante nossa troca de mensagens eu lhe perguntei quanto eles ganhavam. Nossa rápida conversa de repente cessou. Até que ela me disse por fim: "Não me sinto à vontade para revelar isso".

Eu precisava saber. Por isso é que adoro o meu trabalho. Voltei a perguntar-lhe, e disse: "Um valor aproximado já serve!". E ela acabou me informando sua renda familiar aproximada: 600 mil dólares.

Fascinante. Ela me enviava mensagens para reclamar de um chá de 5 dólares quando eles ganhavam centenas de milhares de dólares todos os anos. Por quê? Porque dinheiro não envolve números apenas, envolve valores. Para ela, uma imigrante criada numa família que nunca comprava bebidas, tratava-se de um total desperdício de dinheiro. Para ele, a quantia era irrisória. Nada mais que um mimo agradável durante o almoço.

Os casais estão sempre discutindo questões desse tipo, um expressando desaprovação aos hábitos de consumo do outro. Em situações assim, uma quantia aceitável para se gastar pode resolver muitos problemas. Para compras inferiores a, digamos, 20 dólares (ou qualquer outro valor com o qual concordem), não é necessário discutir – nem argumentar. Desde que ambos os parceiros sigam as regras, isso colocará fim às brigas mesquinhas de uma vez por todas. Escolham um número e sigam em frente com a vida. Vocês têm uma visão maior para perseguir.

RECUPERANDO O SEU TEMPO: UMA LIÇÃO SOBRE GASTAR MENOS

As pessoas adoram a ideia de recuperar o tempo. Mas eu aprendi que elas gostam muito da *ideia*, mas não gostam tanto assim de colocá-la em prática.

Pense nisto: que coisas você não gosta de fazer? As respostas mais frequentes são lavar roupa, fazer limpeza e fazer compras. Porém, quando eu pergunto às pessoas por que elas não gastaram dinheiro para contratar outros para cuidarem dessas tarefas, elas me dão várias razões:

- *Outros não conseguem fazer isso tão bem quanto eu faço.* (Sim... É por isso que fazemos tentativas com várias pessoas e documentamos exatamente o que queremos que seja feito.)
- *Eu mesmo posso fazer isso.* (Eu também posso trocar o óleo do meu carro, mas não quero fazer isso.)
- *Eu me sentiria estranho.* (Pelo menos isso é honesto – a maioria de nós não cresceu vendo a família pagar por ajuda; por isso, seguindo o ideal americano de "não dar um passo maior que a perna", nós nos convencemos de que seria "desperdício de dinheiro" pagar para ter nossas compras entregues em domicílio ou mandar limpar a nossa casa mensalmente.)

Como o ditado diz, se você tem um problema que o seu dinheiro pode resolver, você não tem um problema. É por isso que em minha vida rica, eu corto sem dó as coisas que não me interessam, como carros de luxo, por exemplo, mas gasto de modo extravagante em serviços como contabilidade, entrega e envio de encomendas e limpeza da casa. Gosto de ter tempo livre para me dedicar à minha família, aos meus amigos e meu trabalho.

E, para ser franco, também gosto de contar com tempo livre para não fazer absolutamente nada. Gosto de ver televisão, de ter uma manhã tranquila. O mais importante é que esse tempo livre não é preguiça apenas: ainda que pareça que eu não estou fazendo nada, na verdade eu me recupero quando estou mais relaxado. Assim, quando a vida exigir que eu trabalhe intensamente eu estarei descansado e pronto para a ação.

Para muitas pessoas, quem se permite esse tipo de relaxamento está se comportando mal. Eu não creio que haja uma carga moral no lazer. Estou recuperando o meu tempo, e vou me divertir! Eis aqui um caminho para que você recupere o seu tempo:

1. ***Prepare uma lista contendo tudo o que você faz semanalmente.*** Prefiro a lista semanal porque ela nos obriga a ser específicos quanto aos nossos dias da semana e finais de semana. Lavar a roupa, fazer compras, cozinhar, passar aspirador de pó, aparar a grama, ir buscar as crianças na escola, levar correspondência ao correio, limpar o carro, aguar as plantas, limpar as calhas, colocar combustível no carro… tudo. É particularmente revelador fazer esse exercício com o seu parceiro, porque ele chamará a atenção para coisas que você faz e nunca havia se dado conta – e vice-versa. Nessa lista, faça um círculo em torno de todos os itens que não façam parte da sua vida rica compartilhada. Com o seu parceiro, selecione os seus três itens principais, e se as finanças permitirem comece a elaborar um plano para pagar por assistência. (Comecem escolhendo uma área. Isso não significa que devem contratar alguém hoje, mas quero que vocês exercitem a capacidade de *fazer um plano.*) Sejam criativos! Por exemplo, se vivem em Austin, Texas, procurem por "Lavagem de carros em domicílio em Austin". Lembrem-se deste lema: *"Meu dinheiro é bom"* – isso significa que há pessoas que ficarão felizes em ajudá-los a resolver problemas se lhes pagar bem.

2. ***Aceite que "pagar para se ver livre do problema" é uma habilidade.*** A maioria das pessoas nunca contrata ninguém; por isso, quando tentam usar dinheiro para resolver um problema doméstico falham miseravelmente e se convencem de que isso não serve para elas. Não é verdade! Isso exige tempo. Se você tentar contratar alguém para lhes dar assistência em casa, é bem possível que as suas quatro primeiras contratações falhem. Isso é normal! Em cada uma das vezes, fale sobre as suas expectativas e documentem os resultados. Não se esqueçam de que você e o seu parceiro estão na mesma equipe. Você provavelmente descobrirá que pagar mais lhe traz resultados bem melhores. Por fim, o objetivo não é a perfeição – o objetivo é ter o trabalho realizado, e pelo menos 80% tão bom quanto o que você teria feito.

3. ***Se a sua vida rica envolve recuperar tempo, planeje o uso desse tempo.*** Eu já percebi que, diferente de mim, algumas pessoas não gostam de ficar deitadas horizontalmente no sofá por nove horas a fio, vasculhando cantos obscuros da internet e se deparando com dramas sem sentido nas redes sociais. Ao que parece, as pessoas em sua maioria se tornam muito ansiosas quando estão sentadas sem fazer nada. É estranho, mas se você for assim, recomendo que seja ponderado quanto ao que vai fazer com seu tempo livre recém-conquistado. Verifique a sua lista compartilhada de vida rica e fale com o seu parceiro: *Se mandarmos entregar as compras, economizaremos três horas todos os domingos. O que*

faríamos com esse tempo? Poderíamos ir ao parque com as crianças, sair para almoçar com um amigo, ou quem sabe dormir até tarde. É o mesmo que planejarem o que farão com o seu dinheiro extra quando terminarem de pagar as dívidas – vocês querem aproveitar todo o trabalho que tiveram!

LISTA DE VERIFICAÇÃO DO CAPÍTULO 8

- ☐ Seja honesto em relação aos seus gastos invisíveis e aos seus gastos excessivos. Para começar, tenha uma conversa franca com o seu parceiro: em que vocês estão gastando exageradamente? Onde podem cortar?
- ☐ Identifiquem a psicologia das suas despesas. Vocês gastam porque se sentem cansados? Entediados? Porque não se sentem no controle? Passem algum tempo avaliando isso, e depois elaborem uma estratégia para continuarem seguindo o PGC e manter um ao outro no caminho certo. Façam verificações regulares para acompanhar os avanços e corrigir os erros quando eles ocorrerem.
- ☐ Definam de comum acordo um valor aceitável, abaixo do qual qualquer despesa é válida. Esse valor passará a ser para vocês menos importante que um chiclete. Se não tiverem certeza quanto ao valor a ser definido, eu recomendo que comecem com 20 dólares.
- ☐ Se o seu PGC estiver bem encaminhado, considerem as áreas nas quais vocês podem recuperar o seu tempo. Há tarefas das quais vocês não gostam e que poderiam deixar a cargo de pessoas contratadas? Se não puderem pagar agora, façam um plano para economizar e contratem futuramente.

CAPÍTULO 9

COMO CONFIGURAR AS SUAS CONTAS

Elabore um sistema para que o seu dinheiro gire automaticamente

As minhas fantasias mais vívidas começam quando eu estou na fila de segurança do aeroporto.

É verdade. Algumas pessoas fantasiam sobre uma tórrida noite de amor ou sobre o que fariam com um milhão de dólares. Eu sonho com maneiras de melhorar a eficiência de um terminal de aeroporto. Começa quando estou quase na ponta da fila de segurança, e bem na minha frente se encontra um sujeito falando ao celular, completamente indiferente a todas as pessoas que ele está atrasando. Começo a repetir coisas para mim mesmo. *Você tem um trabalho nesse exato momento e não consegue realizá-lo?* Minha pressão arterial sobe. Quando o homem enfim levanta a cabeça e se dirige ao agente, procura a sua identificação. Ele não tinha a carteira à mão, é claro.

Depois chego ao terminal de embarque, onde acontecem os piores comportamentos da humanidade. Sento-me e me ponho a planejar como gerenciaria o processo de embarque de um avião. A Delta se perguntaria por que o seu tempo de resposta despencou 40% nessa porta de embarque em particular no Aeroporto de Los Angeles. Eles gastariam 250 mil dólares num estudo de investigação que os levaria de volta a uma pessoa.

O agente de portão Sethi.

Muitas das minhas fantasias envolvem sistemas. Minha mulher e eu temos sistemas que nos indicam qual cartão de crédito usar, quem guarda os nossos passaportes quando fazemos viagens internacionais e quem coloca e retira a louça da máquina.

Esses sistemas permitem que eu sempre saiba que nós temos mirtilos na geladeira, em que gaveta estão as tesouras e para onde vai o nosso dinheiro. Nós decidimos uma vez, e depois elaboramos um sistema – e agora esse sistema nos proporciona liberdade para pensarmos em tudo o mais que realmente nos importa.

É por esse motivo que eu adoro os sistemas – graças a eles não precisamos voltar a abordar a mesma questão inúmeras vezes. Nós não temos de falar no assunto. Nem mesmo temos de pensar no assunto. A vida se torna mais fácil e tranquila, e podemos nos concentrar nas coisas que nos alegram.

Traz um grande alívio nunca precisarmos nos perguntar se a máquina de lavar louça está suja ou limpa; do mesmo modo, é muito reconfortante saber quanto dinheiro se tem e o que se pode pagar. Mas isso pode superar a simples sensação de alívio.

Com alguns aperfeiçoamentos do agente de portão Sethi, as suas finanças se tornarão estáveis, previsíveis e até mesmo mágicas.

COMO CONFIGURAR CONTAS BANCÁRIAS COMO CASAL

Quando eu examino as finanças dos casais, vejo com frequência configurações de conta extremamente confusas. O dinheiro é movimentado ao acaso. Um dos parceiros gasta no cartão comum, e o outro usa o seu cartão pessoal. Vez por outra eles tiram dinheiro das poupanças.

Não!

A confusão é compreensível, já que as pessoas em sua maioria simplesmente trazem suas contas existentes para o relacionamento e depois tentam ajustá-las. Mas isso não funciona. Seria como tentar combinar a minha playlist de Boyz II Men, Celine Dion e Jon Secada com a sua música. Uma confusão.

Os casais precisam falar sobre contas bancárias assim como precisam falar sobre finanças de maneira geral – de forma gentil, aberta, e com espírito de equipe. Suas contas bancárias e cartões de crédito são a base de todo o seu financeiro. Vamos tratar de organizá-los.

CONFIGURAÇÃO DE CONTA SIMPLES PARA CASAIS

O QUE É NECESSÁRIO

- ***Uma conta-corrente conjunta:*** considerem essa a sua "caixa de entrada de dinheiro". Todos os pagamentos são depositados diretamente aqui e então "processados" de acordo com as suas regras, fluindo para as suas contas de poupança, investimentos e pagamentos de contas – permitindo até gastos sem culpa de ambos.

- ***Três a cinco contas-poupança conjuntas:*** cada conta-poupança corresponde a um objetivo importante. Por exemplo, as suas três contas podem ser…
  - "Fundo de emergência"
  - "Pagamento da entrada"
  - "Férias"

O dinheiro sai todos os meses da conta-corrente conjunta de vocês e é depositado automaticamente em cada uma dessas contas, de onde raramente é retirado. Eu recomendo não mais do que cinco contas-poupança.

- ***Contas-correntes individuais:*** cada um de vocês terá a sua própria conta-corrente, o que lhes permitirá equilibrar as suas despesas pessoais com mais cuidado. Isso também será útil caso um de vocês tenha a tendência a gastar excessivamente: agora vocês podem se limitar a usar o seu dinheiro individual.
- ***Contas-poupança individuais:*** são contas nas quais vocês podem poupar para gastos individuais maiores, como uma viagem com amigos ou o pagamento de escolhas mais caras em seus gastos conjuntos. Por exemplo, é desse modo que eu pago os hotéis de luxo em nossas viagens juntos (página 188). As contas-poupança individuais são alimentadas automaticamente a partir das suas contas-correntes individuais.
- ***Três cartões de crédito:*** um para despesas partilhadas, um para as suas despesas pessoais e um para as despesas do seu parceiro. O cartão para despesas partilhadas, ou conjuntas, é usado para compras no supermercado, despesas domésticas e assinaturas. Os cartões de crédito individuais permitem que vocês gastem sem culpa – ter cartões separados facilita o controle dessas despesas.
- ***Contas de investimento para a aposentadoria:*** a verdadeira riqueza é construída aqui! Elas incluem 401 (k)s, IRAs etc. Se o seu empregador ainda não fizer isso, configure transferências automáticas para que o dinheiro seja depositado nessa conta todo mês e quase nunca seja sacado de lá até bem tarde na vida.
- ***Conta conjunta de investimento pessoal (opcional):*** essa conta é indicada para casais com renda elevada que já tenham esgotado as suas opções de investimento individual com benefícios fiscais, como os 401 (k), e que ainda queiram continuar investindo numa conta tributável. Ela é financiada a partir da sua conta-corrente conjunta.

COMO O DINHEIRO SE MOVIMENTA

Os seus salários são depositados diretamente na sua conta-corrente conjunta (caso vocês contribuam para uma conta de aposentadoria antes de impostos, como uma conta 401 (k), esse dinheiro já será retirado do salário de vocês). Depois disso: as suas contas-poupança conjuntas e a sua conta-corrente individual (e possivelmente uma conta de investimento adicional) automaticamente "puxarão" quantias predeterminadas de dinheiro todo mês. Vocês podem programar o calendário para que, recebendo o seu salário no primeiro dia do mês, as suas contas sejam creditadas no quinto dia, garantindo que tenham sempre dinheiro disponível. É proposital que o dinheiro caia primeiro na sua conta-corrente conjunta e depois nas demais contas-correntes e poupanças: em primeiro lugar vocês são um casal, e em segundo, indivíduos.

As suas contas-poupança individuais são abastecidas automaticamente por sua conta-corrente individual.

Para gastos conjuntos, usem o cartão de crédito conjunto. Esse cartão é totalmente pago todos os meses por meio da sua conta-corrente conjunta. Para as suas despesas pessoais sem culpa, cada parceiro utiliza o seu cartão pessoal e o paga integralmente a partir da sua conta-corrente individual.

Exato! Isso lhes garante 85% do percurso. Se tiverem isso configurado, vocês podem tornar realidade a sua visão de vida rica – automaticamente. Não haverá mais brigas por causa de gastos de 10 dólares no supermercado. Não haverá

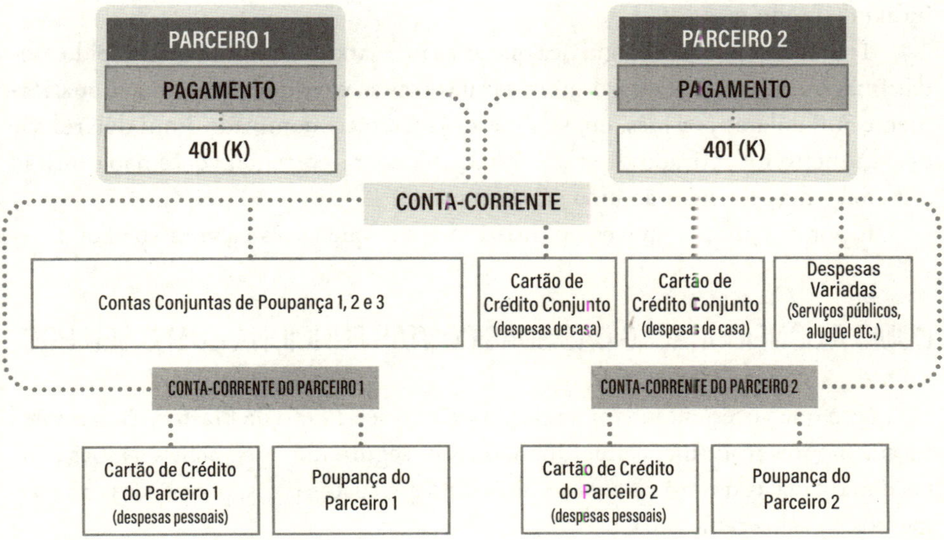

mais dúvidas de que você e seu parceiro se encontram na mesma sintonia. Somente um sistema simples que se aplica quer vocês ganhem 50 mil dólares ou 500 mil dólares por ano.

CONFIGURE ISSO AGORA!

Eu quero que vocês criem o seu sistema agora mesmo, enquanto está animado com ele – assim, quando daqui a três meses o seu foco estiver em outro lugar, o seu sistema automatizado estará cuidando de vocês, fluindo maravilhosamente e promovendo a sua vida rica. Esse é o principal objetivo de organizar as suas contas e automatizar o fluxo do seu dinheiro. Basta que considerem essa ideia uma vez, e ela tomará conta de vocês para sempre.

Vocês podem acessar as suas contas e ligá-las umas às outras (busquem as palavras Transferir ou Adicionar dinheiro), o que levará alguns dias. Assim que as contas estiverem conectadas, vocês poderão configurar transferências automáticas em qualquer data. Por exemplo, vocês vão querer acessar o seu cartão de crédito conjunto e configurar pagamentos automáticos a partir da sua conta-corrente conjunta.

Eis mais um exemplo, dessa vez com as suas contas individuais: vocês podem transferir automaticamente 200 dólares da sua conta-corrente conjunta para a sua conta-corrente individual. Vocês poderão então configurar uma transferência automática de 50 dólares da sua conta-corrente individual para a sua conta-poupança individual, e também um pagamento automático do seu cartão de crédito individual todo mês.

Trabalhar em equipe significa que as suas finanças evoluirão mais rápido ainda. Imagine: se vocês configurarem as suas contas para que poupem automaticamente 500 dólares por mês, em seis meses já terão economizado 3 mil dólares. Se esse dinheiro for retirado diretamente da sua conta-corrente, vocês não sentirão falta dele, mas construirão uma sólida riqueza.

É por esse motivo que estou insistindo para que vocês façam isso agora!

COMO A CONFIGURAÇÃO DAS SUAS CONTAS FUNCIONA COM O SEU PGC

Eu quero que vocês entendam a relação entre o seu Plano de Gastos Conscientes e a sua organização financeira. Quando vocês seguirem o meu plano, as suas contas darão vida às quatro categorias do seu PGC – custos fixos, poupanças, investimentos e gastos sem culpa.

Qual conta paga o quê

A sua conta-corrente conjunta e o seu cartão de crédito conjunto pagam por:

- Aluguel ou hipoteca
- Compras no supermercado
- Despesas domésticas
- Gastos com as crianças
- Refeições e bebidas para a família
- Assinaturas e planos de telefone celular compartilhados
- Entretenimento e viagens compartilhados
- *Acrescente os seus próprios.*

As suas contas individuais pagam por:

- Entretenimento individual (sair com os amigos)
- Viagens individuais (viagens com os amigos)
- Roupas
- Hobbies
- Maquiagem, corte de cabelo e outros produtos e serviços pessoais
- Academia
- Presentes
- *Acrescente os seus próprios.*

Custos fixos são pagos com o seu cartão de crédito conjunto, que é pago com a sua conta-corrente conjunta todos os meses. Volto a recomendar que vocês paguem o maior número de contas no cartão de crédito possível para a proteção do consumidor, e para ter benefícios como reembolso ou milhas de viagem, e simplicidade no monitoramento. Paguem sempre o total da fatura do cartão de crédito ("saldo do extrato") todos os meses. Paguem as despesas que não podem ser colocadas no cartão de crédito (hipoteca, aluguel, serviços públicos) com a sua conta-corrente conjunta.

Poupanças são transferidas automaticamente da sua conta-corrente conjunta para três a cinco contas-poupança conjuntas, as quais correspondem aos seus objetivos – por exemplo, um pagamento de entrada ou um fundo de férias. Uma de suas contas-poupança conjuntas deve ser um fundo de emergência. Vocês também têm contas-poupança individuais (financiadas por sua conta-corrente individual) para fins de poupança pessoal.

Os ***investimentos*** são realizados de duas maneiras. Se você for assalariado, sua conta de aposentadoria – provavelmente um 401 (k) – será financiada antes mesmo que você veja o seu pagamento com dinheiro "antes de impostos". Em outros casos, como um Roth IRA "pós-impostos", o dinheiro vem da sua conta-corrente e é transferido automaticamente para o Roth IRA, onde é então investido. Observação importante: lembre-se de que *dentro* de cada conta de investimento vocês continuam precisando investir o seu dinheiro (por exemplo, em fundos de índice).

As ***despesas sem culpa*** são simples. Para despesas conjuntas sem culpa, como passeios ou comer fora, usem o seu cartão de crédito conjunto. Para despesas sem culpa individuais, usem os seus cartões de crédito individuais; isso ajudará a centralizar os seus gastos individuais e facilitará o monitoramento. O cartão de crédito conjunto é pago automaticamente com a conta-corrente conjunta. Cartões de crédito individuais são pagos por sua respectiva conta-corrente individual.

POR QUE DEVEMOS TER VÁRIAS CONTAS-POUPANÇA

Para a maioria das pessoas, poupança é assunto de importância secundária. Quando chega o fim do mês, as pessoas dizem "Talvez fosse bom poupar alguma coisa". Ou quando eu pergunto a alguém por que a sua taxa de poupança é zero, a resposta é: "Eu tento poupar, mas...".

Assim como nós não "tentamos" escovar os dentes pela manhã, também não devemos "tentar" poupar. Na realidade, poupar é até mais fácil do que escovar os dentes, porque é possível fazer poupanças automáticas!

Daí a utilidade de se ter de três a cinco contas-poupança. Sem elas vocês apenas colocarão todas as suas poupanças em um só lugar – basicamente uma gaveta de tralhas – e depois não se lembrarão mais para que serve o dinheiro. Pela minha experiência, esse dinheiro acaba sendo gasto com o tempo, engolido pelas despesas aleatórias da vida. Por outro lado, abrir um número muito grande de contas-poupança – mais de cinco – torna as coisas complicadas, e é difícil poupar o bastante para alcançar dez objetivos diferentes.

Consulte o seu banco para saber se ele oferece a possibilidade de abrir várias contas-poupança.

O segredo é escolher o objetivo certo para o qual poupar. Pensem em objetivos significativos, que exijam de um a cinco anos de poupança. Abram uma conta-poupança para uma viagem de aniversário de cinco anos de casamento, mas não para uma refeição no restaurante italiano do seu bairro. Ou abram uma conta para a reforma da casa, um carro ou lugares exclusivos num concerto, mas não para um conjunto de quatro canecas de café novas.

Escolham nomes marcantes para as suas contas-poupança. Quanto mais específicos forem, mais inspirados se sentirão. Em vez de uma conta com o nome de "Férias", vocês podem escolher "Toscana em julho". Em vez de "Ocasiões Especiais", podem escolher "Superfesta do 10º Aniversário". Até o fundo de emergência pode receber o nome de "Fundo Xii". Façam dessas contas uma exclusividade de vocês, para sentirem empolgação sempre que olharem para elas.

E SE VOCÊS DISCORDAREM A RESPEITO DO QUE COMPRAR?

Eis um cenário muito comum: vocês vão comprar um carro para a família. Um de vocês aceita de bom grado um sedã decente e sem frescuras. Mas o outro quer um SUV sofisticado. O que fazer?

O primeiro passo é decidir o que vocês podem pagar, porque se não puderem pagar o modelo mais caro... Bem, assunto resolvido. Então vocês devem verificar o seu Plano de Gastos Conscientes e avaliar se o total de pagamentos dos dois carros – incluindo combustível, seguro, manutenção, tudo! – permitirá que vocês mantenham os seus custos fixos abaixo de 60% do salário líquido.

Digamos, porém, que viabilidade não seja um problema. O seu PGC mostra que vocês podem arcar com os dois modelos, mas um de vocês quer o carro sofisticado e o outro prefere gastar dinheiro em bons restaurantes.

Esse problema acontece em compras de todos os tipos, mas vou me ater às de maior dimensão, como as que envolvem carros e viagens, porque nesses casos é que o conflito pode de fato aparecer. Eis uma solução à qual eu recorro: a pessoa que deseja comprar o item mais caro paga a diferença.

Isso funciona da seguinte maneira:

- Vocês discutem um valor "aceitável" para um carro para a sua família. Esse valor será provavelmente um carro de nível médio – novo ou usado – que lhes permitirá manter sem dificuldade os seus custos abaixo de 60%. Por exemplo, vocês podem escolher um Honda Accord com um custo mensal total de 650 dólares. (Eis outro exemplo: quando minha mulher e eu usamos essa solução para hotéis, nossa escolha "aceitável" foi um Marriot.)
- A sua conta conjunta paga 650 dólares por mês para a prestação do carro.
- Contudo, vocês acabam comprando o carro mais sofisticado e bonito, que tem um custo mensal de 950 dólares. E agora?
- O parceiro que quer o carro mais bonito paga a diferença – 300 dólares a mais por mês – usando o seu dinheiro pessoal.

Essa alternativa pode parecer comercial demais para algumas pessoas. Se for esse o caso, não a usem; e saibam que se começarem a recorrer a essa abordagem com muita frequência vocês acabarão desenvolvendo uma triste separação das finanças. Mas, quando um dos cônjuges quer genuinamente um item mais caro numa grande compra eventual – e está disposto a usar o seu dinheiro pessoal para pagar –, essa pode ser uma ótima solução.

O PLANEJAMENTO FINANCEIRO DE RAMIT E CASSANDRA

Em breve eu vou lhes mostrar como minha mulher e eu administramos as nossas finanças. Mas preciso começar com uma confissão: quando comecei a escrever este livro, o nosso sistema era mais confuso que a configuração apresentada acima. Estou revelando isso porque quero que vocês saibam que todos os casais têm vidas financeiras imperfeitas. Isso é normal!

Não existe uma vida na qual acordamos, bebemos chá de jasmim fumegante num quarto minimalista revestido de madeira hinoki, depois escrevemos sossegadamente num diário e tomamos um banho de três horas, encerrando com um café da manhã totalmente saudável e 30 minutos de trabalho. Isso acontece apenas nos filmes!

Vida real é ter um 401 (k) – que não é acessado faz anos – de um emprego antigo, um cartão de crédito que jamais é usado no fundo de uma gaveta e um débito de 31,20 dólares do qual ninguém toma conhecimento. As suas finanças não são um relógio suíço, mas sim parte de uma vida real na qual também há outras prioridades.

Falemos agora do nosso planejamento financeiro. Até pouco tempo atrás nós usávamos uma versão improvisada da configuração descrita acima. Temos necessidades específicas como proprietários de empresas, temos um acordo pré-nupcial com regras relacionadas à mistura de fundos, e ainda não tivemos tempo para simplificar completamente o nosso sistema. Funcionava assim: nossos pagamentos mensais eram depositados diretamente em nossas contas-correntes pessoais. Ao mesmo tempo, parte da nossa renda era enviada para as nossas contas de aposentadoria individuais. Depois nós automaticamente transferíamos um valor previamente definido para dois locais: nossas contas-poupança pessoais e nossa conta-corrente conjunta, que usávamos para pagar contas e também para abastecer as nossas contas-poupança conjuntas. Além disso, era proporcional, com base na renda obtida de nossa empresa, que mudava a cada trimestre, o que significava que tínhamos de recalcular tudo de quatro em quatro meses.

Como vocês podem ver, tudo isso foi extremamente complicado. No final das contas eu "só" tive de escrever um livro inteiro com editores, designers e prazos para conseguir enfim simplificar o nosso sistema. Agora, toda a nossa renda W2 vai para a nossa conta-corrente conjunta, e o resto é movimentado como na configuração simples descrita antes. Ah, é tão bom escrever isso.

Quanto às despesas, usamos o nosso cartão comum para gastos como jantares fora, viagens e artigos domésticos, todos pagos automaticamente todos os meses a partir da nossa conta-corrente conjunta. Para as despesas sem culpa individuais, cada um de nós usa o seu próprio cartão de crédito, pagos todos os meses automaticamente por nossas contas-correntes individuais.

As ferramentas que usamos são as seguintes:

Cartões de crédito: Na ocasião em que este livro foi escrito, nós utilizamos um cartão Chase Sapphire Reserve para as nossas despesas conjuntas, que nos proporciona milhas de viagem. Para uso pessoal, tenho um cartão de crédito com benefício cashback (que permite devolução parcial do valor gasto em compras) de 2% da Fidelity.

Aplicativos: Nenhum. Não é necessário verificar as contas diariamente.

Contas bancárias online: nós usamos o Capital One para poupança e o Schwab para pagamento. (Há muitas contas-poupança com juros altos. As minhas favoritas podem ser encontradas no meu website.)

Investimentos: Nós usamos o Vanguard, que inclui contas de investimento conjuntas e individuais, além dos nossos 401(k) individuais.

De modo geral, é bem simples agora! Lembrem-se de que Cassandra e eu temos negócios com receitas variáveis que podem oscilar enormemente todo mês. Nossa situação é muito complexa. Mas se nós conseguimos simplificar tanto a configuração das nossas contas, estou certo de que vocês também podem fazê-lo.

ARTICULANDO FINANÇAS QUANDO EXISTE UMA GRANDE DIFERENÇA DE RENDA

Quando nos conhecemos, Cassandra e eu tínhamos renda e patrimônio líquido muito diferentes. A princípio isso não parece ser um grande problema – duas pessoas vão se casar, então basta conciliar tudo, não é? Mas se as suas rendas forem significativamente diferentes, provavelmente haverá desafios a superar. Eis como nós decidimos lidar com o problema.

Quando nos casamos, Cassandra e eu morávamos em apartamentos alugados. Ela se mudou para o meu apartamento, cujo aluguel era mais alto que o dela. Quando nos sentamos para discutir as finanças, percebemos que se dividíssemos as coisas meio a meio a sua parte de 50% do aluguel *continuaria* sendo superior ao valor que ela pagava antes. Isso não era justo com ela.

O mesmo problema surgia quando viajávamos. Um dos meus Indicadores de Sim são hotéis de luxo; por isso eu queria ficar neles quando viajássemos. Mas se dividíssemos meio a meio os custos do hotel, as despesas dela iriam ficar seriamente sobrecarregadas. Mais uma vez, isso não seria justo com ela (sem mencionar que os hotéis não são um Indicador de Sim para ela como são para mim).

Graças à minha renda, eu me acostumei a gastar determinada quantia em viagens e hospedagem. Claro que podíamos ter mudado para um apartamento mais barato – e Cassandra estava interessada em fazer isso –, mas eu não quis. Eu gostava da nossa casa!

Evidentemente a opção mais fácil é conciliar as rendas e dividir as despesas igualmente, como expliquei na minha configuração de conta simples. Mas se houver certos constrangimentos – como, por exemplo, um ou ambos os parceiros serem proprietários de uma empresa, bens pré-matrimônio abrangidos por acordo pré-nupcial, rendas muito diferentes ou obrigações pré-matrimoniais como pensão alimentícia ou empréstimos estudantis elevados, a alternativa de "juntar tudo e dividir as despesas meio a meio" pode não dar certo.

É justamente numa situação assim que devemos pensar no conceito de proporcionalidade. No início as coisas funcionaram assim para nós dois: Cassandra e eu contribuíamos de modo proporcional para as nossas despesas conjuntas; isso significa que se ela ganhava 5 mil dólares por mês e eu 10 mil dólares por mês, a minha contribuição era o dobro da dela. Isso é obviamente muito mais justo do que uma divisão meio a meio. Sendo assim, se eu quiser ficar num hotel de luxo vou pagar mais – porque é justo, já que eu ganho mais.

A bem da verdade, para a maioria das pessoas, isso é exagero. Se as rendas dos parceiros forem relativamente semelhantes, não é necessário que dividam tudo proporcionalmente. Se um ganha 65 mil dólares e o outro 75 mil dólares, é só dividir.

No nosso caso, contudo, a diferença era maior, por isso adotamos a proporcionalidade. Primeiro calculamos quanto ganhamos. (Para empresários com rendas variáveis, isso pode ser difícil. O truque é escolher um número que você possa pagar a si próprio com confiança. Por exemplo, se você sabe que a sua empresa pode faturar entre 60 e 100 mil dólares por ano, escolha 70 mil para não ter problemas. Utilizamos esse valor como referência.)

Calculamos em seguida a proporcionalidade somando as nossas rendas e depois dividindo cada renda pelo total. Como os seguintes exemplos:

- Exemplo de renda de Cassandra: 5 mil dólares por mês (33%)
- Exemplo de renda de Ramit: 10 mil dólares por mês (67%)
- Renda total: 15 mil dólares por mês

Nós contribuímos de modo proporcional para as nossas contas compartilhadas (conta-corrente conjunta, metas de poupança conjunta), e o nosso sistema fez o resto. Revisamos a divisão a cada trimestre, depois reavaliamos todo o sistema uma vez por ano, durante a nossa "Revisão da vida rica anual" (ver Capítulo 10) e ajustamos se necessário. Na verdade, sempre foi necessário fazer ajustes nos primeiros anos. Lembre-se: as rendas mudam e as situações mudam, e o que um dia foi "justo" pode deixar de ser.

Sabe o que aconteceu? Nós acabamos deixando de lado o sistema proporcional. Hoje em dia nós colocamos todo o nosso salário em nossa conta-corrente conjunta. Embora funcionasse, o sistema proporcional era complexo demais, e – mais importante – gerava uma sensação de "eu contra você" em lugar de "o dinheiro é nosso".

As pessoas casadas querem estruturar suas finanças para que sejam simples e levem aos comportamentos certos – sentirem-se conectadas, trabalharem em prol de objetivos comuns e envolverem-se ambos no processo. Nós tivemos de superar os nossos próprios desafios psicológicos quando foi preciso conciliar o nosso dinheiro.

Cassandra fez muitos esforços de aprimoramento pessoal, e eu também fiz. E trabalhamos com um terapeuta a fim de melhorarmos nossa comunicação.

Vocês têm um futuro juntos

Na maioria dos casais, um cônjuge é mais voltado para os números que o outro. É o parceiro que adora se entreter com calculadoras de juros compostos, recalcular a data de pagamento da sua dívida e aperfeiçoar o Plano de Gastos Conscientes. Isso pode ser bom – mas até certo ponto. Como o Otimizador que sou, sei que posso tender a me tornar excessivamente concentrado em números.

É útil ter um lema para que vocês se lembrem de criar uma vida rica em conjunto. Repitam-no comigo: "Nós temos um futuro juntos".

Se a vida de vocês tem um título que as norteia – "Queremos viver uma vida rica" –, ela também tem um subtítulo, mesmo ao fundo: "Nós temos um futuro juntos". Quando os desafios surgirem, esse será o seu ponto de partida.

Em algumas ocasiões, vocês não se entenderão. Vez por outra o seu parceiro desejará dedicar mais dinheiro a determinados objetivos. Você pode se ressentir disso – pode parecer que o dinheiro que usa para si mesmo está sendo tirado de você. *Por que temos de poupar mais para a aposentadoria? Quero usar esse dinheiro para viajar agora.* Se você se concentrar apenas nessa decisão financeira individual, será fácil sentir-se assim. Mas quando vocês usam a lente de um futuro juntos, conseguem ver que as suas decisões orientam o rumo que ambos seguirão como equipe.

"Nós temos um futuro juntos." Digam isso em voz alta. Coloquem na porta da geladeira, na mesa de trabalho e no alto do seu documento mensal de check-in (ver página 201). Vocês falarão de dinheiro regularmente, com determinação e de modo positivo, porque construirão o futuro de vocês juntos.

Quero compartilhar algo que me surpreendeu. Quando nós deixamos de lado o sistema proporcional e simplesmente unimos as nossas rendas, isso nos aproximou ainda mais *no mesmo mês*. Foi impressionante ver como a adoção de um esquema diferente mudou a forma como nos sentíamos. Pesquisas mostram que combinar as finanças produz resultados mais satisfatórios para os casais. É por esse motivo que casais com finanças desequilibradas me despertam grande compaixão: Eu também já passei por isso. Posso afirmar a vocês, por experiência própria, que vale a pena fazer a mudança juntos.

E SE UM DOS PARCEIROS NÃO TIVER RENDA?

Vocês podem adaptar o meu esquema simples para casais se um dos parceiros não tiver renda. Pode ser um pai ou uma mãe em tempo integral, um estudante, ou alguém que sofra de alguma doença. Ou alguém que simplesmente não trabalhe porque não quer!

Em primeiro lugar, os parceiros devem saber que se forem casados – ainda que não estejam trabalhando – ambos partilham a renda familiar. De modo geral, se um dos cônjuges estiver poupando ou investindo durante o casamento, esse dinheiro é considerado propriedade conjugal. Para a aposentadoria, é possível que vocês queiram procurar os detalhes de um "IRA conjugal" (Spousal IRA), que pode permitir que um cônjuge que tenha renda contribua para o IRA de um cônjuge que não tenha renda a fim de obterem benefícios fiscais. Tudo bem simples.

Contudo, em relacionamentos nos quais um dos parceiros não trabalha eu costumo me deparar com discussões inflamadas, que vão muito além da configuração de contas. O parceiro que ganha menos geralmente fica obcecado com a palavra *contribuir*, como em:

- "Eu quero contribuir."
- "Eu quero que o meu parceiro saiba que estou contribuindo."
- "É constrangedor para mim que todo o trabalho que faço não apareça numa planilha, porque não é levado muito a sério."

Tenham sempre em mente que as contribuições acontecem de várias maneiras, e que as contribuições não financeiras são extremamente importantes. Sem alguém para administrar a carga mental de cuidar da casa, lidar com a logística e tomar conta das crianças, nenhuma relação sobrevive. *Algumas das coisas mais importantes da vida jamais aparecerão numa planilha.*

A conversa sobre contribuições é séria, e vale a pena dedicar tempo a ela. Em minha opinião, o parceiro que tem a maior renda tem a responsabilidade de trazer esse assunto à discussão e de reconhecer a importância que as contribuições não financeiras têm para uma vida rica. Se vocês conversarem sobre esse assunto levando em conta que são melhores juntos, acabarão se vendo como uma equipe. Em uma equipe, às vezes um dos parceiros é melhor em determinada posição. Outras vezes, alguém se machuca. Os papéis mudam, mas se vocês se considerarem uma equipe e falarem sobre isso com regularidade, ambos serão valorizados e ouvidos.

EXCEÇÕES AO MEU SISTEMA

A minha configuração simples de conta para casais facilitará a sua vida e lhes permitirá poupar, investir e gastar automaticamente nas coisas que vocês adoram. Na verdade, porém, essa configuração não pode considerar os milhões de casos únicos e circunstâncias excepcionais que os casais enfrentam. Por isso, eu quero falar francamente sobre as exceções específicas ao meu sistema – e até sobre casos em que eu possa estar errado – para que vocês saibam o que esperar. Seguem alguns cenários específicos nos quais pode ser necessário adaptar a configuração.

Vocês dois são autônomos.

A(s) sua(s) empresa(s) devem operar de forma independente, com uma conta-corrente empresarial separada, uma conta-poupança empresarial e um cartão de crédito empresarial. O dinheiro deve ser enviado da empresa para o particular, *nunca* do particular para a empresa – a não ser em caso de emergência. Vocês devem pagar a si mesmos um salário estável todo mês. Se a renda do seu negócio for variável, escolham um valor que possam pagar com segurança e estabeleçam esse valor como o seu pagamento para "simular" um salário estável todo mês. Em uma base trimestral ou anual, vocês podem pagar mais a si mesmos se a empresa permitir. Mantenham uma conta-poupança para a empresa na qual possam separar dinheiro para os impostos (eu recomendo 40%). Para terminar, não deixem de consultar um contador para saberem como maximizar todas as contas com vantagens fiscais, como uma SEP-IRA ou Solo 401 (k).

O dinheiro de vocês está muito curto.

O meu sistema funciona melhor quando o casal tem uma reserva para despesas inesperadas e pode se permitir fazer uma estimativa delas e depois rever e corrigir as suas projeções ao longo do tempo. Mas nem todas as pessoas contam com tal possibilidade. Se as suas despesas estiverem difíceis demais, não será possível esperar que as coisas se resolvam automaticamente no final de cada mês. Pelo contrário: vocês precisarão monitorar com cuidado as despesas até conseguirem acumular uma reserva. Se estiverem nessa situação, adaptem o meu sistema:

acompanhem de perto as suas despesas enquanto se concentram em fazer o maior número possível de mudanças em suas receitas e despesas a fim de criarem uma margem financeira saudável.

Um de vocês tem de pagar pensão alimentícia.

Um dos motivos pelos quais eu encorajo os casais a combinarem suas finanças é que aqueles que não fazem isso tendem a enfrentar mais problemas. Não se trata simplesmente de finanças separadas; ocorre que esses casais são menos propensos a falar sobre dinheiro em geral, e assim, por omissão, mantêm separadas as suas finanças, gerando uma cultura do tipo "meu dinheiro versus seu dinheiro". Como eles nunca falaram das suas finanças de modo direto, falta-lhes prática quando alguma coisa vai mal e eles têm de conversar sobre o assunto. Porém, em casos de obrigação financeira individual considerável e contínua, como pensão alimentícia (ou, digamos, os custos de cuidar de um familiar enfermo), eu posso entender a utilidade de manter as contas separadas. Larry, um membro da minha comunidade, enviou-me a seguinte mensagem:

> "Minha mulher e eu estamos juntos faz seis anos, e vivemos juntos faz quatro anos. Mantivemos as nossas finanças separadas. Nós dividimos o aluguel, de maneira proporcional à renda, e dividimos meio a meio as compras e as refeições fora de casa. Muitas vezes ela tira férias comigo e com o meu filho, e nessas ocasiões eu pago por tudo, incluindo os voos dela. Quando ela e eu saímos juntos de férias, geralmente as despesas são proporcionais à renda. Nós dois conseguimos alcançar nossos objetivos gerais de poupança e o nosso objetivo de poupar para a aposentadoria. Combinar as nossas finanças parece ser mais trabalhoso do que o necessário – parece não passar de um punhado de papelada extra. Pode pensar em alguma razão para que combinemos as finanças?"

Pelo visto, Larry e sua mulher dialogam sobre dinheiro e fazem escolhas conscientes. Se os dois tiverem uma visão conjunta a respeito de ter contas separadas, e se ambos compreenderem as ramificações disso, então poderão manter o que tem dado resultado – desde que se reúnam todos os meses para conversarem sobre dinheiro e priorizar sua "Revisão de vida rica anual".

Vivem juntos, mas não são casados.

Eu recomendo uma versão "júnior" do meu sistema para casais: abram uma conta-corrente conjunta para despesas compartilhadas, como aluguel, jantares fora e viagens; e – supondo que as suas rendas não sejam muito diferentes – contribuam de maneira igual para essa conta conjunta. (Se as rendas tiverem uma diferença significativa – digamos, 60/40 ou mais – contribuam proporcionalmente.) Providenciem um cartão de crédito conjunto para despesas compartilhadas e paguem o saldo da conta compartilhada. Mantenham por enquanto as suas poupanças e investimentos separados.

"COMO MONITORAMOS NOSSAS DESPESAS NESSE SISTEMA?"

Eu não tenho aplicativos financeiros em meu celular. Não faço login para acessar meu cartão de crédito todos os dias. E vocês também não deveriam. Quando o seu sistema estiver corretamente configurado, vocês precisarão controlar apenas dois ou três itens em seu Plano de Gastos Conscientes.

É um verdadeiro caos monitorar todas as despesas! E também é inútil, porque num planejamento financeiro eficiente a maioria dos dias são praticamente iguais e a maioria dos meses são praticamente iguais.

Vamos começar pelas despesas com o supermercado, que as pessoas em sua maioria acreditam ser variáveis, mas que costumam ser previsíveis. Se as suas compras mensais tendem a variar de 600 a 700 dólares, coloque 700 dólares em seu PGC (sempre use a estimativa mais alta). Considerando que as semanas são praticamente iguais em sua maioria, com pequenas exceções, tente manter os seus gastos no mesmo nível. Se convidar pessoas para jantar e gastar um pouco mais, faça um pequeno corte no mês seguinte. Pronto, está feito! Não precisaremos mais falar de supermercado.

Não estou tentando ser irônico. Entendo que despesas com supermercado podem variar. Porém, a maioria de nós nunca tentou calcular a média dos gastos mensais com alimentação e depois foi às compras com esse valor específico em mente.

Estabeleça uma meta, comprometa-se com um valor e não se preocupe com 50 dólares aqui ou ali (que não vão mudar a sua vida financeira, de qualquer modo).

Vamos agora falar sobre as despesas que vocês precisam realmente controlar.

Pensem nas despesas variáveis que são relevantes para o seu Plano de Gastos Conscientes, tais como...

- Comer fora
- Viajar
- Atividades das crianças
- Autocuidado
- Roupas

Quando somos objetivos, nós percebemos que apenas algumas despesas essenciais são variáveis *e* relevantes (ou seja, significativas o bastante para fazer diferença financeiramente). Lembre-se: você não precisa controlar sozinho todas essas despesas. Você tem um parceiro envolvido nesse processo – quando o trabalho é dividido, administrar é bem mais fácil.

Identifiquem as despesas variáveis, escolham um valor que lhes permita ter segurança e decidam quem controlará qual categoria. Quem for o responsável por encomendar comida para a família assumirá o controle dessa função. Passará a ser responsável por isso de agora em diante. E uma vez por mês, na Reunião Mensal sobre Dinheiro, pode relatar de que forma está cumprindo o seu objetivo. Seu parceiro fará o mesmo para as áreas que estiverem sob sua responsabilidade. No decorrer do tempo vocês podem simplificar e até mudar para um controle trimestral ou anual.

Lembre-se de que o objetivo deste livro não é controlar despesas. O objetivo é que vocês vivam uma vida rica juntos! Eis minhas recomendações para facilitar o controle:

Vocês dois devem controlar pelo menos um valor para que ambos se envolvam no processo. Se a tarefa for difícil demais, peçam ajuda um ao outro.

- Tratem esse processo como o desenvolvimento de uma nova habilidade. O controle pode ser maçante no início. Mas esperem pelo menos algumas semanas e procurem ser pacientes consigo mesmos. Eu prometo que as coisas se tornarão bem mais fáceis.
- Desde o princípio, preparem-se para vencer, construindo uma margem de segurança em seu Plano de Gastos Conscientes. Por exemplo, se o seu gasto médio no supermercado for de 600-700 dólares, eu recomendo que escolham usar o valor de 800 dólares nos primeiros dois meses. Se o uso do número maior indicar que o seu PGC não funciona, vocês terão de fazer cortes em outras áreas. (O PGC é de grande ajuda para tornar as suas decisões bastante claras.)
- Se vocês acharem que de um mês para o outro os seus valores são muito diferentes – por exemplo, uma conta de mercado de 300 dólares contra outra de 1.300 dólares, ou meses de 0 dólar em viagens contra um mês de 5.000 dólares –, o que costuma ocorrer é que as suas despesas são irregulares. Talvez vocês estejam comprando em grandes quantidades. Talvez as suas viagens se concentrem em feriados. A solução é calcular a média dos números durante um intervalo de tempo mais longo. Comece com uma média mensal, depois

passe para uma média trimestral, e por fim siga aumentando até atingir uma média anual.

- O modo mais fácil de fazer isso é baixar as transações do seu cartão de crédito conjunto e importá-las para uma planilha. Isso lhes permite grande controle, é relativamente simples e é gratuito.
- Se vocês quiserem o auxílio de uma ferramenta, eu recomendo You Need a Budget [Você Precisa de um Orçamento] (YNAB.com). Sim, eu sei que é irônico que eu afirme literalmente "você não precisa de orçamento" e depois recomende o YNAB; mas para as pessoas que sentem que perderam o controle sobre as suas despesas, esse software tem uma abordagem eficiente, na qual "cada dólar tem uma utilidade". Se vocês precisarem de apoio no começo, podem usar essa ferramenta durante três ou quatro meses a fim de desenvolverem a sua intuição, e depois decidirem se querem continuar com ele.
- Lembre-se de que este livro não encoraja a obsessão com cada despesa. Monitore alguns valores importantes, mas não se fixe neles.
- Em um estágio mais avançado não será necessário que façam um controle diário, nem mesmo um controle semanal. Minha mulher e eu fazemos um monitoramento trimestral, e até mesmo anual, no caso de despesas mais importantes. Isso exige tempo, habilidade e uma reserva adequada – mas saibam que se a sua vida rica for mais do que controlar despesas, no futuro vocês não precisarão fazer isso com tanta frequência!

NADA DE CONTAS BANCÁRIAS SECRETAS!

Quando eu converso com casais, muitas vezes ouço uma mãe ou uma tia sussurrar um pequeno conselho: "Guarde sempre o seu próprio dinheiro, apenas por precaução". Eu gostaria de mencionar a história por trás disso, que ouço exclusivamente de mulheres.

Sem a autorização de um homem, muitas das nossas avós não tinham permissão legal para abrir suas contas bancárias; não tinham nem mesmo permissão para trabalharem fora. Muitas de nossas mães também não tinham autorização para fazer isso. Apenas nos anos de 1960 e de 1970 as mulheres puderam abrir suas próprias contas bancárias e cartões de crédito.

Isso teve efeitos marcantes no modo como lidamos com dinheiro. Ainda nos dias de hoje, o número de mulheres que dependem de homens financeiramente é maior que o contrário; por isso, se alguma vez vocês já ouviram uma advertência sobre um parceiro que subitamente foge ou que morre inesperadamente, podem compreender a necessidade de manter algum dinheiro à mão.

Eu até concordo com a ideia de ter sempre o bastante para servir de amparo caso algo corra mal (consulte a página 156 para saber o que eu penso sobre fundos de emergência), mas tenho de discordar quanto a manter uma conta secreta. Sem dúvida vocês devem se proteger – não apenas da preocupação com a partida ou a morte de um parceiro, mas também da possibilidade bastante real de abuso financeiro ou físico. É por isso que em minhas configurações de contas para casais eu recomendo a abertura de uma conta-corrente individual e de uma conta-poupança individual às quais somente vocês tenham acesso. Mas os parceiros têm total conhecimento dessas contas.

Quando vocês desenvolvem uma visão compartilhada de vida rica, é necessário colocar todas as cartas na mesa: tudo o que vocês querem, tudo o que vocês temem, e todas as contas, sem dúvida. Se quiserem ter o próprio dinheiro vocês devem tê-lo – mas francos um com o outro a respeito disso. Se o parceiro x não se sente à vontade para ser honesto com o parceiro y a respeito de uma conta separada à qual apenas o parceiro x tem acesso, esse é um problema maior e mais sério que eu o aconselho vivamente a explorar.

Portanto, sim, tenham cada um uma conta individual em seu próprio nome. Mas não para mantê-la em segredo.

"PODEMOS SIMPLESMENTE MANTER NOSSAS FINANÇAS SEPARADAS SE AMBOS CONCORDARMOS COM ISSO?"

Evidentemente vocês podem configurar as suas contas como desejarem. O dinheiro é de vocês! Se me perguntassem, porém, eu recomendaria fortemente que combinassem as contas – a não ser que tivessem uma situação peculiar (por exemplo, um segundo casamento).

Vocês têm um futuro juntos, e seus benefícios serão substanciais se juntarem o seu dinheiro: a união das suas finanças lhes proporciona mais poder de compra (vocês podem facilmente dividir os custos de tudo, desde pasta de dentes até moradia) e mais simplicidade (chega de discussões de 3 dólares do tipo "quem gastou o quê", e de transferir fundos várias e várias vezes). E contas compartilhadas indicam que vocês se prepararam estruturalmente para pensarem em sua vida *juntos*.

Há também pesquisas abrangentes mostrando que contas conjuntas são benéficas para os relacionamentos. Em um estudo de 2023, os pesquisadores Jenny

Olson, Scott Rick, Deborah Small e Eli Finkel investigaram o que aconteceria se escolhessem alguns recém-casados para manterem contas separadas e outros para juntarem suas finanças. Esses pesquisadores constataram que os casais que juntaram as suas contas estavam mais satisfeitos com o dinheiro em seus relacionamentos. Eles constataram também que os casais com finanças conjuntas eram mais alinhados com seus objetivos e mais transparentes para com suas finanças, e conversavam sobre dinheiro com frequência.

Pela minha experiência, os casais tendem a manter as finanças separadas porque cada cônjuge já possui as suas próprias contas bancárias quando se casam, e não há nenhum motivo que os obrigue a mudar agora. Esses casais nunca têm uma sequência de conversas "formais" a respeito de dinheiro. Em outras palavras, muitas pessoas simplesmente "passam" para a conservação de contas separadas sem tomar uma decisão consciente. (Na realidade, nesse estudo de 2023 os pesquisadores incluíram um grupo de controle que não recebeu nenhuma instrução relacionada à possibilidade de juntar finanças. O resultado: *72% dos integrantes desse grupo não juntaram as suas finanças!* Isso mostra que é bastante fácil deixar de fazer isso.)

Infelizmente esses casais não têm prática quando algo de errado inevitavelmente ocorre e eles *são obrigados* a falar sobre dinheiro. O que acontece se um dos parceiros perde o emprego? O que acontece se alguém fica doente? E se inesperadamente surgir uma herança? Quando os casais se sentam e discutem as suas finanças, é comum que terminem combinando o seu dinheiro, o que torna as suas contas mais simples de definir e mais fáceis de administrar; e em última análise aumenta o seu sentimento de trabalharem juntos como uma equipe.

LISTA DE VERIFICAÇÃO DO CAPÍTULO 9

- ☐ Ajuste corretamente as suas contas-correntes e de poupança usando a minha configuração simples para casais. Abrir contas-correntes e de poupança pode parecer uma tarefa incômoda, mas os bancos a facilitam.
- ☐ Reduza o número dos seus cartões de crédito para três ou quatro (incluindo um cartão comum para despesas domésticas). Encerre os outros. Decida juntamente com o seu parceiro quais cartões vão usar para quais despesas.
- ☐ Tornem automáticas as transferências para as suas contas-poupança e de investimento. Assegurem-se de que tenham de três a cinco contas-poupança conjuntas (sendo uma delas um fundo de emergência exclusivo), cada qual com um objetivo específico.
- ☐ Decida com o seu parceiro qual categoria de despesas vocês querem controlar (compras no supermercado, refeições fora de casa, atividades das crianças...) e quem se responsabilizará por cada categoria.
- ☐ Depois de fazerem tudo isso, avaliem se gostam da sensação. O objetivo não é somente simplificar e automatizar o seu planejamento financeiro, mas também permitir que vocês se sintam mais conectados, mais como uma equipe.

CAPÍTULO 10

VIVENDO UMA VIDA RICA JUNTOS

Estabelecendo práticas agradáveis em relação ao dinheiro que realmente se sustentem

Em nosso primeiro aniversário de casamento, minha mulher e eu fomos a um jantar especial de sushi em Nova York. Fizemos reservas com meses de antecedência. Vestidos com elegância, nós nos sentamos para uma refeição omakase com diversos pratos. Tudo estava delicioso, mas me recordo principalmente da experiência. A certa altura, o chef terminou de usar sua faca e passou-a para trás sem olhar, *sabendo* que haveria alguém ali para pegá-la. Para que essa única ação acontecesse, pense em tudo o que foi necessário: o amplo treinamento, a profunda confiança e a extrema atenção aos detalhes. Como uma pessoa que adora sistemas, fiquei boquiaberto.

Trabalhos impecáveis como esse me fascinam. Há pessoas que encontram essa sensação no futebol; há também quem a encontre num concerto. Quanto a mim, desde pequeno eu sinto um arrepio na nuca quando vejo a excelência surgir diante dos meus olhos.

Imagine ter esse tipo de relação com o seu parceiro. Imagine saber que você cuida dele e ele de você, e que quando a vida trouxer contratempos ambos saberão que não precisarão nem olhar para saber que o outro estará lá.

Para mim, essa é uma das partes mais bonitas de um relacionamento amoroso. Aposto que você já tem esse tipo de magia com o seu parceiro em alguns aspectos da vida. E agora que vocês já criaram o seu sistema de vida rica, vamos ao último passo que resta para construir essa bela confiança em relação ao dinheiro.

No final deste capítulo, você saberá como falar de dinheiro todos os meses, como atualizar a sua visão de vida rica uma vez por ano e como lidar com pequenos desentendimentos que acabam surgindo inevitavelmente. Vamos começar com a "Reunião mensal sobre dinheiro".

A REUNIÃO MENSAL DE UMA HORA SOBRE DINHEIRO

Eu prometi que quando o seu sistema estivesse pronto e funcionando vocês só precisariam de 60 minutos por mês para conseguirem controlar as suas finanças. É aqui que entra a sua reunião mensal sobre dinheiro.

Essa sessão – que está agendada e é sagrada – confere a vocês tempo e espaço para que conversem sobre as suas finanças. No decorrer do mês, se houver assuntos que pretendam abordar vocês devem incluí-los em sua agenda, sabendo de antemão que poderão contar com um tempo reservado para que os discutam com tranquilidade. Minha mulher e eu utilizamos um simples Google Doc.

Eu já notei que alguns casais acham estranhamente formal que eu use palavras como *reunião* e *agenda*. Será que eles estão certos? Talvez. E eu me importo com isso? Não. Prefiro que vocês sigam o meu sistema formal em vez de mantê-lo "informal" (ou seja, inexistente) durante os próximos quarenta anos enquanto se desentendem por causa do preço da carne seca.

Exemplo de agenda para a sua Reunião Mensal sobre Dinheiro

1. ***Valorização mútua***
    - "Excelente trabalho localizando aquela despesa de 50 dólares no mês passado!"
    - "Adorei o lugar que você escolheu para sairmos à noite na quinta-feira passada!"

2. ***Atualizações do parceiro 1***
    - Meta para o supermercado: 800 dólares. Resultados concretos: 789 dólares. "NADA MAU!"
    - "Você sabe o que foi essa despesa de 45,26 dólares de 20 de fevereiro?"
    - "Atualização da poupança: 6.500 dólares!"

3. ***Atualizações do parceiro 2***
    - Precisamos ligar para o Vanguard para verificar se a configuração da nossa conta está correta. Tem tempo nessa sexta-feira no horário de almoço?
    - Atualização de investimento: 22.700 dólares!

4. *Atualizações conjuntas*
   - "Nós encerramos a conta no Wells Fargo" (porque é um dos bancos mais predatórios do mundo)
   - "Daqui a quanto tempo precisaremos comprar uma nova máquina de lavar louça? Vamos ter de poupar para isso?"

5. *Rever nossos números*
   - Rever PGC
   - Rever conta-poupança.

6. *Questões pendentes*
   - Parceiro 1: "Vou verificar se temos a quantia correta de cobertura de seguro."
   - Parceiro 2: "Precisamos usar um fundo com data-alvo diferente em contas de aposentadoria diferentes? Vou ler o livro de Ramit, *I Will Teach You to Be Rich* [Vou Ensinar Você a Ser Rico], para descobrir. (Comentário de Ramit: Não, vocês não precisam desse fundo.)
   - Planejamento de uma vida rica: "Quem vai organizar o nosso encontro romântico desse mês? Começaremos a planejar nossas viagens de férias no mês que vem."

7. *Para encerrar*
   - Por que eu amo você.

Recursos

- Mantenha uma lista de links de fácil acesso nessa parte da agenda, incluindo o seu documento de visão de vida rica.

O clima da reunião deve ser descontraído e até divertido. Mas conseguir criar esse ambiente descontraído pode levar tempo. Quando eu pergunto pela primeira vez aos casais: "Quando foi a última vez que se divertiram falando sobre dinheiro?", 90% deles ficam me olhando até que um diga: "Nunca". Não se preocupem. Logo darão pulos de alegria, quando souberem quanto estão poupando e investindo automaticamente todos os meses. Vocês se darão conta de que é bem mais fácil falar de dinheiro quando o seu plano está em operação.

Vocês podem tornar divertida a reunião se a organizarem do modo correto. Assim como as festas de aniversário de crianças têm jogos, depois pizza, depois bolo, e depois é preciso deixar o local antes que todos se desentendam, a sua Reunião Mensal sobre dinheiro é estruturada de maneira que vocês possam se conectar de uma forma positiva e encerrar em alto nível. Comecem agradecendo um ao outro por algo que tenham percebido (eu lhes darei logo adiante o roteiro palavra por palavra). Depois podem corrigir o que não está funcionando, abordar questões pendentes, declarar vitória e encerrar.

A REUNIÃO É IMPORTANTE E TEM DE SER LEVADA A SÉRIO

Eu tenho outra confissão a fazer: enquanto eu escrevia este livro, minha mulher e eu deixamos de ir algumas vezes à nossa Reunião Mensal sobre Dinheiro. Quando enfim nós nos reunimos para conversar, fiquei envergonhado por ter permitido que isso acontecesse. Eu sou o "dono" da reunião – a pessoa que organizaria a agenda, conforme havíamos combinado – e não havia honrado a minha parte; sendo assim, comecei reconhecendo isso. E disse a ela como consertaria as coisas:

- Eu já havia reservado tempo na minha agenda para fazer, no dia seguinte ao de cada reunião, o acompanhamento de todas as tarefas.
- Eu também havia reservado 30 minutos, dois dias antes da próxima reunião, para finalizar todas as tarefas restantes sob minha responsabilidade. Eu sempre envio um e-mail com um link para a agenda, a fim de tornar as coisas mais fáceis para Cassandra. (A nossa agenda é um Google Doc em execução com os tópicos da última reunião no topo, o que nos permite pesquisar agendas anteriores caso precisemos encontrar um tópico antigo.) O link deve ser enviado pelo menos 24 horas antes da reunião; assim, enviando-o dois dias antes eu obtive margem de manobra para o caso de acontecerem problemas.
- Acrescentei um terceiro bloco de 15 minutos um dia antes da reunião, para o caso de algo escapar. Na realidade, eu estou reconhecendo que nem sempre consigo fazer tudo o que está em meu calendário, mas criando uma solução rápida para garantir que estou pronto.

O mais importante é que eu fui sincero quanto a não estar no controle da situação. Eu me desculpei e lhe comuniquei o meu plano. E depois segui adiante. (Sou grato a Cassandra por aceitar minhas desculpas e também seguir adiante.) Erros acontecerão! Vocês devem reconhecer esses erros e continuar avançando, sabendo que têm uma vida inteira de oportunidades para conversarem sobre a sua vida rica juntos.

Etapas de uma reunião sobre dinheiro

Esses itens ajudarão o casal a se lembrar das partes de uma Reunião sobre Dinheiro que eles costumam esquecer.

Elogios: Elogie o seu parceiro e fale sobre o que está evoluindo bem.
Avaliação: Examinem os seus gastos do mês com relação ao seu PGC, e analisem todas as despesas futuras e decisões financeiras que precisem de atenção.
Momento de vida rica: Façam uma reserva ou um plano, ou simplesmente pesquisem no Google um lugar que desejem visitar.
Fim: Terminem a reunião dizendo "eu te amo".

Uma das coisas que mais me atraem na Reunião Mensal sobre dinheiro é que ela nos permite tempo para reconhecermos o progresso que estamos fazendo. Assim como num jogo de vídeo no qual pontos se acumulam, vocês podem ver as suas poupanças automáticas e os seus investimentos automáticos aumentando, e podem ver até no que vão gastar dinheiro no próximo mês. Façam assim: *Certo, em janeiro nós decidimos sair em férias com as crianças para a Califórnia. Vamos consultar nossas poupanças... Que ótimo! Faltam 20% para chegarmos lá, e tudo está bem encaminhado para que possamos ir nesse verão!*

Isso ajuda a vincular o dinheiro à alegria; vocês observam todo o trabalho que realizaram juntos – desenvolver uma bonita visão de vida rica, configurar as suas contas, automatizar suas finanças – e se dão conta de que tudo começa a se encaixar. Agora vocês podem começar a compartilhar informações sobre o lugar para onde vão, e a se empolgarem com esse seu objetivo. *(Temos que levar as crianças para esse parque aquático! Temos de visitar esse jardim! Reparem na vista desse restaurante!...)* Na ocasião em que vocês chegarem de fato ao seu destino, já terão experimentado uma dose gigantesca de alegria. Essa é uma maneira poderosa de viver uma vida rica para além da planilha.

COMO ESTRUTURAR A SUA REUNIÃO SOBRE DINHEIRO

Vamos desenvolver o exemplo da agenda de "A nossa primeira Reunião Incrível sobre dinheiro" (página 32). Escolham um ambiente sossegado e minimize as distrações. Usem um temporizador – a reunião não deve durar mais de 60 minutos. Com tudo preparado, deem início ao trabalho. Segue-se um esquema para uma ótima Reunião Mensal sobre Dinheiro, com exemplos de roteiros.

Comece com um elogio.

"Eu adorei que você tenha…

… feito aquele jantar fantástico em meu aniversário na semana passada."

… me transmitido tanta segurança quando falamos sobre finanças."

… cuidado das compras de volta às aulas."

… me acordado para corrermos juntos esta manhã."

Em seguida, dê continuidade a todos os assuntos pendentes do último mês.

"Eu vou fazer as transferências da nossa conta-corrente conjunta para as nossas poupanças conjuntas. Pronto, está feito."

"Lembra-se de que eu lhe disse que iria pesquisar o tipo de colchão que deveríamos comprar? Pois bem, vou lhe mostrar o que encontrei."

"Eu sei que ia tentar reduzir a nossa conta do supermercado em 100 dólares, mas não fiz isso. Eis o que farei no próximo mês…"

Depois, revisem o seu **PGC.** *(Lembrem-se de que vocês estão monitorando apenas alguns valores de maior importância. Veja a página 138 para obter detalhes a respeito disso.)*

"Como estamos indo?"

"Teremos de fazer algum ajuste?"

"Estamos em dia com o plano?"

"Eu sei que passei dos limites nos gastos sem culpa este mês. Foi aquela promoção da Nike…"

Verifiquem as suas contas-poupança.

"Uau! Já percorremos 30% do caminho para alcançar o nosso objetivo!"

"Talvez nós possamos poupar mais em nosso fundo Nova Cozinha. O que você acha?"

"Acabo de saber que a mensalidade do acampamento vai subir. Temos de aumentar a nossa contribuição para essa conta."

Conversem sobre qualquer outra coisa em sua agenda compartilhada.

"O mecânico disse que o carro precisa de um reparo de 1.200 dólares nos próximos três meses... Vamos consultar o PGC e resolver como lidaremos com isso."

"O que significam esses 200 dólares transferidos para a nossa conta? Não consigo entender."

"Veja, nós terminaremos de pagar a dívida do cartão de crédito em seis meses. Como reaplicaremos esse pagamento mensal?"

Distribuam tarefas por nome – dividam e conquistem. *(Sejam específicos: de quem é a tarefa, qual o próximo passo e qual é o prazo.)*

"Vou conferir a cabana. Pode levar o carro para ser reparado no próximo sábado?"

"Claro. E até quarta-feira eu vou encontrar um restaurante para o jantar de aniversário do seu pai."

"Devíamos ligar as nossas contas conjuntas e individuais. Pode fazer isso amanhã à noite depois do trabalho?"

Por fim, concedam a vocês mesmos um momento de vida rica com o qual sonhar.

"Ei, que tal irmos àquele novo restaurante de frutos do mar na sexta-feira com o Cam e a Nikki? Vou marcar agora."

"O que você gostaria muito de fazer nas nossas férias que nunca tenha feito antes?"

"Já viu o hotel com casa na árvore que lhe enviei? Talvez possamos ir no próximo ano!"

E sempre termine com um elogio. *(Um bom elogio está sempre relacionado com a reunião. Você pode mencionar como se sentiu graças ao seu parceiro, algo que você notou, até mesmo o fato de ele ter comparecido à reunião. Termine dizendo "Eu te amo".)*

"Obrigado por tornar isso tão fácil, mesmo quando eu fiquei ansioso ao conferir nossos investimentos."

"Foi difícil, mas conseguimos. Mês que vem será ainda melhor."

"Fico muito feliz com o fato de estarmos fazendo isso juntos. Que bom saber que somos uma equipe."

Se as coisas ficarem difíceis, essas serão as suas alternativas:

"Vamos examinar o plano..."

"Se precisássemos resolver essa questão utilizando a nossa visão de vida rica, o que faríamos?"

"Numa situação como essa, o que faria [escolha um ente querido – um irmão ou um dos pais]?"

"Vamos deixar essa questão pendente e voltar a abordá-la na próxima reunião."

"Podemos fazer um intervalo por alguns instantes? Eu te amo, e sei que nós dois queremos elaborar um bom plano. Que tal se fizéssemos uma pausa de cinco minutos e depois voltássemos juntos?"

Vocês podem encontrar um modelo para a sua Reunião Mensal sobre Dinheiro pesquisando em "modelo de reunião sobre dinheiro de Ramit".

DICAS PARA TER SUCESSO COM A SUA REUNIÃO MENSAL SOBRE DINHEIRO

Cada parceiro deve levar pelo menos um tópico para cada reunião.
Trata-se de um esforço em equipe, portanto vocês dois devem acrescentar sugestões, dúvidas e atualizações à agenda. Eu recomendo que vocês combinem que todas as atualizações sejam inseridas no documento até as 21 horas da noite anterior à reunião. Isso evitará que um parceiro fique frustrado por ter de esperar as atualizações (que inevitavelmente chegam logo antes do início da reunião). Isso também dá tempo aos dois para que se preparem, evitando ser surpreendidos por algum tópico.

Nem tudo tem de ser perfeito!
Como proprietário de uma empresa, eu tive de aprender que partes da minha empresa estão desorganizadas – links quebrados, erros de digitação etc. – e que eu não posso corrigir tudo. Isso me deixa louco, porque sou perfeccionista. Mas eu também preciso aceitar que *nem todos os problemas merecem minha atenção.* Tenho de me concentrar nos grandes problemas.

Comece pensando dessa maneira com relação ao seu dinheiro. Determinadas coisas não funcionarão bem no seu planejamento financeiro, mas se não forem sérias provavelmente valerá mais a pena deixá-las para mais tarde – ou mesmo aceitar que elas talvez nunca sejam solucionadas. Por exemplo: talvez você tenha uma conta antiga com 75 dólares, mas para ter acesso ao dinheiro precisará fazer uma chamada telefônica de duas horas. Sinceramente, deixe isso para lá.

Em nossa agenda da Reunião Sobre Dinheiro, nós temos uma categoria chamada Questões Pendentes: trata-se de coisas que não são solucionadas com rapidez ou às quais não conseguimos responder. Inclua esse tipo de questão em sua agenda. Pode demorar seis meses para encontrarem uma resposta para elas, ou pode ser que vocês jamais a resolvam. Contudo, pelo menos estão numa lista. Se tudo estiver correndo bem em sua reunião, vá a Questões Pendentes e escolha a mais importante. Talvez seja necessário dividir grandes questões ("Calcular as contas da aposentadoria") em subquestões de menor importância.

Desenvolvam o seu próprio estilo.
Adaptem a minha abordagem para criar a sua própria e única reunião. De dois em dois meses vocês podem querer se revezar na condução da reunião (eu os encorajo a fazer isso, para que ambos possam participar do jogo). Vocês também podem querer adaptar a agenda. Por exemplo, minha mulher e eu experimentamos constantemente perguntas diferentes para iniciar a nossa reunião. Eis algumas que estamos adorando nesse momento:

PENSANDO PEQUENO VS. PENSANDO GRANDE

Você pode mudar quando quiser a sua mentalidade com relação ao dinheiro.

Pensar pequeno

- "Administrar o dinheiro" significa pagar as contas em dia.
- "A quantidade de dinheiro que nós temos é a quantidade em nossa conta-corrente."
- "Nós não esperávamos que o conserto do carro ficasse tão caro."
- Tentar poupar "quando você puder".
- Pensar em seus gastos numa base mensal.
- Preocupar-se com o custo de uma refeição num restaurante.
- Sentir-se bem por ver um saldo elevado na conta-corrente.
- Pensar em termos de dólares.
- Ficar estressado em razão do preço do café com leite.

Pensar grande

- "Administrar o dinheiro" significa concentrar-se em áreas de alto impacto: a elaboração da sua vida rica, a sua meta de poupança, sua alocação de ativos e um sistema que funcione de maneira satisfatória.

- “O que você adoraria fazer com o nosso dinheiro?”
- “Como nós podemos ser mais generosos?”
- “Que lembrança sobre dinheiro você tem da sua infância? Boa ou ruim.”

Passe algum tempo falando das suas vitórias!

Um diretor executivo amigo meu me deu um conselho memorável quando eu estava me preparando para avaliar o desempenho de um funcionário. Ele me perguntou: “Como essa pessoa está se saindo?”. Eu respondi que ela estava se saindo bem, com 90% de sucesso. Ele disse: “Bem, na sua avaliação, quanto tempo você passará falando das coisas boas e quanto tempo falará das más?”. Isso me fez pensar. *Embora a pessoa estivesse se saindo muito bem, eu planejava passar 90% do meu tempo falando sobre pontos que ela teria de melhorar.*

A nova solução: se a pessoa tem 90% de sucesso, passe 90% do tempo falando dos aspectos positivos. O mesmo vale para a sua reunião sobre dinheiro. Pense desde o início na proporção de trocas positivas que pretende ter.

- "Nós compreendemos a diferença entre o que está em contas-correntes, em poupanças e em investimentos, e sabemos exatamente o que podemos pagar."
- "Nós fazemos planejamento para despesas inesperadas reservando dinheiro *antes* de precisarmos dele."
- Ter uma meta de poupança específica (por exemplo, 10% da renda líquida) e criar uma regra para aumentar esse valor em 1% todos os anos.
- Planejar as suas finanças numa base anual, pelo menos: "Quanto vamos ganhar? Quanto vamos gastar com moradia? Que viagens desejaremos fazer?"
- Compreender os Custos-Fantasmas, desde o custo real de comer fora até o custo real de ser proprietário de uma casa.
- Compreender como os seus investimentos são remunerados e exatamente quando terão mais 50 mil dólares e mais 500 mil dólares
- Pensar em termos de porcentagens.
- Gastar *de maneira extravagante* nas coisas que vocês gostam – e saber que vocês podem arcar com isso, porque cortaram sem dó nas coisas em que não tinham interesse.

Em algum momento vocês terão de abordar os números.

Isso acontece com muitos casais: um parceiro quer se concentrar nos números e o outro quer falar sobre sentimentos. Sim, é definitivamente fundamental que vocês falem sobre a sua visão e avaliem como estão se sentindo. Contudo, essa reunião não se destina apenas a tratar de sentimentos.

Vocês estão administrando o negócio da sua casa. Isso significa avaliar os números com honestidade e falar sobre esses números detalhadamente. É preciso que vocês tenham liberdade para discutir suas preocupações; porém, mais cedo ou mais tarde vocês terão de ir direto ao assunto – metas, números e responsabilidades. Se precisarem fazer uma pausa de cinco minutos, vão em frente. Depois voltem e lidem com os números.

O QUE É QUE AS PESSOAS VÃO PENSAR?

Quando você e o seu parceiro falam pela primeira vez em "vida rica", os seus amigos podem achar um tanto engraçado. Um ano mais tarde, porém, quando vocês já tiverem operado mudanças visíveis em sua vida, não fiquem surpresos se as pessoas ao seu redor disserem "Por que toda essa obsessão com relação ao dinheiro? Vocês não podem pelo menos se divertir um pouco?".

Todos nós agimos com base em roteiros invisíveis sobre o que vem a ser o "sucesso". Para a maioria de nós, sucesso significa um determinado tipo de casa, um determinado carro e um determinado estilo de vida.

Sendo assim, quando um casal escolhe com convicção um caminho diferente as pessoas à sua volta percebem isso e muitas vezes pensam: *Espere aí... Eu estou fazendo isso errado?* Isso parece ruim, e então essas pessoas alteram seu pensamento: *Não... ELES é que devem estar fazendo isso errado.*

Estou partilhando isso porque não quero que vocês sejam surpreendidos por reações que questionem as suas decisões relacionadas à vida rica. Essas reações são normais e são esperadas.

Eles começarão com uma provocação amigável: "Quando vocês vão comprar um carro novo? Por que não aposentam de uma vez essa carroça?". (Tradução: *Acho que as pessoas sempre deveriam ter um carro novo. Você não pode* comprar *um carro melhor? Por que não quer um carro como o meu?*)

Depois as pessoas passam a se preocupar: "Têm certeza de que tudo está bem?". (*Quer que as pessoas pensem que vocês estão atravessando um momento difícil? Porque é isso o que me ocorre quando vejo o seu carro.)*

Por fim, raiva: "Por que vocês viveriam assim? Quem faz isso?". Curiosamente, as pessoas não se preocupam muito com as suas escolhas financeiras quando não podem vê-las. Por exemplo, você nunca ouvirá alguém criticar a sua alocação de investimentos, a não ser que seja um grande nerd das finanças. Mas elas ficam extremamente incomodadas com as escolhas visíveis que você faz, sobretudo se essas escolhas envolvem a sua casa, seu carro, sua comida ou seus filhos – que por coincidência são as referências tradicionais de "sucesso" nos Estados Unidos.

Você pode provocar reações estranhas se...

- mudar de uma casa para um apartamento.
- tirar seus filhos de uma escola particular e colocá-los em uma escola pública.
- mudar de uma cidade grande para uma cidade pequena.
- parar de comprar roupas por um ano.
- comprar uma bicicleta cara demais ou uma mala de marca.
- viajar dois meses por ano.
- ter aulas de voo.

Estou salivando com o drama enquanto escrevo essa lista. (Se tentarem um desses itens, enviem-me um e-mail contando-me as reações que provocaram. Ah, como eu gosto disso!)

Com o tempo, vocês aprenderão a se concentrar mais em sua própria visão do que nas coisas que os outros dizem. A essa altura da minha vida, tenho bastante prática em rir das observações das pessoas a respeito de minhas escolhas. Enquanto escrevo esse texto, corre na internet uma discussão hilária sobre a minha escolha de alugar uma casa em vez de comprar uma casa. Muitas pessoas acusaram-me de ser secretamente um senhorio – afinal, por que eu diria que alugar é bom se eu não fosse um senhorio?

Eu juro: não tenho absolutamente nenhum interesse em passar 15 horas por semana trocando lâmpadas como senhorio de uma casa térrea que gera um fluxo de caixa de 125 dólares por mês. Eu sei de onde essas acusações vêm. Vêm de pessoas que acreditaram quando lhes disseram que comprar é sempre uma decisão melhor do que alugar. Quando veem alguém que obviamente conhece o funcionamento do dinheiro e faz uma escolha diferente, essas pessoas questionam por uma fração de segundo o seu sistema de crenças: *Terei cometido um erro ao comprar?*

Contudo, questionar crenças profundamente arraigadas é doloroso, por isso as pessoas rapidamente – e sem se darem conta – concluem que eu secretamente devo estar lucrando como um senhorio faz-tudo. Quando confiamos em nossas escolhas, não precisamos argumentar em favor delas nem defendê-las. Vocês conseguirão ignorar as críticas irônicas que surgirão vez por outra.

Pagando por qualidade

Em minha opinião, quando alcançamos um certo nível financeiro nós temos obrigação de comprar coisas bem-feitas. Li recentemente que o mercado de tapetes persas está sendo prejudicado porque muitos pessoas compram tapetes baratos pela internet. Pense nas habilidades artesanais arduamente aprendidas ao longo de gerações para a produção de um tapete absolutamente impressionante: é isso o que o meu dinheiro pode apoiar – e fico feliz por poder pagar.

As pessoas ricas também deveriam estar contentes por poderem pagar o preço real de viver experiências, porque isso significa que outros podem experimentar a mesma coisa de forma mais econômica. Quando pagamos o preço integral para ir a um museu, permitimos que famílias de baixa renda tenham entrada gratuita. Quando compramos um bilhete de primeira classe nós subsidiamos assentos da classe econômica. E quando pagamos impostos nós permitimos que as pessoas dirijam em estradas seguras rumo aos parques nacionais, enquanto respiram ar puro e bebem água limpa.

Eu publiquei em minhas redes sociais algumas fotos dos bastidores das roupas feitas para o meu programa na Netflix. As pessoas são curiosas, por isso algumas delas investigaram a fim de saber quanto custavam as roupas. Depois eu comecei a receber comentários sobre os preços "obscenos". Mas para mim não eram obscenos: eu paguei esse valor porque adoro serviços realizados com esmero e designs de qualidade, posso pagar por isso e quero que as pessoas que trabalham nessa empresa sejam bem tratadas. (Na verdade, eu até visitei a fábrica na Itália!) Sinto satisfação por poder gastar mais em produtos artesanais, porque eles asseguram a prática para as próximas gerações.

Esteja onde você estiver em seu caminho financeiro, você pode praticar a abundância e a generosidade à sua maneira. Isso pode significar a preparação de uma doação mensal automática para uma causa local que você apoie, ou o estabelecimento de uma regra familiar de dar sempre 30% de gorjeta, ou até mesmo dar-se ao luxo de desfrutar de um café de origem única, que apesar de ser um pouco mais caro tem um sabor delicioso. É só mais uma forma de gostar de gastar o seu dinheiro – começando agora mesmo.

Eu quero que você e seu parceiro se sintam tão seguros a respeito da sua visão e das suas escolhas que ambos possam simplesmente sorrir diante de qualquer reação que encontrem. Vocês terão uma visão e se concentrarão em sua Vida rica, juntos. Isso é o que importa.

QUANTO DINHEIRO É DINHEIRO *SUFICIENTE*?

Vocês realmente querem um valor? Pois bem, aqui está: 1,8 milhão de dólares. É dessa quantia que você e seu parceiro precisam para se aposentarem com conforto.

Vou explicar por quê.

Idade de aposentadoria: Digamos que vocês se aposentem com 65 anos.
Quanto tempo vocês viverão? Quando eu escrevi este livro, mulheres norte-americanas viveriam em média 14 anos após os 65, e os homens, 8 anos após os 65 – até os 79 e os 73 anos respectivamente. (Agora vocês entendem por que eu quero que vocês vivam uma vida rica agora.)
Renda: Vamos supor que vocês tenham a renda familiar média de 70.784 dólares e queiram continuar com seu estilo de vida quando se aposentarem.
Vocês precisam de: 1,8 milhão de dólares (1.770.100,00 dólares, para ser mais exato).

Esse valor não é aleatório. É baseado na "regra dos 4%" do consultor financeiro Bill Bengen, que diz que você pode tirar com segurança 4% da sua carteira todos os anos da aposentadoria – e até mesmo aumentar as suas retiradas com base na inflação – e não ficar sem dinheiro no intervalo de tempo de trinta anos. (Para simplificar a ciência atuarial, nós usamos trinta anos porque as pessoas querem se assegurar de que não ficarão sem dinheiro antes de morrer.) Alguns fanfarrões afirmam que é possível retirar com tranquilidade 8% por ano (e "facilmente" ganhar 12% no mercado), mas 4% são muito mais realista. Eu abordo esse assunto mais detalhadamente em *I Will Teach You to Be Rich*.

Se vocês tiverem 1,8 milhão de dólares em sua conta, podem retirar sem receio 72 mil dólares por ano – o que é, nesse exemplo, exatamente a renda com a qual vocês vivem atualmente. Vocês queriam saber o valor; então, aí está o valor.

Isso é absolutamente aterrorizante para um grande número de pessoas. Por isso eu gostaria de acrescentar um pouco mais de nuance. Esse valor supõe que vocês continuem gastando a mesma quantia na aposentadoria, o que não acontecerá necessariamente. É provável que vocês gastem bem menos; por exemplo, porque já não se deslocam para o trabalho, ou porque reduziram a sua atividade.

Têm a intenção de viajar muito? Vocês podem gastar mais! E se um de vocês adoecer? Pode ser que vocês acabem não viajando (mas tenham despesas médicas gigantescas).

Se já pagaram a sua casa, nem de longe terão necessidade de gastar tanto. Se investiram em contas com benefícios fiscais, pagarão menos impostos.

E ainda existem mais fatores que não levamos em conta. Nós não levamos em conta os seus benefícios de previdência social, as pensões que possam ter, a sua alocação de ativos ou os aspectos mais técnicos da "flexibilidade nos gastos" (como o corte de gastos se o desempenho do mercado de ações for ruim).

O que eu realmente quero que vocês entendam é que "Quanto dinheiro é o suficiente" é a pergunta errada. A pergunta certa é "O que uma calculadora de renda de aposentadoria nos informa sobre a *nossa situação específica*?".

Se eu pudesse escolher, você e o seu cônjuge acessariam a minha calculadora (pesquise "Ramit Sethi calculator") e utilizariam o número ao qual chegassem

A magia transformadora da expectativa de fracasso

Quando eu tinha 21 anos, perguntei aos meus pais – perfeitamente saudáveis – se eles tinham um executor para os seus testamentos. A mesa silenciou. Hein? Será que nem todos os jovens de 21 anos verificam se os assuntos financeiros dos pais estão em ordem caso eles morram?

Há uma voz estranha na minha cabeça que analisa as mais variadas maneiras de as coisas correrem mal. Para uma pessoa normal, isso soa horrível. Um advogado ou um atuário, porém, acenariam que sim com a cabeça e diriam: "Esse aí sabe das coisas".

Eu sei que nós passamos um bom tempo pensando em todas as coisas que podem ser boas – casa nova, carro novo, filhos novos – mas instintivamente nós evitamos pensar em coisas ruins, como morte, doença e demissões. Dou ao planejamento dessas coisas o nome de "Expectativa de Fracasso". Eis a minha abordagem: embora eu espere que as coisas caminhem para o sucesso, eu também espero que fracassem, e planejo passos bastante específicos para esse cenário. É como se um piloto de avião usasse sua lista de verificação para lidar com um mau funcionamento do motor.

Quando se trata de dinheiro, a Expectativa de Fracasso nos dá um limite real. Digamos que vocês estejam planejando comprar uma casa de 600 mil dólares em três como ponto de partida para tratarem da sua vida rica hoje e uma vida ainda mais rica amanhã.

Façam as seguintes perguntas um ao outro:

- Que tipo de vida queremos viver agora? E nos próximos dez anos?
- Que tipo de vida queremos viver quando nos aposentarmos? (Tudo bem se vocês não souberem todos os detalhes, mas tentem delinear algumas linhas gerais: querem viajar 300 dias por ano, mudar-se para uma fazenda ou morar perto dos seus netos?)
- Quanto dinheiro é necessário para se ter esse estilo de vida?
- Estamos no bom caminho? Podemos desfrutar uma parte maior dessa visão mais cedo?
- Se o caminho que trilhamos não for o correto, que mudanças podemos fazer? Ainda temos tempo de nos adaptar, mas precisamos fazer isso juntos.

Vocês estão em vantagem pelo simples fato de terem aberto este livro.

anos. Vocês sabem que querem dar uma entrada de 10% (60 mil dólares). Considerando a sua taxa de poupança de 7% e o seu plano para manter o custo total de habitação abaixo de 28% da sua renda, os seus cálculos cuidadosos permitem que vocês alcancem o seu objetivo de três anos com folga.

É aqui que a Expectativa de Fracasso entra. Perguntem a si mesmos: *E se os preços dos imóveis dispararem? E se as taxas de juros das hipotecas aumentarem? E se um de nós perder o emprego?*

Ninguém faz essas perguntas. Nós simplesmente dizemos: "Queremos comprar uma casa". Se vocês abordarem essas questões agora – usando a técnica da Expectativa do Fracasso antes do aparecimento de problemas – vocês podem elaborar, com calma e objetividade, medidas para lidar com os contratempos.

Conversem sobre as alternativas que vocês têm: podem continuar alugando por mais um ano. Podem alterar o seu limite de 28% de custo de habitação e aumentá-lo para 30%. Seja qual for a sua decisão, *escrevam-na*. Agora vocês já têm um Plano B pronto, só por precaução.

Esse é um planejamento avançado. A maioria das pessoas não conta nem mesmo com um Plano A. Alimentar a prática de pensar no que pode dar certo *e também* no que pode dar errado é muito bom para os casais. Isso une vocês como uma equipe – vocês dois contra o problema – e afasta a tensão e a culpa que podem acontecer quando se veem surpreendidos por uma situação ruim.

MUDANDO A SUA HISTÓRIA FINANCEIRA DO PASSADO

O coach de executivos Marshall Goldsmith trabalha com pessoas inteligentes que em dado momento de suas carreiras chegam a um ponto de estagnação. Uma das especialidades de Goldsmith é identificar determinados comportamentos que foram úteis para seus clientes quando eles estavam na casa dos 20 e dos 30 anos, mas que já não servem mais. Um dos seus clientes reconheceu que era rude demais quando dava feedback. E disse: "Mas eu preciso ser honesto. É assim que eu sou".

Goldsmith dá a isso o nome de "necessidade excessiva de ser eu". Envolve a repetição incessante de uma história de identidade, mesmo quando essa história já não tem serventia. Muitas pessoas continuam fiéis às mesmas histórias com as quais cresceram, mesmo depois que as suas realidades financeiras mudaram. Por exemplo:

> "Eu não sou o tipo de pessoa que...
> ... vai a bons restaurantes
> ... ou se hospeda em hotéis caros
> ... ou usa belas roupas
> ... ou tem móveis elegantes."

"Eu não quero ser uma rica idiota"

Rachel e Jack (do episódio 40) estão na casa dos cinquenta anos. Rachel foi criada numa família da classe trabalhadora, e sempre viveu de maneira frugal. Agora, depois de terem perseverado em poupar e realizar investimentos sólidos, ela e Jack acumularam um patrimônio líquido de cerca de 5 milhões de dólares. Mesmo assim, Rachel quase cancelou porque Jack reservou um quarto muito bom de hotel que excedia em 200 dólares o valor que ela pretendia gastar. Ela não quer admitir nem para si mesma que é rica. Eis um trecho da nossa conversa:

> **Ramit:** Rachel, você admite que é multimilionária?
> **Rachel:** Não. Não gosto de pessoas que se gabam de ter muito dinheiro ou que têm um estilo de vida pomposo; por isso fico um tanto nervosa quando vejo esse número. Não quero ser assim.
> **Ramit:** Diga-me se o que vou dizer é correto. Você não gostava dos "ricos" na sua infância e na sua adolescência?
> **Rachel:** Sim.
> **Ramit:** E agora que se *tornou rica*, o que isso significa?
> **Rachel:** Não quero ser uma idiota.

Eu vi isso acontecer com os enfermeiros de terapia intensiva Jenee e Dan (do episódio 75), que durante a pandemia se deslocaram para onde eram mais necessários, trabalhando no centro da crise da covid. A procura por enfermeiros itinerantes era grande, por isso tanto Jenee como Dan ganharam até quatro vezes o seu salário normal. Com essa renda extra, eles pagaram seus carros, economizaram 50 mil dólares e até pagaram a hipoteca de sua casa!

Apesar de ter trabalhado intensamente e em condições adversas para receber o seu salário, Jenee sofreu um estresse enorme devido à sua nova riqueza. Quando Dan mencionou a compra de algo incluído em sua lista de vida rica – um carro caro com o qual ele sonhava desde que era estudante de enfermagem e trabalhava à noite no Walmart – Jenee simplesmente se fechou.

"Eu não suportei", ela disse. "Tivemos de parar a conversa porque eu não podia aguentar mais... Nós nos concentramos tanto em economizar que a ideia de gastar 150 mil dólares num carro quase me dá náuseas. Tenho uma grande dificuldade em compreender que alguém queira gastar tanto num carro." Perguntei-lhe se havia para ela um valor aceitável. "Provavelmente não", ela respondeu.

Um carro de 150 mil dólares é caro, não há dúvida. Mas e se vocês puderem pagá-lo sem dificuldade? E se for algo que o seu parceiro valorize, e além disso poupe o suficiente para comprá-lo? Essas perguntas são fundamentais quando se

Nos Estados Unidos nós adoramos pessoas ricas, mas também adoramos odiá-las. Nós as seguimos no Instagram, mas as consideramos gananciosas e más. Comprar um Tesla e fazer publicações sobre isso? Tudo bem, sem problema. Comprar uma Ferrari? Que idiota. Eu mesmo odeio alguns desses ricos idiotas. Quando vejo multimilionários e bilionários dizendo coisas hediondas e arrogantes eu percebo algo simples: além de serem sofríveis moralmente, eles podem ser um tanto estúpidos.

Se você for bem-sucedido, porém, não há honra em fingir que não é rico. Isso não o torna mais virtuoso. Na verdade, é uma tragédia viver uma vida mais modesta que o necessário. E também é hipócrita. Já vi incontáveis pessoas postarem em fóruns de investimento coisas como: "Não que nós sejamos ricos; nós vivemos confortavelmente. Ganhamos 290 mil dólares por ano, e temos uma pequena carteira de 2,3 milhões de dólares." Pois eu tenho novidades para você, amigo: vocês são ricos!

Existem dois problemas aqui. Em primeiro lugar, você se apequena por se recusar a admitir a verdade. Em segundo, essa atitude é um enorme insulto a pessoas que não têm nem perto do que você tem. Se você for rico, assuma isso, reconheça isso. Eu sou rico. Trabalhei muito, contei com muita ajuda e muita sorte. E sempre disse que traria todos comigo quando conseguisse. Agora eu posso fazer isso.

trata de dinheiro e de psicologia. Eu recomendo que vocês revejam regularmente as histórias que contam a si mesmos; por exemplo, durante a sua Revisão da Vida Rica de final de ano, na próxima seção.

Você receia perder a essência de quem você é se deixar de acreditar que é frugal? Você se pega deixando de fazer ou de comprar, ou demonizando outras pessoas por gastarem dinheiro em coisas como passagens de avião em classe executiva ou bilhetes para assistir a concertos na primeira fila?

Não seria interessante descobrir por que algumas pessoas gastam dinheiro em bons lugares para concertos em vez de ignorá-los? Não seria positivo ter curiosidade sobre o motivo pelo qual alguém pagaria mais por uma passagem de avião, uma camisola ou um colchão? Dou a isso o nome de Princípio D-a-C: da depreciação à curiosidade. É bem mais divertido ter curiosidade do que ficar preso a uma história antiga.

Dizer a si mesmo "eu não sou o tipo de pessoa que come em restaurantes sofisticados" é sabotar o atrativo de *todos* os restaurantes para você mesmo e para os seus entes queridos – e reduzir a empolgação com potenciais ocasiões que constroem lembranças, como aniversários e formaturas. E o pior é que as suas histórias podem se tornar um peso para o seu parceiro, impedindo-o de explorar novas áreas. Você pode não ser muito amigo de uma refeição de três pratos num bom restaurante, mas talvez o seu parceiro goste. Se a sua história lhe impõe limites, também impõe limites às pessoas à sua volta.

Histórias antigas trazem consigo um sentimento de orgulho, muitas vezes porque a nossa frugalidade foi o que nos ajudou a alcançar o nível em que nos encontramos na vida. Há também a culpa por mudar: "O que as pessoas pensarão se nos mimarmos assim?". Mas vocês merecem virar a página e escrever o próximo e incrível capítulo da sua vida rica.

Em lugar de se apaixonar por uma história ultrapassada envolvendo dinheiro, apaixone-se pelo que de fato importa: a sua vida rica, aquela que você construiu com o seu parceiro.

Realizar uma mudança raramente exige muito. Gastar dinheiro em algo que você jamais teria imaginado antes? Comprar uma linda calça, ou frutas frescas no mercado, ou até mesmo um carro que custa o dobro do preço que você considera razoável? Desde que você possa pagar por isso, o que pode acontecer de pior? Tornar melhor a sua vida e fazer feliz o seu cônjuge? Você está começando a se interessar por outras coisas agradáveis? Excelente! A sua história deve evoluir constantemente.

SUA REVISÃO ANUAL DE VIDA RICA

Anos antes da nossa lua de mel, Cassandra e eu conversamos sobre a viagem que gostaríamos de fazer. Trabalhamos duro e economizamos constantemente em uma conta-poupança destinada a essa viagem, adicionando uma quantia a mais a título de segurança, para que não precisássemos nos preocupar com uma refeição extra ou uma excursão extra quando estivéssemos em terras estrangeiras. Durante a viagem, nós nos permitíamos relaxar totalmente, pois tínhamos planejado tudo antecipadamente. Foi com essa finalidade que poupamos – para desfrutarmos da oportunidade de nem mesmo pensar em dinheiro durante uma experiência única na vida. Isso é o que eu quero para você.

O que torna possível uma viagem como essa é elaborar em conjunto uma visão de vida rica, associá-la às suas metas financeiras e realizar reuniões mensais para permanecer no caminho certo. Se vocês conseguirem fazer essas três coisas, eu prometo que poderão viver juntos uma vida mais rica do que jamais acreditaram ser possível.

A última peça do quebra-cabeça – a sua Revisão de Vida Rica anual – é o elemento final nesse sistema. Esse é um evento de importância monumental para se pensar grande e planejar a longo prazo. Trata-se de uma celebração dos seus sucessos, uma ocasião para preparar estratégias com base no que correu bem e mal, e uma oportunidade de olhar para o futuro, com planos concretos para o ano seguinte e mais além. É claro que com o passar do tempo as rendas mudam, as necessidades mudam e as circunstâncias mudam; por isso, quando vocês fazem essa revisão anual têm a oportunidade de atualizar a sua organização financeira global e planejar um ano, cinco anos ou mesmo dez anos.

A sua Revisão de Vida Rica deve acontecer não em sua casa, mas num local físico diferente. Pessoalmente, eu prefiro um lugar especial que ajude a pensar grande; mas faça o que for mais adequado.

Minha mulher e eu costumamos fazer nossa revisão enquanto viajamos para o exterior todo ano. Parte disso é intuição simplesmente – nós nos apanhamos conversando sobre o ano que vem enquanto caminhamos ou fazemos uma ótima refeição. Perguntamos: "Quais são os nossos sonhos para o próximo ano?". Então, em determinado momento nós nos sentamos juntos, e no decorrer de vários dias revisamos gradualmente a lista abaixo. Não há pressa. Nós nos damos o presente de um ritmo calmo.

Seja viajando para fazer a sua Revisão de Vida Rica, ou simplesmente sentando-se para tomar café com leite numa bela cafeteria, quero que vocês se afastem da vida cotidiana e deem a essa conversa o devido respeito. Isso é importante. Está na sua agenda e é algo que vocês nunca perdem.

Eu quero que vocês anseiem por isso, e desfrutem disso. Para a maioria das pessoas o dinheiro é uma obrigação, porque é reativo – uma coisa a mais para se fazer. Mas quando vocês assumem o controle, partem para o ataque juntos e se antecipam, a diversão é garantida. A sua Revisão de Vida Rica é uma chance de reacender todos os anos esse sentimento.

SUA AGENDA DE REVISÃO DE VIDA RICA

Vocês terão agora uma síntese do que deve ser abordado e de que maneira falar sobre o assunto.

Preparem-se: Analisem as suas despesas dos últimos doze meses e verifiquem o que funcionou, o que não funcionou e o que vocês acham necessário mudar. Por exemplo:

- Vocês alcançaram os seus quatro números essenciais (custos fixos, poupanças, investimentos e despesas sem culpa)?
- Vocês tiveram um bom desempenho na projeção das suas despesas? Deem mais detalhes com relação a compras no supermercado, viagens, cuidados com os filhos e assim por diante. Depois, atualize o seu Plano de Gastos Conscientes para o próximo ano.
- Revisem os seus Indicadores de Dinheiro e todas as Regras sobre Dinheiro que vocês tenham criado (veja a página 281). Eliminem ou alterem os que já não lhe parecem adequados; se tiverem novas regras, acrescentem-nas.
- Pensem no que virá no próximo ano: alguma mudança na renda? Despesas adicionais? Cenários para os quais vocês querem começar a trabalhar desde já?

Valorização: Você e o seu parceiro podem iniciar a reunião compartilhando alguns momentos específicos dos últimos doze meses em que realmente se valorizaram um ao outro. Para relembrar os momentos, consulte o seu calendário. Talvez vocês até queiram tirar algumas fotografias dos melhores momentos. Os pontos aqui podem ser pequenos ou grandes. Por exemplo:

- “Quando o nosso filho teve um esgotamento na Disneylândia, você estava preparada com suco e o brinquedo dele. Eu adoro saber que você é minha parceira e que sempre olha por nós.”
- “Em março, você insistiu para que fizéssemos uma poupança automática, e eu me opus. Mas você tinha razão. Eu nem posso acreditar que já temos 3 mil dólares! Sei que não queria abrir mão do controle, mas preciso estar disposto a partilhar mais do nosso planejamento em conjunto.”
- “Você sugeriu que levássemos meus pais para um jantar especial um dia depois da mudança, e eles realmente precisavam disso. Eu estava sobrecarregada e não tinha condições de pensar nisso, mas você me deu apoio.”

O que correu bem: Falem sobre vitórias compartilhadas, celebrações de aniversário, treinamentos insignificantes, o que quer que seja! Inclua pelo menos um êxito financeiro. Por exemplo:

- “Nós pagamos aquela conta do Visa, e foi uma sensação muito libertadora.”
- “Nós descobrimos de onde vinha o vazamento no porão.”
- “Temos dois filhos que adoram os seus professores.”
- “Nós falamos sobre dinheiro todos os meses.”

O que vocês mudariam: Mantenham-se otimistas, mas sejam honestos. Por exemplo:

- “Nós exageramos nas refeições fora de casa. Preciso levar o almoço pela manhã.”
- “Quero que passemos um fim de semana fora de poucos em poucos meses.”
- “Na verdade aquele cruzeiro não foi assim tão mágico. Vamos esquecer que aconteceu.”
- “Sei que peguei você de surpresa com isso, mas o hotel que você reservou para nós ultrapassou muito o orçamento. Quero conversar com você para encontrarmos uma maneira de impedir isso.”
- “Nosso carro pifou.”
- “Quero poder jogar golfe de vez em quando com os meus amigos.”

O que tornaria o próximo ano mágico? Falem sobre como viverão uma vida rica nos próximos 12 meses. O que tornaria incrível a sua vida? Por exemplo:

- "Vamos nos matricular naquelas aulas de salsa."
- "Podemos planejar uma grande viagem em família para comparecermos ao casamento do meu primo na Flórida."
- "Bem, nós sempre falamos em começar uma horta. Vamos fazer isso!"
- "Vamos sair regularmente para nossas noites românticas, de duas em duas semanas."

Aonde queremos ir?

- "Quero fazer uma viagem noturna, só nós dois."
- "Quero que todos nós passemos as férias com a minha família. E ficaremos mais alguns dias."
- "E o que acha da Grécia? Eu sempre quis conhecer Santorini."

O que queremos fazer* mais, *e como queremos fazer?

O quê: Ver os nossos amigos.
Como: Planejando uma noite de jogos uma vez por mês.

O quê: Encontrar uma maneira de fazer as crianças passarem mais tempo com os avós.
Como: Reservando dinheiro para trazer os avós de avião ou enviar os filhos mais velhos até os avós.

O quê: Viajar com menos estresse.
Como: Pagando um pouco mais caro por um hotel com atividades para as crianças; arrumando as malas com três dias de antecedência.

O que queremos fazer* menos, *e como queremos fazer?

O quê: Comer fora.
Como: Preparando as refeições nos domingos à tarde e às quartas-feiras à noite.

O quê: Ser pegos de surpresa por problemas no carro que exigem conserto.
Como: Verificando os custos do ano passado e reservando dinheiro para os consertos.

O quê: Gastar excessivamente em saídas com amigos à noite.
Como: Tomando a iniciativa de sugerir um restaurante ou atividade.

Onde estamos hoje?

- Qual é o nosso patrimônio líquido? Comemore/analise.
- Que relação tem o nosso PGC com nossas despesas reais?
- Em que gastamos demais? Em que gastamos pouco demais? Como corrigir isso? (É geralmente nessa altura dos acontecimentos que as pessoas se dão conta de que subestimaram ou superestimaram consideravelmente determinadas coisas. Não há problema! Contanto que façam essa Revisão da Vida Rica, vocês aperfeiçoarão o seu PGC todos os anos. Por enquanto, simplesmente ajustem os valores das categorias para o ano seguinte. Por exemplo, se vocês concordaram em gastar 500 dólares por mês em compras e acabaram gastando 700 dólares em média, mudem para 700 dólares. Ou sejam honestos quanto ao motivo que os levou a gastar demais, e sejam honestos especificamente quanto ao que vão fazer para baixar esse valor para 500 dólares.)

O que está por vir? Vocês podem conversar sobre gravidez, sobre uma promoção, sobre um negócio paralelo que começa a vingar, sobre aumento do aluguel, mudanças nos cuidados com os filhos, a necessidade de trocar de carro, as crianças que vão acampar esse ano ou qualquer outra coisa. (Lembre-se de que vocês não precisam resolver todas as questões que levantarem. A ideia é dar início a conversas que terão continuidade no decorrer do ano.)

- Como queremos abordar/pensar sobre cada uma das questões?
- Deem o seu melhor palpite e ajustem o seu PGC de maneira adequada.

Próximos passos. Documentem com cuidado quais serão os próximos passos, porque em breve o encanto da Revisão da Vida Rica desaparecerá e vocês voltarão à rotina diária. É quando o seu sistema entra em cena para auxiliá-los.

- "Daqui a seis meses nós checaremos os nossos gastos com pedidos de entrega de comida. Nós temos o objetivo de cortar esses gastos em 40% até lá. Vou configurar um lembrete de calendário e passá-lo para o topo das prioridades da nossa reunião mensal."
- "Você mencionou que em março saberá sobre a promoção no trabalho. Pode adicionar isso à agenda de março? Se você conseguir essa promoção, isso alterará os valores que podemos economizar e gastar."
- "Sinceramente, eu não faço ideia do que está acontecendo com o meu velho 401(k). Estarei ocupado demais em janeiro, mas pensarei em algo em fevereiro e nós ficaremos a par de tudo. Vou adicionar isso à agenda agora."

Belo trabalho! Vocês fizeram uma recapitulação do seu ano, analisaram os seus números e prepararam uma visão para os próximos doze meses. É uma excelente maneira de começar o novo ano.

E se a morte estiver próxima?

Quando eu conheci a Julie e o Tom, otimizadores frugais de quase 50 anos de idade, Julie havia se recuperado recentemente de um transplante duplo de pulmão. Ela estava saudável, mas o seu prognóstico não era nada bom: Julie provavelmente não viveria mais que cinco ou dez anos. Julie e Tom eram multimilionários graças a um simples investimento de custo baixo e de longo prazo. Suas filhas, que na ocasião de nossa conversa tinham 12 e 9 anos, estavam estudando remotamente em virtude da pandemia. A família podia literalmente ir a qualquer lugar do mundo, partilhando experiências e forjando memórias, e mesmo assim receberem juros sobre os seus investimentos durante toda a vida.

Porém a mentalidade de um Otimizador é difícil de ser alterada, mesmo com a proximidade da morte. Para Julie, gastar era um problema, e ela resistia à ideia de deixar seu emprego para viajar. "Eu estou me comportando do modo como me comportava quando acreditava que fosse viver até os 90 anos, e não existe praticamente nenhuma chance de que eu viva até os 90", ela disse. E Tom revelou o seu receio: "Chegará o momento em que nós olharemos para trás e diremos: 'Por que não fizemos as coisas que tínhamos condições de fazer quando podíamos fazê-las' – isto é, agora."

Mas Julie e Tom acabaram dando o grande salto. Julie se demitiu de seu emprego e planejou uma longa estadia para a família no Arizona, escapando do inverno do Centro-oeste. Ela e Tom usaram o dinheiro para obter satisfação, conforto, alegria e tempo de qualidade com suas filhas num ambiente encantador. Contudo, quem ouvir o episódio 60 do meu podcast saberá como foi difícil todo esse processo – mesmo com o tempo se escoando.

O tempo se escoa para todos, porém nenhum de nós sabe quando ele chegará ao fim. Eu gostaria de poder sair deste livro e dar um grande chacoalhão em todos os Otimizadores e Preocupados: sim, poupem, e sim, invistam – mas não se esqueçam de que uma vida rica se vive fora da planilha.

O TESTE DA PRANCHETA DE RAMIT: O QUE EU VERIA EM SUA CASA?

Ainda na introdução deste livro, eu falei em entrar em sua casa como um antropólogo e fazer anotações sobre o que via. Agora que você chegou ao Capítulo 10, o que eu veria se estivesse caminhando pela sua cozinha com um jaleco e uma prancheta?

Percorra a lista a seguir e anote os comportamentos que eu poderia perceber. Assinale todos os que se encaixam. Depois, torne-se um antropólogo e analise os resultados!

Durante a nossa conversa mais recente sobre dinheiro, nós...

- ☐ Começamos com um elogio
- ☐ Sorrimos
- ☐ Rimos
- ☐ Nos tocamos
- ☐ Batemos as mãos no alto
- ☐ Participamos ambos
- ☐ Levantamos a voz
- ☐ Envergonhamos um ao outro
- ☐ Ficamos zangados e mantivemos o curso
- ☐ Ficamos zangados e fomos embora
- ☐ Nos acusamos mutuamente
- ☐ Celebramos uma vitória

Qual dos itens seguintes descreve melhor a sua abordagem ao dinheiro como casal?

- ☐ Inexistente
- ☐ Desequilibrada (uma pessoa se responsabiliza por toda a carga)
- ☐ Caótica
- ☐ Calma
- ☐ Cirúrgica
- ☐ Tensa
- ☐ Perdida em detalhes
- ☐ Aperfeiçoando-se

Nós sempre/algumas vezes/nunca...

• Falamos de maneira proativa sobre dinheiro	*sempre*	*algumas vezes*	*nunca*
• Ignoramos questões ligadas ao dinheiro até tudo desmoronar	*sempre*	*algumas vezes*	*nunca*
• Ensinamos ativamente nossos filhos a respeito de dinheiro	*sempre*	*algumas vezes*	*nunca*
• Discutimos em quem podemos nos mirar como exemplos de desempenho financeiro	*sempre*	*algumas vezes*	*nunca*
• Associamos dinheiro com estresse	*sempre*	*algumas vezes*	*nunca*
• Conferimos nossos gastos mensalmente	*sempre*	*algumas vezes*	*nunca*
• Deixamos que nossas experiências da época da infância dominem o modo como encaramos o dinheiro	*sempre*	*algumas vezes*	*nunca*
• Elaborar planos de longo prazo e de curto prazo para o nosso dinheiro	*sempre*	*algumas vezes*	*nunca*
• Automatizar nossas finanças	*sempre*	*algumas vezes*	*nunca*

Três coisas relacionadas a dinheiro (de curto prazo ou de longo prazo) pelas quais sou grato ao meu parceiro:

1 - ____
2 - ____
3 - ____

Três preocupações relacionadas a dinheiro que não me deixam dormir à noite:

1 - ____
2 - ____
3 - ____

Quais das seguintes opções se aplicam às suas conversas a respeito de dinheiro?

- ☐ indiferença
- ☐ união
- ☐ evitamento
- ☐ embaraço
- ☐ raiva
- ☐ frustração
- ☐ alegria
- ☐ trabalho em equipe
- ☐ entusiasmo
- ☐ medo
- ☐ excitação
- ☐ tomada de decisão
- ☐ nunca tomar uma decisão
- ☐ fazer rodeios, falar sobre coisas aleatórias
- ☐ interrupções (por exemplo, um de nós mandando mensagens pelo celular ou lidando com as crianças)
- ☐ gratidão
- ☐ realização
- ☐ confusão
- ☐ alívio
- ☐ tensão

Três desejos para uma futura comunicação sobre dinheiro:

Espero que eu consiga melhorar em ________________________________.
Espero que o meu parceiro consiga melhorar em ________________________.
Espero que nós dois consigamos melhorar em __________________________.

Ao ler as minhas respostas anteriores, eu percebo o seguinte:

____

____

COMO MANTER O PLANO

Eu aprecio muito nos filmes uma boa cena com lágrimas, música tocante e uma reviravolta completa para os personagens; porém as coisas não são assim na vida real. A verdade é que mudar é difícil, e os acordos que vocês fizeram entre si determinam o seu sucesso – quando isso é combinado com automatismo firme e rigoroso.

Sim, é necessário disciplina! Mas a disciplina é fugaz; a razão mais comum para que as pessoas se desviem do caminho é que "a vida interfere". Eu sou tão culpado quanto qualquer pessoa. Minha mulher e eu temos um ritual de reconhecimento diário que o nosso terapeuta nos ensinou. Todas as noites dizemos algo que apreciamos um no outro. Mas percebemos que quando viajamos nós muitas vezes nos esquecemos de realizar essa prática. Para piorar, nós só nos damos conta disso depois que se passaram dias – semanas, às vezes!

Nós, humanos, não chegaríamos muito longe se dependêssemos apenas da disciplina. É por isso que, ao longo deste livro, você passou tanto tempo desenvolvendo uma visão de vida rica e um plano para organizar o seu dinheiro. O plano não é somente um pedaço de papel.

Deixe-me reformular: Esse plano *é* vida. Esse plano é o que permite que vocês levem a vida que querem ter juntos, comam a comida que querem, visitem os lugares que querem e criem os seus filhos da maneira que querem.

Vocês agora já têm tudo de que precisam.

Quando as coisas ficam difíceis, é chegado o momento de voltar à sua visão vívida e específica de vida rica. Porque quando os seus sonhos compartilhados são nítidos e claros – *Nós queremos estar de mãos dadas, bebendo coquetéis refrescantes e olhando o pôr do sol na Itália numa agradável noite de setembro* – vocês se lembram por que acompanham os custos variáveis em seu Plano de Gastos Conscientes. Vocês têm motivos para se manter inspirados, fortes e remando na mesma direção.

Se o seu parceiro estiver fazendo apenas, digamos, 70% do que se esperava, tome isso como um começo. Não há necessidade de passar de zero a 100 imediatamente. O importante é que vocês avancem juntos nesse plano. Sua arma secreta é a interação.

Vocês logo notarão as mudanças. Eu prometo que no instante em que virem 500 dólares aparecerem em sua conta-poupança – automaticamente –, ambos entenderão: *Uau, isso funciona de verdade!* Conquistem juntos a vitória e intensifiquem o ritmo.

Vocês têm as ferramentas.

Vocês elaboraram o seu Plano de Gastos Conscientes.
Vocês sabem como falar de dinheiro todos os meses.
E o melhor de tudo é que estão fazendo isso juntos.

LISTA DE VERIFICAÇÃO DO CAPÍTULO 10

- ☐ Marquem a sua primeira Reunião Mensal sobre Dinheiro. Preparem antecipadamente uma agenda compartilhada; assegurem-se de que cada um acrescente pelo menos um tópico à agenda. Reservem uma hora ininterrupta, num local tranquilo, para tratarem do andamento do seu trabalho com o PGC. Lembrem-se de começar e de terminar com um elogio!
- ☐ Converse com o seu parceiro sobre o modo como vocês lidarão com uma reação de desaprovação dos seus amigos e familiares às suas novas atitudes relacionadas ao dinheiro. O que dirão se alguém os censurar?
- ☐ Discutam, em linhas gerais, como vocês gostariam de viver quando se aposentarem, e depois utilizem a minha calculadora de aposentadoria (pesquisem "Ramit Sethi calculator") e obtenham alguns valores a respeito de quanto precisam poupar. Se os números parecerem impossíveis, não se aflijam! Vocês têm tempo para fazer ajustes ao seu PGC *juntos*.
- ☐ Mirando a sua Revisão de Vida Rica anual, organizem-se para que seja fácil obter os valores de que necessitam. (Isso provavelmente acontecerá de maneira natural se vocês realizarem Reuniões Mensais sobre Dinheiro regularmente.)

PARTE 2

SOLUÇÕES FINANCEIRAS IMEDIATAS PARA...

SOLUÇÕES FINANCEIRAS IMEDIATAS PARA...

SAIR DE BAIXO DE UMA MONTANHA DE DÍVIDAS

Elabore um plano! Há luz no fim do túnel

Dívidas são como um peso opressivo dentro do peito. Pessoas endividadas costumam me dizer que a sua dívida é a primeira coisa em que elas pensam pela manhã, e a última coisa em que pensam à noite. A maioria das pessoas tenta honrar os pagamentos, mas a certa altura muitas acabam aceitando que viverão pra sempre com essa dívida.

A boa notícia é que quase sempre existe uma maneira de escapar das dívidas – e bem mais rápido do que você pensa, muitas vezes.

A notícia ainda melhor é que você pode viver uma vida rica mesmo com dívidas. É possível elaborar um plano de pagamento de dívidas, automatizá-lo e *continuar* desfrutando das coisas agora.

Mas você terá de ser honesto com relação aos seus números, e precisará tomar algumas decisões prontamente. Eu constatei que 90% das pessoas endividadas nem mesmo sabem quanto devem realmente. E 95% dessas pessoas nunca fizeram um simples cálculo de pagamento de dívidas. Vamos mudar essa situação e elaborar um plano para eliminar essa dívida.

3 PASSOS PARA PAGAR AS SUAS DÍVIDAS

1. **Reúna todas as suas dívidas e taxas de juros.** Por exemplo, se você deve 13.500 dólares em cartões de crédito, 27.000 dólares num financiamento de automóvel e 42.000 dólares em empréstimos estudantis, anote tudo. Inclua também as taxas de juros. Assim:

	SALDO	TAXA DE JUROS
Cartão de crédito	$13.500	26%
Financiamento de carro	$27.000	6,3%
Empréstimo estudantil	$42.000	5%
Hipoteca	$425.000	5%

2. **Introduza cada um desses valores numa calculadora de pagamento de dívidas** (faça uma busca online por "Ramit Sethi calculators"). Vamos começar com a dívida de cartão de crédito do nosso exemplo:

Saldo: $13.500

Taxa de juros: 26%

Pagamento mensal mínimo: $405 (isso pode ser obtido no extrato do seu cartão de crédito).

Introduza esse valor na calculadora de pagamento de dívidas e verá que levará cinco anos para pagar o saldo de 13.500 dólares. Você também terá pagado mais de 10.000 dólares em juros. Mas e se você aumentar o seu pagamento de 405 dólares por mês para 505 dólares? Assim você reduz os seus pagamentos de 5 anos para cerca de 3 anos e meio! Além disso, você poupará cerca de 3 mil dólares em juros.

Vejamos outro exemplo, agora com uma hipoteca:

Saldo: $425.000

Taxa de juros: 5%

Pagamento mensal: $2.281

Se você pagar isso durante 30 anos, no final terá pagado mais de 821.000 dólares, com as taxas de juros incluídas. Mas se você pagar 100 dólares a mais por mês acabará cortando quase três anos de pagamentos – e economizará 42.000 dólares de juros! E se acrescentar 250 dólares por mês, você economizará quase 90.000 dólares e eliminará seis anos de pagamentos.

Isso é impressionante!

Realizando os devidos cálculos com os seus valores, você poderá enfim assumir o controle. Você saberá o mês e o ano exatos em que sua dívida será quitada. E agora você pode realmente constatar que realizando pagamentos maiores ou menores de sua dívida, você a afetará de modo substancial.

Agora vocês podem conversar mais seriamente a respeito da compra daquele objeto do desejo, ou de aumentar a quantia destinada ao pagamento automático da sua dívida. (Observação: se você decidir aumentar o valor dos pagamentos da sua dívida de estudante ou da hipoteca, pergunte ao seu credor se os seus pagamentos a mais podem ser aplicados ao principal, o que saldará a sua dívida com mais rapidez. E não se esqueça de calcular se é melhor pagar a dívida ou investir – abordarei isso na próxima seção.)

3. ***Configure o pagamento de débito automático.*** Esse passo é o mais importante de todos: trate a sua dívida como qualquer outra despesa que tenha automatizado, empregando o sistema do Capítulo 9. Dívida não deve ser algo que se "tenta" pagar. Você faz os cálculos, elabora um plano, automatiza-o – escolhendo a quantia que vai pagar – e então configura o pagamento automático via credor – e o reexamina uma vez por ano.

Um aviso: algumas pessoas – principalmente os Sonhadores – têm a tendência de brincar com a dívida. São pessoas que abrem mais um cartão de crédito para economizarem 10% em compras na Gap ou na Home Depot, pessoas que se empolgam com uma transferência de saldo com taxa 0% durante 12 meses e que planejam ganhar na loteria ou fechar um "negócio" gigantesco para pagar a sua dívida. *Essas pessoas fazem qualquer coisa, menos um plano automático de pagamento da dívida.* Dispense os truques. Configure o seu sistema e depois siga em frente.

OS SEUS SENTIMENTOS SÃO IMPORTANTES, MAS OS NÚMEROS TAMBÉM

Algumas pessoas detestam realmente as dívidas. São pessoas que se angustiam com o que devem, e querem pagar o mais rápido possível. Eu compreendo uma pessoa que não queira arrastar dívidas consigo, mas fico desconfiado quando alguém me diz que seu principal objetivo financeiro é não ter dívidas. (Só isso? Apenas não ter nenhuma dívida? Certamente há mais em sua vida rica do que simplesmente manter-se sem dívidas.)

Eu descobri que as pessoas que realmente odeiam dívidas raras vezes fazem as contas. Elas simplesmente sentem que "dívida = ruim" e querem que a dor acabe. Infelizmente, elas muitas vezes tomam decisões que lhes custam centenas de milhares de dólares; por exemplo, contrair todo tipo de dívida sem fazer as contas para verificarem o que faz mais sentido em termos financeiros.

Pior ainda: sentem-se mal por terem dívidas, continuam a se sentir mal enquanto pagam as dívidas e não deixam de se sentir mal mesmo após terem encerrado suas dívidas! Essa obsessão fanática por pagar dívidas também pode submeter uma relação a uma grande pressão.

Se você de fato odeia dívidas, eu respeito os seus sentimentos. Contudo, você deve analisar os números e comparar as taxas de juros antes de elaborar um plano de pagamento da dívida. Isso porque às vezes não faz sentido matematicamente pagar a dívida depressa. É necessário pelo menos reconhecer e separar os dois componentes: as emoções e a matemática. *É desse modo que vejo as coisas, e é o que dizem os números. Mas o que é que faremos agora?*

Eis os aspectos básicos: se eu tomar um empréstimo a juros baixos – por exemplo, um empréstimo estudantil ou uma hipoteca a 4% –, pagar antecipadamente a dívida é a pior opção. Isso porque eu sei que posso conseguir, de forma conservadora, em média 7% ao ano investindo em fundos diversificados e de custo baixo; isso significa que se eu pagar o mínimo da minha dívida eu posso investir o restante e ganhar por volta de 3% a mais ao ano (7% menos 4%). Em um intervalo de vários anos, isso é *muito* dinheiro. Portanto, se eu tiver uma dívida a juros baixos – que eu defino como qualquer coisa abaixo de 5% – então, teoricamente, eu deveria pagar o mínimo da dívida e investir o restante.

E se os seus juros forem de 6% ou 7%? Aí nós temos uma situação de impasse. Se eu estivesse nessa situação, todo dinheiro extra que me aparecesse eu colocaria parte na dívida e parte no investimento.

Por exemplo: você tem uma hipoteca de 750.000 dólares com taxa de juros de 5%. Se você quitar essa dívida em 30 anos, ela lhe terá custado 4.000 por mês. Mas você odeia dívidas!

Você faz uma análise cuidadosa das suas despesas e nota que pode economizar mais 200 dólares por mês. Como você detesta dívidas, destina esse dinheiro à sua hipoteca.

- A boa notícia: você eliminou cerca de três anos de pagamentos da sua hipoteca, e economizou aproximadamente 82.000 dólares em juros! Espantoso!
- A má notícia: se tivesse investido esses 200 dólares por mês em vez de pagar mais rápido dívidas com juros baixos, você teria ganho 240.000 dólares.

Isso é impressionante! Se pagasse a dívida antecipadamente teria economizado mais de 80.000 dólares, mas se investisse os seus 200 dólares extras obteria 240.000 dólares. Essa é uma quantidade de dinheiro que poderia mudar a sua vida!

Percebe o que aconteceu? Pagar a dívida lhe pareceu melhor, mas no afã de pagar a hipoteca o mais rápido possível você provavelmente não se importou com os números – e isso lhe custou mais do que todos os cafés e as férias da sua vida somados.

Eu compreendo que algumas pessoas decidam por pagar a dívida *mesmo depois* de fazerem as contas. Se elas compreenderam o que isso lhes custará e tomarem essa decisão conscientemente, terão meu total apoio. O dinheiro é delas, e a vida rica é delas.

Muitas pessoas me perguntam o que eu faria. Eis qual seria a minha escolha: se os juros sobre a dívida fossem baixos (menos de 5%), eu pagaria o mínimo e investiria a diferença. Mas há um detalhe importante: *Eu definiria pagamentos automáticos e investimentos automáticos.* O problema é que as pessoas em sua maioria não investem a diferença – apenas a gastam. É exatamente por esse motivo que eu insisto que você use o meu sistema de financiamento automático: para não deixar que o dinheiro escape por entre os seus dedos e para ter certeza de que vá para onde você quer.

Por fim, evite colocar uma "camisa de força" em seu pensamento. E se em vez de pagar mais 200 dólares por mês em sua hipoteca com juros baixos você decidisse pagar mais 100 dólares na hipoteca e investir outros 100 dólares? A sua dívida seria paga com mais rapidez *e* você teria mais dinheiro por anos de investimento.

Lembre-se sempre: quando se trata de pagar dívidas, não deixe de levar em conta os seus sentimentos *e* os números a fim de tomar a melhor decisão para você.

O QUE FAZER QUANDO VOCÊ ESTÁ QUASE LIVRE DE DÍVIDAS

Estar endividado pode ser uma experiência opressiva e confusa, bastante parecida com a que sinto quando olho pela vitrine do Chili's e vejo pessoas que realmente parecem gostar da comida. Mas a verdadeira surpresa é que quando eu falo com pessoas que finalmente acabaram de pagar a sua dívida, noto que muitas delas *ainda* se sentem estressadas! A dívida se tornou uma parte tão significativa da sua identidade que elas não conseguem se livrar do sentimento que lhes provoca. Eu quero lhe mostrar uma abordagem que lhe permitirá "virar a página" de suas finanças mentalmente assim que a sua dívida for quitada, para que você possa enfim se sentir bem quanto ao dinheiro.

Seis meses antes de quitar a sua dívida, planeje o que fará com o dinheiro a mais que terá em breve. Pergunte a si mesmo: *O que ganharemos quando nossas dívidas terminarem? Nós costumávamos gastar todo esse dinheiro mês após mês com nossa dívida no cartão de crédito, mas essa dívida estará totalmente paga em junho. E depois?* A maioria de nós não tem essa visão do todo; por isso, quando a dívida é saldada o dinheiro é engolido por despesas aleatórias – e nós continuamos sentindo que não temos o bastante.

A resposta é ter uma visão proativa e empolgante para esses recursos disponibilizados recentemente.

Digamos que você esteja pagando um financiamento de automóvel de 700 dólares por mês. É parte do seu Plano de Gastos Conscientes. Quando terminar de pagar esse carro você terá mais 700 dólares por mês para usar em sua vida rica! Eu quero que você tome a iniciativa de atacar e elabore um plano para esse dinheiro. Para onde ele irá?

Se coubesse a mim decidir, eis como eu lidaria com esse dinheiro:

- 490 dólares por mês (70%) se destinariam a investimentos. Eu tenho como regra sempre aplicar pelo menos 70% do dinheiro inesperado em investimentos, porque é onde criamos a verdadeira riqueza. Se você estiver na invejável situação de investir 500 dólares a mais por mês, não hesite! (Esse é um dos motivos pelos quais se deve manter o carro financiado o máximo possível de tempo: pagamentos mais baixos do carro significam mais dinheiro que pode ser investido, poupado ou gasto em outras coisas).
- 140 dólares (20%) se destinariam a gastos sem culpa para uma noite romântica todo mês.
- 70 dólares (10%) por mês se destinariam a uma conta-poupança chamada "Próximo carro", porque acabaremos precisando de um.

Em três anos, eu teria investido mais de 17.500 dólares e poupado mais de 2.500 dólares para um carro novo, e nós teríamos aproveitado 36 encontros românticos sem culpa. Você pode utilizar essa abordagem proativa sempre que estiver próximo de pagar empréstimo de automóvel, dívidas de cartão de crédito, empréstimos estudantis e até mesmo despesas temporárias como mensalidades da pré-escola. Adapte os números às suas necessidades e planeje o futuro.

Essa é a maneira inteligente de pensar no pagamento da dívida.

SOLUÇÕES FINANCEIRAS IMEDIATAS PARA...

QUEM VAI SE CASAR E ESTÁ PENSANDO EM FAZER UM ACORDO PRÉ-NUPCIAL

Conversa franca sobre um tema difícil

A maioria das pessoas não precisa de um acordo pré-nupcial. Mas algumas pessoas precisam. Minha mulher, Cassandra, e eu assinamos um acordo pré-nupcial, e durante esse processo aprendemos bastante um a respeito do outro.

Como muitas pessoas, eu não sabia o que era um acordo pré-nupcial. Na verdade, se perguntarmos a uma pessoa qualquer o que ela sabe a respeito de acordos pré-nupciais, ela disparará a dizer que são injustos, e que foram criados para os idiotas ricos e janotas prejudicarem os seus parceiros com uma pilha de documentos que passam pela janela de uma limusine.

Sim, as pessoas realmente baseiam a sua ideia do que sejam acordos pré-nupciais num episódio do *Riquinho*.

Não é de espantar que essas crenças errôneas prevaleçam, porque a informação sobre acordos pré-nupciais se encontra no mais das vezes guardadas nos escritórios de advogados e de consultores financeiros. Minha mulher e eu queremos mudar isso! Por esse motivo é que estamos abertos à ideia de mostrar nossa jornada pré-nupcial.

Vamos então falar sobre o que você precisa saber.

- A maioria das pessoas não precisa de um acordo pré-nupcial, porque a maioria das pessoas não entra em um casamento com patrimônio pré-matrimonial (isto é, patrimônio obtido antes do casamento) substancialmente diferente.
- Na maioria dos estados e na maioria dos cenários, o que os cônjuges ganham *durante o casamento* é "um bem conjugal" e não está sujeito ao acordo pré-nupcial. O acordo pré-nupcial se aplica principalmente aos bens *pré-matrimoniais*.
- Quem entra em um casamento com uma quantidade de posses desproporcional, uma casa, uma empresa ou outros bens, como uma herança de família, deve optar por fazer um acordo pré-nupcial. Se os parceiros decidirem fazer o

acordo pré-nupcial, cada parceiro terá um advogado independente. Se um dos parceiros não puder pagar, o outro pagará os dois advogados.

- Nada disso é explicado publicamente em detalhes. Na verdade, há muitos conselhos ruins a respeito do assunto na Internet. Evite os jovens no Reddit que se passam por advogados de direito de família e procure um profissional que faça isso todos os dias. Você precisa de um advogado especializado em direito de família ou em herança e propriedades.

ESCLARECENDO ALGUMAS DÚVIDAS COMUNS SOBRE O ACORDO PRÉ-NUPCIAL

Respondo a seguir algumas perguntas que recebi dos leitores:

PERGUNTA: ***"Eu não tenho muito, mas tenho a sensação de que o meu parceiro tem. Como posso saber se ele quer um acordo pré-nupcial?"***
RESPOSTA: Você simplesmente pode perguntar ao seu parceiro: "Vai querer discutir um acordo pré-nupcial?". Isso é tão inesperado e estimulante. É evidente que será útil se já tiverem conversado sobre dinheiro antes, para que você tenha uma noção da situação. Mas mesmo que não tenham conversado, não hesite em perguntar. Essa é a pessoa com quem você passará o resto da sua vida!

P: ***"Quando se deve abordar o assunto do acordo pré-nupcial? Qual é a ocasião certa?"***
R: Essa é uma boa pergunta, porque não está bem explicada em lugar nenhum. As pessoas em sua maioria começam a falar em acordo pré-nupcial quando o relacionamento passa a ficar sério, mas antes de se tornarem noivos. Foi o que eu fiz. Cassandra e eu começamos a ter conversas cada vez mais sérias sobre coisas como casamento e filhos. Foi uma ocasião propícia para se falar de acordo pré-nupcial. Preparar um acordo pré-nupcial demora meses; por isso, quanto mais cedo começamos a discuti-lo, melhor será. Não se pode apressar esse processo.

P: ***"Como se toca nesse assunto? Eu já ouvi pessoas dizerem 'Coloque a culpa em seu advogado', mas o meu parceiro não acreditaria nisso."***
R: Não culpe os seus pais nem o advogado da família. Assuma a responsabilidade. Fazer o acordo é importante para você, e é perfeitamente aceitável que você expresse as suas necessidades. Eis o que eu disse exatamente:

"Precisamos conversar sobre um assunto. Falar sobre esse assunto me deixa nervoso, mas é importante para mim.

"Você sabe que iniciei o meu negócio há quinze anos. Trabalhei duro e tive muita sorte, por isso ele cresceu mais do que eu jamais esperei. O mesmo aconteceu com os meus investimentos.

"Agora que estamos falando em nos casar, é importante para mim que nós dois conversemos sobre a possibilidade de assinar um acordo pré-nupcial. Nós podemos tratar de detalhes mais tarde, mas por agora tudo o que eu quero é ser honesto com relação a esse assunto para que possamos discuti-lo."

Em resumo:

- Diga ao seu parceiro como você está se sentindo.
- Deixe claro que você quer assinar um acordo pré-nupcial.
- Esperem algum tempo antes de dar o passo seguinte, enquanto ambos aprendem mais sobre o assunto de maneira independente.

Cassandra reagiu muito bem ao que propus, na verdade tão bem que me surpreendeu: "Uau! Tudo bem. Eu não esperava por isso, mas estou disposta a aprender mais sobre acordos pré-nupciais".

P: ***"O processo é difícil?"***
R: No nosso caso, as coisas começaram bem. Encontramos advogados e começamos a negociar. Mas depois surgiram muitas dificuldades, muitas mesmo. Nós discutíamos por causa de valores que me pareciam astronômicos, e eu me ressenti. Ela não se sentiu compreendida, e também se ressentiu. A certa altura ela disse: "Precisamos consultar um terapeuta, porque isso não está surtindo efeito". Ela estava 100% certa.

O nosso terapeuta fez um trabalho fantástico ajudando-nos a escapar da dinâmica "um contra o outro" em que estávamos presos. Eu ainda me lembro de uma pergunta que ela nos fez: "O que o dinheiro significa para vocês?".

A resposta para mim era óbvia. "Crescimento", eu disse. Eu podia literalmente ver números e contas flutuando diante de mim: *Carteira 90/10. Regra dos 72. Contas com vantagens fiscais.*

Por sua vez, Cassandra respondeu: "Segurança". Isso foi um grande avanço para nós – começamos a nos tornar capazes de nos conectarmos a um modo diferente de entender o dinheiro.

O processo de acordo pré-nupcial é sempre desafiador, em virtude de sua natureza antagônica. Contudo, todos os casais que conheço que assinaram um acordo pré-nupcial dizem que nunca teriam falado sobre dinheiro tão seriamente se não tivessem passado pela experiência desse acordo. (E dizem também que não querem passar novamente por isso.)

P: ***"Minha parceira ficou muito zangada comigo porque eu quis que fizéssemos um acordo pré-nupcial. Diz que sente que eu estou apostando que vamos nos divorciar. O que eu devo dizer?"***
R: Eu diria "eu te amo. Espero que jamais precisemos usar esse acordo pré-nupcial. Mas se o pior acontecer e nos separarmos algum dia, nós saberemos que contamos com um plano feito por nós dois em comum acordo quando estávamos em nossa melhor fase – quando estávamos calmos e tínhamos tempo para pensar".

P: ***"Quanto custará fazer um acordo pré-nupcial?"***
R: Entre 5.000 e 30.000 dólares. Os valores reais dependem de muitos fatores, tais como os advogados escolhidos e o modo como o casal se comunica no decorrer do processo.

Uma dica para controlar custos: *Você controla os seus advogados. Eles não o controlam.* A maioria das pessoas nunca controlou ninguém, sobretudo um advogado. A função do advogado é levar em conta todas as contingências possíveis, por mais que sejam improváveis. A sua função – e a função do seu futuro cônjuge – é chegar a um conjunto de termos aceitáveis que os seus advogados os ajudem a verificar, aperfeiçoar e finalizar.

P: ***"O casal pode redigir o seu próprio contrato conjuntamente e depois autenticá-lo?"***
R: Não. Não faça isso. Assim como você não tentaria construir a sua própria ponte suspensa e depois percorrê-la de carro com o seu cônjuge sentado no banco do passageiro, não tente fazer o seu próprio acordo pré-nupcial. Não faz sentido elaborar por conta própria um acordo pré-nupcial. Quem possui bens valiosos a ponto de requerer proteção também tem dinheiro para contratar um advogado competente.

P: ***"Eu tenho filhos do primeiro casamento e quero me assegurar de que eles estarão protegidos. Estou em meu segundo casamento e percebo que devia ter feito um acordo pré-nupcial. E agora?"***
R: Você pode assinar um acordo pós-nupcial. Qualquer advogado com experiência em direito de família ou em herança e patrimônio pode lhe fornecer orientação.

P: ***"Eu e minha parceira temos pais divorciados. É difícil pensar em associar o dinheiro dela ao meu sem levar em conta que não seria fácil separá-lo caso tivéssemos***

de fazer isso. Convém fazermos um acordo pré-nupcial, embora as nossas finanças sejam muito simples?"

R: Um acordo pré-nupcial é só um recurso à sua disposição. Se os seus bens não forem significativos, considerem um aconselhamento pré-matrimonial. (Na verdade, todos deveriam pensar em fazer aconselhamento pré-matrimonial!) Há terapeutas fantásticos que podem ajudá-los a compreender o seu passado e a criar um futuro novo juntos. As conversas que eu e minha mulher tivemos durante o nosso processo pré-nupcial foram inestimáveis, e nós jamais teríamos chegado tão longe sem a possibilidade de um acordo pré-nupcial. Essas conversas também nos mostraram que um terapeuta pode ser de grande valor. Se você estiver interessado, visitem o site do Instituto Gottman, no qual vocês podem encontrar uma lista de grandes terapeutas para auxiliá-los em seu relacionamento.

SOLUÇÕES FINANCEIRAS IMEDIATAS PARA...

QUEM PRETENDE FAZER UMA AQUISIÇÃO DE GRANDE IMPORTÂNCIA

Como analisar transações envolvendo férias, carros, faculdade e casa

Como sabemos se podemos pagar por um colchão de 2.000 dólares? Essa pergunta me empurrou para a minha mais recente obsessão, que começou no episódio 112 do meu podcast, quando conheci um casal que se endividou para comprar um colchão de 2.400 dólares. Apenas algumas semanas mais tarde, eu me deparei com uma situação idêntica no episódio 124; nesse caso se tratava de um colchão de 2.200 dólares.

Fiquei subitamente intrigado.

Comecei a fazer perguntas aqui e ali. Como sabemos se podemos pagar por um artigo de grande valor como um colchão sofisticado? Ou um carro? Ou uma casa? Ou por férias?

As respostas me surpreenderam. No caso da compra do colchão, a maioria delas foi assim:

- "Uma boa noite de sono é parte integrante da minha vida rica."
- "Vale a pena comprar para evitar dores nas costas."
- "Nós passamos 33% da nossa vida dormindo!"

Se você busca de fato tomar uma boa decisão financeira, nenhuma dessas respostas é aceitável. Quanto mais eu peço às pessoas que falem sobre os motivos que as levam a fazer suas compras mais importantes, mais percebo que as pessoas em sua maioria simplesmente decidem que querem comprar algo, inventam várias razões para justificar a compra ("minhas costas doem") e então compram. Mas para que você realmente saiba se pode arcar com determinada compra, *sua resposta tem de envolver números.*

Lembre-se de que nós tendemos a nos angustiar com problemas de 3 dólares, como o preço da sobremesa, e a não atentarmos para problemas de 30.000 dólares, tais como carros, férias e casas.

A lista de verificação de compras importantes

Você pode arcar com a compra se puder marcar todos os itens:

- ☐ Você está obtendo estes números: custos fixos (está dentro de 3% da recomendação de 50%-60% do salário líquido), investimentos (5%-10%), poupança (5%-10%), gastos sem culpa (20%-35%).
- ☐ Se você tiver dívidas, sabe em que mês e ano exatamente elas serão pagas. Você tem um fundo de emergência.
- ☐ Se não estiver totalmente financiado, dentro de quatro anos estará.
- ☐ Você conhece o custo total de propriedade (CTP) da compra. Já calculou a manutenção, os impostos, os custos de oportunidade – ou seja, quanto poderia ganhar se usasse esse dinheiro para outros fins (investindo-o, por exemplo) – e outros custos-fantasmas.

Se você tomar as dez maiores decisões financeiras da sua vida corretamente, jamais precisará se preocupar com o preço do seu café matinal. *Por isso, vale realmente a pena tomar acertadamente as decisões mais importantes.* Esse princípio é tão valioso que eu o abordarei detalhadamente para algumas das maiores decisões de compra que você terá de enfrentar.

COMO SABER SE VOCÊ PODE PAGAR POR FÉRIAS

Isso é simples: se você já economizou dinheiro suficiente para o preço da viagem inteira, mais 50%, você pode pagar. Esses 50% a mais cobrirão todas a despesas que você possa ter esquecido, tais como transporte, gorjetas, impostos etc. Para calcular os custos das suas férias, concentre-se nos gastos mais importantes:

- ***Viagem:*** Passagem aérea (incluindo taxas), táxis do aeroporto e para o aeroporto, comida e bebidas nos estabelecimentos do aeroporto – tudo.
- ***Hospedagem:*** Taxas de hotel por noite, impostos, gorjetas e outras despesas.
- ***Alimentação e excursões:*** Calcule quantas refeições por dia irá fazer fora, e também as excursões que fará ou os lugares que verá. Você não vai querer se

preocupar, estando em férias, com o preço de um coquetel de camarão. Leve tudo em consideração; caso não tenha certeza, faça uma estimativa excessiva.

Agora, tome o montante total que você estimou para a sua viagem e adicione os 50%. Mesmo tendo incluído todas as despesas essenciais acima, ainda é necessário considerar outros custos-fantasmas ou despesas inesperadas, que esses 50% cobrirão facilmente. (Quando faço o meu próprio planejamento, tenho a tendência de calcular um excedente de 30% para as viagens, e isso após anos de observação. Cinquenta por cento é um número bem mais seguro para se começar.) Para ter um exemplo de como isso é feito, ouça o episódio 148 do podcast com a Callie e o Travis.

Se você tiver economizado essa quantidade de dinheiro, parabéns – você pode arcar com as férias! Se não tiver esse dinheiro, considere as alternativas que tem: você pode adiar a sua viagem até que consiga economizar o suficiente. Você pode diminuir a extensão da sua viagem (uma incrível viagem de quatro dias pode ser tão memorável quanto uma viagem de sete dias). E pode ainda diminuir suas despesas encontrando voos e hospedagem mais baratos, ou até mudando a época do ano em que viaja.

COMO SABER SE VOCÊ PODE PAGAR POR UM NOVO CARRO

As pessoas precisam de um SUV de 80.000 dólares "para as crianças" e de uma caminhonete de 75.000 dólares para transportar seu barco duas vezes por ano. Então, anos mais tarde, elas perguntam: "Onde vai parar todo o meu dinheiro?".

Muitas pessoas se perguntam por que não conseguem progredir, e quando corro os olhos por 15 segundos em seu Plano de Gastos Conscientes, meus olhos saltam das órbitas. Ou é a moradia ou então é a prestação do carro, que o simpático vendedor de carros do bairro lhes garantiu que podiam pagar tranquilamente. Comprar o seu carro, caminhonete ou SUV é uma das transações mais caras que fará, por isso quero que você faça tudo corretamente. Eis o que tem de fazer:

Conheça o CTP (Custo Total de Propriedade), não apenas os pagamentos mensais. Isso inclui todas as despesas realizadas durante a vida útil do carro. Por exemplo, um carro de 50.000 dólares custará bem mais, muito mais mesmo, quando todas as despesas forem acrescentadas, incluindo combustível, seguro, estacionamento, registro e manutenção.

Programe o dobro do pagamento mensal e assegure-se de que as suas despesas fixas continuem sendo inferiores a 60% do seu salário líquido. Por exemplo, se a prestação do seu carro for de 400 dólares mensais, contabilize 800 dólares em seu Plano de

Gastos Conscientes. (Lembre-se de que eu costumava pagar 350 dólares pelo meu carro, mas com todas as despesas somadas eu acabava pagando mais de 1.000 dólares por mês.) Depois de introduzir os números no PGC, o seu valor de custos fixos é inferior a 60%? Se não for, você está gastando demais com o seu carro.

Mantenha o veículo por sete anos pelo menos. Uma das piores coisas que você pode fazer é comprar um veículo caro, livrar-se dele e logo em seguida comprar outro. Isso porque você realmente começa a economizar depois de terminar de pagar o carro, o que leva cinco anos para a maioria das pessoas. Considere os anos em que você não precisa pagar o carro como ótimos anos financeiros em sua vida – anos que lhe permitem poupar mais, investir mais e até gastar mais!

Tenha uma dívida total dentro da regra 28/36. Uma boa orientação para dívidas é manter a sua dívida total de habitação abaixo de 28% da renda bruta, e todas as suas dívidas (incluindo empréstimos estudantis, empréstimos para carros etc.) abaixo de 36% da renda bruta. Por exemplo, se a sua renda bruta for de 75.000 dólares, ou seja, 6.250 dólares brutos por mês, isso significa que o ideal é não pagar mais de 1.750 dólares em habitação, e não mais que 500 dólares por seus carros. A dívida *total.* Para a moradia, isso abarca as contas de água, mobília, eletricidade, consertos – tudo! E para o seu carro, isso inclui gasolina, consertos, registro e até multas de estacionamento. Você deve estar impressionado, porque esses valores estão bem abaixo do que quase todos gastam em habitação e no carro; no mercado atual, muitas vezes esses números são impossíveis. Não é de surpreender que o dinheiro deixe as pessoas tão estressadas. (É também por esse motivo que defendo a construção de mais habitações para que todos possam usufruir de moradia a preços acessíveis.)

De maneira geral, quando compreender esses números você descobrirá que pode pagar sem problemas muito menos carros do que imaginava antes. Isso é verdade! Pode parecer frustrante, mas se desde o início você tomar decisões acertadas, mais tarde irá agradecer a si mesmo – quando tiver economizado muito, investido muito e estiver despreocupado com relação aos seus gastos mensais.

Aliás, se você se der conta de que já está gastando demais em seu carro, as suas opções são limitadas. Talvez você possa vendê-lo e comprar um carro menor – algo que pode ser vantajoso se estiver poupando centenas de dólares por mês – mas é preciso calcular cuidadosamente com quanto você ficaria. Na maioria dos casos, eu acredito que as pessoas que gastaram demais em veículos têm simplesmente que continuar pagando e depois se comprometerem a não comprar outro carro por muitos anos. Isso lhes dará pelo menos cinco anos sem pagamentos de carros (mais, se for possível), durante os quais elas podem financiar suas poupanças e investimentos.

Por que a compra de um caminhão hoje afeta a sua vida para sempre

Por algum motivo, eu ganhei a reputação de ser alguém que odeia caminhões. Mas o que eu odeio de verdade é a *lógica* da qual as pessoas se valem para comprar caminhões quando não têm dinheiro para arcar com isso. Muitos compradores de caminhões insistem que "precisam" de um caminhão para o transporte de cargas pesadas, quando passam 98% do seu tempo dirigindo no trânsito, transportando quatro sacolas de compras. Temos de ser realistas. Além do mais, se computarmos gasolina, manutenção e juros, os caminhões são extremamente caros. Por isso eu tenho, sim, um problema com muitas compras de caminhões.

Vou usar alguns exemplos para mostrar o que você pode fazer agora para mudar o seu futuro.

- Na concessionária, o vendedor de caminhões pergunta: "Quanto você quer pagar por mês?". Você escolhe um valor arbitrário que pareça razoável.

  Nunca, em hipótese nenhuma, tome decisões de grande importância apenas com base em pagamentos mensais! Os vendedores adoram isso porque podem vender-lhe um contrato ainda mais caro, estendendo-o por um intervalo de tempo mais longo, e cobrar ainda mais em juros. Em vez de olhar somente os pagamentos mensais, concentre-se no custo total de propriedade, incluindo manutenção, combustível, juros e seguro.

- Você paga uma pequena entrada e financia o restante por meio da concessionária.

  Vendedores de carro adoram quando fazemos financiamento com eles, porque muitas vezes eles conseguem ganhar mais com as comissões do financiamento do automóvel do que com a venda do próprio automóvel. Vale a pena pesquisar todas as suas opções de financiamento, incluindo as oferecidas em seu banco e nas cooperativas de crédito locais.

- Seis meses depois, o dinheiro escasseou, e você não consegue entender por quê. Você abre a fatura do financiamento do seu carro e – juntamente com gasolina, seguro e todas as outras despesas ocultas – se dá conta do valor que está realmente pagando.

Quando você finalmente contabiliza o custo total de propriedade — algo que deveria ter feito antes mesmo de ir à concessionária —, você descobre que está gastando duas vezes mais do que havia previsto por mês. E terá de fazer isso por mais cinco anos pelo menos!

- Você considera a possibilidade de vender o caminhão, mas não pode abrir mão dele porque perderia um bom dinheiro no negócio. Além do mais, ele se tornou parte da sua identidade.

  As pessoas acham impossível livrarem-se de aquisições que estão associadas à sua identidade.

Outras maneiras de fazer isso:

Opção 1: Antes de ir a uma concessionária, você faz as contas cuidadosamente e de modo realista. Decide manter por mais dois anos o carro que tem atualmente, poupando automaticamente (numa conta chamada "Fundo para o Novo Caminhão") a grande quantia que teria gasto. Quando você finalmente realizar a compra, esse "colchão" aliviará a dor do aumento das mensalidades.

Opção 2: Depois de fazer os cálculos, você resolve esperar um ano e comprar um caminhão usado. Essa decisão lhe permite economizar 300 dólares por mês, dos quais você escolhe investir 200 dólares e aumentar os seus gastos sem culpa em 100 dólares por mês.

Opção 3: Você decide continuar com o seu veículo atual por tempo indeterminado, pois ele ainda funciona bem. Você elabora um plano para poupar o bastante para comprar um novo caminhão em sete anos; e quando termina de abastecer o seu "Fundo para o Novo Caminhão" começa a investir esse dinheiro.

Seja qual for a opção que escolher, você estará pronto quando finalmente comprar um caminhão novo.

A grande lição: não se precipite e tome decisões ponderadas a respeito de despesas de valor alto, porque depois que uma decisão é tomada é muito difícil voltar atrás. Uma decisão ruim pode fazer estragos em suas finanças durante um longo tempo – mas uma decisão feliz pode lhe render milhares de dólares em dinheiro extra para poupar, investir e gastar.

COMO SABER SE VOCÊ PODE PAGAR A FACULDADE DOS SEUS FILHOS

Todas as semanas, eu recebo mensagens de pais de crianças pequenas perguntando-me, angustiados, que tipo de conta-poupança devem abrir para os filhos. Esses pais costumam ter entre 38 e 42 anos. Eu sempre os acalmo e lhes pergunto: “Antes de falarmos sobre os seus filhos, deixe-me fazer uma pergunta: como andam as suas finanças?”.

A resposta é quase sempre algo como “Não muito bem. Só comecei a prestar atenção ao dinheiro há uns dois anos”.

Eu compreendo a atitude de querer prover sustento aos filhos. Ter um filho é um momento crucial na vida, e uma das poucas situações que levam as pessoas a agirem subitamente em prol de suas finanças.

Eis a verdade: *Os seus filhos têm tempo – mas você e o seu parceiro têm muito menos tempo.* Por isso é tão importante que se concentrem em vocês mesmos primeiramente e que alcancem metas de poupança e de investimentos *antes* de se concentrarem no futuro dos seus filhos.

Na melhor das hipóteses, vocês têm mais que o suficiente para auxiliá-los financeiramente se eles decidirem ir para a faculdade. Na segunda melhor hipótese, eles tomam empréstimos estudantis e trabalham durante a faculdade. Não chega a ser um grande problema. Mas a pior das hipóteses é vocês não pouparem o bastante para si mesmos, pagarem a educação universitária do seu filho e mais tarde acabarem com bem menos que o suficiente. Não existe empréstimo estudantil para a aposentadoria.

Vocês sabem que podem economizar para a educação dos seus filhos se caminharem para a aposentadoria com folga. Para começar, isso significa que vocês estão investindo pelo menos 10% do seu salário líquido. (Se fizerem isso a partir dos vinte anos, são muito boas as chances de terem bem mais do que poderiam imaginar. Mas a maioria das pessoas só começa a investir de maneira séria muito mais tarde na vida.)

É por isso que precisamos ir mais longe e calcular quanto vocês terão quando se aposentarem; vocês podem fazer isso utilizando uma calculadora de juros compostos. Introduzam a quantia que já investiram, quanto investem anualmente (sugiro que escolham fundos de índice de baixo custo), adotem uma taxa de rendimento conservadora de 7% e em seguida introduzam o número de anos que faltam para a sua aposentadoria. Isso lhes mostrará quanto vocês terão aproximadamente. Num cálculo bem simples, vocês podem retirar 4% desse valor anualmente e não ficar sem dinheiro numa aposentadoria normal. Vocês terão o suficiente? (Por exemplo, se tiverem uma carteira de 1 milhão de dólares com 65 anos poderão retirar com tranquilidade cerca de 40.000 dólares por ano.)

Nós evidentemente não estamos calculando os seus benefícios da previdência, eventuais despesas de estilo de vida mais baixas, despesas médicas mais altas e muito mais. Mas vocês podem ter alguma noção sobre se têm o bastante agora ou – o que é mais provável – se devem ser muito mais agressivos quanto a investir para vocês mesmos em lugar de guardarem dezenas de milhares de dólares para a educação dos seus filhos.

Lembrem-se de uma coisa: pagar a faculdade dos seus filhos é um luxo. Eu realmente espero que vocês tenham condições de fazer isso, mas priorizar a sua própria situação financeira vem em primeiro lugar.

COMO SABER SE VOCÊ PODE ARCAR COM A COMPRA DE UMA CASA

Na grande maioria dos casos nos quais as pessoas se sentem financeiramente pressionadas, o motivo é simples e eu posso identificá-lo: a quantia que pagam por sua habitação.

Os gastos com habitação são, de longe, os mais elevados que a maioria das pessoas realiza. Esses gastos estão também repletos de custos-fantasmas, e se revestem de uma mitologia quase religiosa. Muitas pessoas se consideram fracassadas se não tiverem casa própria. Minha mais importante mensagem a vocês é: antes de realizarem a maior compra de suas vidas, façam as contas. (Para encontrarem material mais detalhado sobre comprar versus alugar, vá à Internet e pesquise “Ramit Sethi buy vs. Rent.”)

Às vezes, comprar pode ser uma boa decisão financeira. E alugar pode às vezes ser uma decisão ainda melhor. Contudo, quando se trata de comparar as duas opções a matemática é extremamente contraintuitiva e bastante confusa. É exatamente assim que o mercado imobiliário quer que nos sintamos, para que sejamos convencidos a comprar – o que, é claro, lhes proporciona comissão.

Eu poderia escrever um livro inteiro explicando como tomar essa decisão, mas vou lhes dar uma perspectiva geral. Vocês podem estar prontos para comprar uma casa se…

Vocês morarem na mesma casa por pelo menos dez anos. A maioria das pessoas não sabe que nos primeiros dez anos a maior parte dos seus pagamentos vai diretamente para os juros. Por exemplo: digamos que vocês comprem uma casa de 500 mil dólares. Dão uma entrada de 20%, isto é, 100.000 dólares. Nessa hipoteca de 400.000 dólares, vocês pagarão cerca de 4.000 dólares para o principal – e quase 24.000 em juros. Na verdade, 19 anos transcorrerão até que vocês estejam pagando mais no principal do que nos juros. Isso sem mencionar que os enormes custos de transação de compra e venda exigem muitos anos para serem "amortizados" ou distribuídos. Por isso é que casa é de fato uma compra a longo prazo. Como orientação simples, eu acrescento 50% à hipoteca para levar em consideração todos os custos-fantasmas; assim, uma hipoteca de 3.000 dólares me custaria na verdade 4.500 dólares por mês no Plano de Gastos Conscientes.

O seu custo total de habitação é inferior a 28% da renda bruta. Quando digo custo total eu me refiro a *tudo*: juros, custos de transação, impostos, seguro, irrigadores, reformas, manutenção – incluindo o conserto inesperado de 15.000 dólares que os apanhará de surpresa dentro de sete anos. É bastante difícil permanecer em 28%, sobretudo em cidades com custo de vida elevado. Vocês podem estender esse número para 30, 32 e até 33%. Mais que isso, porém, traz muitos riscos: e se houver uma conta por serviços médicos de emergência? E se alguém perder o emprego? E se o estresse atingir o casal de variadas formas?

Se vocês economizarem 20% para a entrada. Existem dois motivos para isso. Em primeiro lugar eu sou sempre conservador em minhas suposições, e poupar 20% lhes traz um pagamento mensal mais baixo, e também mais estabilidade caso os preços de habitação caiam. Em segundo lugar, e ainda mais importante, economizar uma entrada considerável prova que vocês podem construir a disciplina e os sistemas para poupar uma quantia substancial de dinheiro ao longo do tempo. Isso será de enorme valia quando vocês tiverem uma casa, experiência que muitos descrevem como um "sumidouro de dinheiro" – ou uma fonte de custos infindáveis para os quais vocês precisarão se preparar com cuidado. É preciso observar que vocês não terão necessariamente que dar uma entrada de 20% – essa decisão dependerá das taxas de juros e de outros fatores. Mas vocês deveriam ter poupado esse dinheiro – deixando-o numa conta-poupança de alto rendimento – até decidirem comprar.

Vocês fizeram um cálculo rigoroso comparando compra e aluguel. A maioria das pessoas pensa que para se construir riqueza basta comprar uma casa, pagar a hipoteca e depois – pronto! – você está rico. É preciso ir mais longe que isso. Às vezes, comprar pode ser a decisão financeira correta; mas outras vezes a melhor escolha pode ser alugar. É claro que também existem outros motivos para se considerar a compra ou o aluguel, tais como a estabilidade das crianças, a localização e assim por diante. Para entender a parte financeira da decisão, é extremamente necessário realizar um cálculo de compra versus aluguel, que pode surpreendê-los. No seu cálculo, vocês descobrirão que podem presumir que os preços dos aluguéis vão subir, mas também descobrirão que os custos da compra de uma casa são impressionantes – bem maiores do que se pensa a princípio. Quando contabilizamos juros, impostos, manutenção e até o custo de oportunidade de investir a entrada, muitas vezes nos espantamos com o resultado do cálculo.

Um exemplo: em Nova York, certa vez, eu percebi que havia um apartamento vizinho do mesmo tamanho, com o mesmo número de quartos e a mesma vista – era praticamente o mesmo lugar. Ser proprietário teria custado 2,2 vezes mais do que ser inquilino! O aluguel é de 3.000 dólares, mas comprar o apartamento teria custado 6.600 dólares por mês. Resolvi investir a diferença entre compra e aluguel – nesse caso, 3.600 dólares – todos os meses. Dessa maneira, eu ganhei muito mais dinheiro com o aluguel do que com a compra do imóvel (e tive menos contratempos com a manutenção). Não se esqueça de fazer esse cálculo antes de comprar.

Você está empolgado com a compra! Você deve se sentir entusiasmado diante da maior compra da sua vida! Se realmente gosta da ideia de ter a sua própria casa, decorá-la, possivelmente reformá-la e morar nela por mais de 10 anos... então pode estar pronto para se tornar proprietário. Caso contrário, você jamais deveria sentir-se pressionado a comprar uma casa. Sua vida rica é sua, e há muitos modos de viver uma perfeita vida rica sem ser proprietário(a) de uma casa.

Os custos secretos de um bairro "bom"

Fixar raízes num bairro nobre em razão de suas escolas conceituadas, sua segurança eficiente e sua beleza pode ser uma decisão tomada com a melhor das intenções - mesmo assim as consequências são imprevistas. Vocês podem até conseguir pagar a hipoteca e os impostos numa determinada região, mas conseguirão arcar com o estilo de vida durante os próximos vinte anos ou mais? Isso significa ser honesto no que diz respeito à pressão dos pares, que é bem real e - sobretudo se vocês não tiverem uma visão clara sobre a sua vida rica - bem cara.

Quanto custa realmente viver em sua comunidade? Não falo apenas das despesas óbvias. Quando precisam substituir o seu carro, compram um carro maior e melhor porque essa é a norma no bairro onde você vive? Você contrata um serviço de jardinagem para o seu quintal porque todos os seus vizinhos fazem isso? Que outros custos são considerados comuns no bairro em que vocês cogitam morar?

Levem isso a sério. Perguntem a si mesmos: *Esse lugar é condizente com nossos valores e nossas finanças? É realista pensar que nós não gastaremos dinheiro em paisagismo/carros/reformas/socialização quando tantas pessoas nessa área fazem isso? E se comprássemos - ou alugássemos - um apartamento em vez de uma casa? Nós nos sentiríamos sempre um passo atrás?*

Decidir onde vocês irão morar é algo de grande importância, que afetará todos os aspectos da sua vida financeira durante décadas. Sejam realistas e avaliem quanto mais essa região custará no que diz respeito a gasolina, seguros, manutenção, cuidados infantis e alimentação.

Esses números explicarão a decisão que vocês estão analisando. Dependendo do que descobrirem, sejam flexíveis. Façam um esforço para pensar no que é certo para uma vida rica compartilhada, não somente no que aparentemente é "melhor". Quando fizerem as escolhas corretas para a sua família, estarão seguros de que fizeram isso com os olhos bem abertos.

SOLUÇÕES FINANCEIRAS IMEDIATAS PARA...

COMO ENSINAR SEUS FILHOS A SE RELACIONAR COM O DINHEIRO

Ajudando os seus filhos a construir uma relação saudável com o dinheiro

A essa altura do livro, você já sabe que a educação influencia profundamente o modo como enxergamos o dinheiro, mesmo décadas mais tarde. Os nossos pais exercem grande influência sobre o modo como tratamos o dinheiro, e se não fizermos um esforço consciente para compreender e mudar essas mensagens, acabaremos passando-as para os nossos filhos.

Então, como ensinar os filhos a desenvolver uma relação saudável com o dinheiro?

Não se trata apenas de decidir se devem receber mesada, ou mesmo se você deve pagar as mensalidades da faculdade deles. Trata-se, *antes de mais nada*, de conhecer a si mesmo e conhecer o valor do seu dinheiro, e depois não perder nenhuma oportunidade para lhes mostrar como o dinheiro funciona de fato.

A boa notícia é que se você tiver interesse real em ler este livro, serão muito boas as chances de que crie um ambiente saudável para os seus filhos no que diz respeito a dinheiro.

10 CONVERSAS SOBRE DINHEIRO PARA TER COM OS SEUS FILHOS

No mundo dos negócios, nós dizemos: "O que é medido é administrado". No âmbito da família, podemos dizer: "O que é importante é falado". A capacidade de falar sobre dinheiro de forma aberta e assídua é fundamental. Quando eu peço a pessoas com dificuldades financeiras que me digam o que se lembram de terem aprendido sobre dinheiro na infância, sua resposta predominante é "nada". Seus pais nunca falavam sobre dinheiro; por isso os filhos acabaram indefesos na idade adulta, tendo de enfrentar o mundo em face de empresas como a Wells Fargo e a Ameriprise, e também de fraudadores de seguros vitalícios que escreviam em seus quadros brancos no TikTok.

Se vocês assistem a esportes com os seus filhos e discutem jogos de futebol americano, mostram que sua família se interessa por esportes. Se falam sobre o direcionamento que querem dar ao seu dinheiro (para poupanças, investimentos, educação, habitação, viagens para visitar os avós), vocês mostram que o dinheiro é importante para a família.

Para estabelecer uma relação saudável com o dinheiro na sua família, chame a atenção para este assunto: fale sobre o que está fazendo todos os meses com o seu dinheiro, e até reconheça os erros que comete com o dinheiro. Convide os seus filhos a tomarem parte na conversa.

Veja a seguir 10 conversas casuais sobre dinheiro que você pode ter com a sua família. Algumas foram concebidas para possibilitar a participação de crianças pequenas; outras estimularão crianças mais velhas a pensar. São apenas um primeiro passo para tornar o dinheiro uma parte da cultura familiar. Acrescente a sua.

1. Como decidimos se temos dinheiro para comer fora neste final de semana?
2. Como devemos gastar 100 dólares no supermercado?
3. Qual é a maneira correta de usar um cartão de crédito? E a maneira errada?
4. Quanto custa a gasolina?
5. Por que não compramos um carro novo todos os anos?
6. Temos 200 dólares para doar a uma boa causa. Como escolheremos?
7. Você sabe como pagamos por essa casa?
8. O meu maior erro com dinheiro foi…
9. Vale a pena? Como você decide? (Exemplos: calças jeans legais, liquidificador extra, televisão nova, viagem ao Grand Canyon…)
10. Se eu pudesse economizar para comprar uma coisa importante, essa coisa seria…

LIÇÕES SOBRE DINHEIRO PARA CRIANÇAS

As crianças nos dão milhares de oportunidades para que lhes ensinemos a respeito de dinheiro. Elas fazem perguntas como essas:

- "Posso comprar esse doce?"
- "Por que não moramos numa casa maior?"
- "Pode me comprar esse brinquedo extremamente irritante que toca uma música em 431 decibéis e tem pilhas que duram onze anos?"

Caso as crianças façam essa última pergunta, digam a elas que tio Ramit disse que a resposta é não.

A maioria dos pais responde a perguntas relacionadas a dinheiro à medida que elas são feitas, mas isso é como brincar de "Acerte a Toupeira". Depois de ler este livro, espero que você perceba a importância de uma filosofia coerente – uma visão! Contudo, nós não temos uma visão para as crianças porque não temos uma visão para nós mesmos. É por esse motivo que nós tendemos, ao longo do tempo, a dar respostas cada vez mais simplistas às perguntas que as crianças fazem a respeito de dinheiro:

- "Não é da sua conta."
- "Porque eu disse."
- "Pare de pedir. Não podemos comprar."

Não é à toa que as crianças, em sua maioria, crescem sem jamais compreender como o dinheiro de fato funciona.

Mas a maioria dos pais compreende intuitivamente a importância de ensinar as crianças sobre relacionamentos saudáveis e alimentação saudável. É responsabilidade dos pais ensinar os filhos a terem uma relação saudável com o dinheiro. Veja em seguida algumas maneiras de fazer isso.

O que vocês podem dizer em vez de "nós não podemos comprar isso"

- "Nós não estamos gastando dinheiro nisso hoje."
- "Isso não está incluído no nosso Plano de Gastos Conscientes." (Esteja preparado para lhes explicar o conceito de PGC quando for o momento!)
- "Não é assim que escolhemos gastar o nosso dinheiro."
- "Nós decidimos que é mais importante gastar dinheiro em X do que nisso."
- "Não." (Eu adoro um bom *Não*. Estou pensando em criar um serviço para ajudar pais que têm dificuldade em dizer não aos seus filhos. O serviço se chamaria RDN – "Ramit Diz Não" – e vocês simplesmente me enviariam uma mensagem e incluiriam seus filhos nela. Eu responderia a todos com uma palavra apenas: *Não.*)

Eu sei que é fácil para mim escrever isso. Vocês, leitores que são pais, terão de enfrentar as birras, as lamentações e o choro. Mas vocês contam com uma estrela-guia: ensinar seus filhos a desenvolverem uma relação saudável com o dinheiro.

DEEM AOS SEUS FILHOS A CHANCE DE USAR DINHEIRO

Vocês não ensinariam o seu filho a andar de bicicleta dizendo-lhe "Nós não falamos de bicicletas nessa família". Vocês lhe dariam uma bicicleta com rodinhas e o ajudariam a andar nela!

Façam a mesma coisa com o dinheiro. Quando as crianças estiverem prontas, envolva-as no uso do dinheiro. Quando começam a se interessar, elas aprendem rápido.

Crianças pequenas: Chame-as para vê-lo(a) pagar alguma conta online. Explique o que vocês recebem pelo pagamento dessa conta: um lugar seguro para viverem, uma televisão para assistirem, a geladeira que mantém refrigerada a comida da família. Peça-lhes para clicarem no botão "Pagar Agora" para realizar o pagamento. Quando o pagamento for feito, mostre satisfação. Dê a elas um grande "bate aqui". Sempre que fizer isso, ensinará os seus filhos a associar dinheiro a sentimentos positivos.

Crianças em idade escolar: Dê a elas uma função nas pequenas compras da família. Comece pelo supermercado. Se elas não puderem comprar tudo o que quiserem, ótimo! Deixe que elas aprendam a fazer escolhas. Depois, peça-lhes que planejem um jantar para a família num restaurante usando uma determinada quantia. (Prepare o terreno para que elas tenham êxito, dando-lhes mais dinheiro que o suficiente para cobrir as despesas do jantar e da gorjeta.) O aspecto positivo dessa experiência é que vocês estão ensinando os seus filhos a tomar decisões cada vez mais complexas, incluindo prestar atenção aos custos-fantasmas. O aspecto negativo é que eles podem escolher o Arby's para jantar...

Pré-adolescentes: Peça-lhes opinião sobre uma compra importante que seja do interesse deles, como o carro da família ou algum melhoramento na casa. Aproveite a chance para falar sobre custos-fantasmas, como seguros e manutenção.

Adolescentes: Permita que eles participem das grandes decisões financeiras da família. Comece dando ao seu filho adolescente a responsabilidade de planejar um dia inteiro de férias, depois peça-lhe que compartilhe o que funcionou e o que não funcionou. Com o tempo, peça-lhes para planejarem as férias de toda a família. Defina os parâmetros e a quantia a gastar, e veja-os avançarem para o sucesso.

É *dessa maneira* que os pais preparam os seus filhos. Quando veem seus filhos gerirem o dinheiro, fazendo planos sofisticados e trocas, eles percebem que dinheiro pode ser algo divertido.

Menos de 1% das pessoas com as quais eu falo tiveram esse tipo de instrução sobre dinheiro. Uma participante do meu grupo de treinamento em finanças, Eliza, deu à sua filha de 11 anos uma tarefa relacionada a dinheiro. Eu adoro a história dela.

Ela escreveu:

"Algumas semanas atrás eu disse à nossa filha que ela ficaria a cargo de planejar um jantar fora para a família. Demos a ela um orçamento de 200 dólares e lhe pedimos que planejasse o jantar e as atividades que ela quisesse para a nossa família de quatro pessoas. AH, DEUS, ela gostou da ideia como um peixe gosta de água.

"Ela pesquisou diferentes alternativas e se decidiu pelo tobogã de neve como atividade, e escolheu um restaurante próximo de casa com milk-shake maltado para o jantar. Pedimos a ela que calculasse os custos com impostos e gorjeta, e preparasse uma reserva para o caso de os preços não serem os mesmos que os anunciados online. Isso a obrigou a pensar bem no que estaria disposta a cortar para poder pagar o tobogã, que a deixava bastante animada.

"No final, a noite acabou custando 193,68 dólares. E embora o meu corpo de meia-idade ainda esteja se recuperando do trauma de escorregar por uma enorme encosta coberta de neve e de jantar hambúrgueres, batatas fritas e milk-shake de chocolate, a noite foi incrível. Todos nós aprendemos demais com a experiência. Minha filha ficou extremamente orgulhosa do trabalho que fez, e nós também."

ADAPTE O SEU ESTILO PARA OS SEUS FILHOS

Vocês logo perceberão pistas relacionadas ao comportamento dos seus filhos em relação a dinheiro. Algumas crianças controlam cuidadosamente as suas poupanças. Outras gastam o dinheiro assim que o recebem.

Quando a minha sobrinha e o meu sobrinho tinham 10 e 11 anos, eu os levei à Disneylândia. Quando entramos no parque, dei 50 dólares a cada um e disse: "Comprem o que quiserem!". Foi surpreendente observar as reações de ambos. Meu sobrinho adora dinheiro. Ele não conseguia parar de sorrir olhando para a nota de 50 dólares. Guardou o dinheiro no bolso e não gastou nem um centavo.

Minha sobrinha, por sua vez, nem pegou o dinheiro. Pediu-me que o guardasse para ela. No final do dia, paramos numa loja de lembranças. Ela escolheu um brinquedo e começou a andar em direção à caixa registradora – sem nem mesmo olhar para o preço. No caminho, ela escolheu mais um brinquedo, ignorando novamente a etiqueta de preço. Fiquei apreensivo enquanto calculava mentalmente o custo, acrescido dos impostos, e comecei a suar. Porém disse a mim mesmo: *Ramit, fique calado.* Ela chegou ao caixa da loja e me pediu seu dinheiro. Quando o caixa registrou a compra, foram 56 dólares no total. Minha sobrinha olhou para mim para que eu a ajudasse. É claro que eu balancei a cabeça dizendo que não (o nome disso é colocar limites).

Fiquei curioso para saber qual seria o próximo passo dela. Ela se voltou para o irmão e lhe disse: "Pode me emprestar 6 dólares?".

Essa experiência me mostrou que minha sobrinha e meu sobrinho tratam o dinheiro de modo bastante diferente. Se estivesse dando aulas sobre dinheiro a eles eu saberia como adaptar minhas lições para cada um. (Meu sobrinho deu generosamente à irmã o dinheiro como empréstimo.)

Ensinar às crianças como se lida com dinheiro não é uma ciência exata. É necessário ser flexível, experimentar coisas, falhar. Não tem importância! O que importa é tornar o dinheiro parte da formação deles, parte da sua cultura familiar, como a comida, o cinema e os exercícios físicos – e fazer das *conversas* a respeito de dinheiro uma parte natural e divertida da vida.

TENHA CUIDADO COM AS MENSAGENS QUE ENVIA A RESPEITO DE DINHEIRO

Pais estão sempre ocupados. A última coisa que lhes passa pela cabeça são as mensagens que expressam sobre dinheiro. Mas eles enviam sinais, quer percebam isso quer não.

Essas mensagens muitas vezes são transmitidas sem que se diga uma única palavra. Muitos dos pais com quem falo, por exemplo, simplesmente não se dão conta de que evitar falar em dinheiro para "proteger" os filhos acaba ensinando à geração seguinte que o dinheiro é "mau", e é um tópico a ser evitado. Esses pais não percebem que o fato de dizerem precipitadamente à sua filha mais nova "Não podemos comprar isso" – a mesma frase que ouviam dos seus pais – a levará a sentir a mesma insegurança que sentiam seus pais quando eram pequenos.

As crianças percebem quando os pais discutem sobre dinheiro, quando estão estressados por causa de dinheiro, e quando não estão em sintonia no que diz respeito a dinheiro. Crianças são como pequenos cães sabujos; farejam cada discrepância entre o que os pais dizem e o que fazem, para depois assimilarem a hipocrisia e acabarem em meu podcast trinta anos mais tarde, dizendo: "Meus pais nunca me ensinaram a lidar com dinheiro".

Não deixem que isso aconteça! Façamos a coisa certa.

QUE MENSAGENS SOBRE DINHEIRO VOCÊS COSTUMAM ENVIAR?

Assinalem todas as que se enquadram e acrescentem as suas próprias mensagens. Lembre-se de que essas são as mensagens que vocês habitualmente enviam aos seus filhos, quer queiram quer não.

- ☐ O dinheiro é estressante.
- ☐ Somos afortunados por nos sentirmos seguros com as nossas finanças.
- ☐ Não falamos sobre dinheiro.
- ☐ Nós trabalhamos duro e merecemos ter um pouco de diversão.
- ☐ Dinheiro é um assunto que só interessa à mamãe ou ao papai.
- ☐ Dinheiro = brigas.
- ☐ Nós sempre encontramos uma maneira de fazer dar certo.
- ☐ Nossa família nunca tem dinheiro suficiente.
- ☐ Sempre há dinheiro para a educação.
- ☐ É melhor não pedirmos nada aos nossos pais.
- ☐ Às vezes não precisamos gastar muito para ter diversão.
- ☐ Pessoas como nós jamais se livrarão das dívidas.
- ☐ É nossa responsabilidade ser caridosos.
- ☐ Conversar sobre dinheiro é para adultos, não para crianças.
- ☐ Nós somos pessoas capazes – sempre resolvemos as coisas.
- ☐ Não precisamos levar uma vida requintada para sermos felizes.
- ☐ *Acrescente as suas próprias.*

QUE MENSAGENS SOBRE DINHEIRO VOCÊ QUER ENVIAR?

Assinale todas as que se encaixam e acrescente as suas próprias.

- ☐ Nós falamos sobre dinheiro.
- ☐ Nós gastamos de maneira extravagante nas coisas que adoramos e eliminamos sem dó os gastos com coisas de que não gostamos.

- ☐ Nós dedicamos tempo para controlar o nosso dinheiro para que o nosso dinheiro não nos controle.
- ☐ À medida que os filhos crescem, começam a se envolver mais no dinheiro da família.
- ☐ Nós fazemos escolhas a respeito de dinheiro desde cedo porque vale a pena a longo prazo.
- ☐ Crianças podem fazer perguntas sobre dinheiro (mesmo que não possamos responder todas).
- ☐ É no investimento que se cria a verdadeira riqueza.
- ☐ *Acrescente as suas próprias.*

COMO MUDAR AS MENSAGENS QUE ENVIAMOS

Vocês podem mudar as lições que transmitem se forem coerentes em sua psicologia, ações e palavras. Pensem nisso como uma nova habilidade – uma habilidade que trará benefícios daqui a anos, benefícios que serão transmitidos por meio de gerações. Quero oferecer algumas ideias que vocês podem começar a usar de imediato.

Psicologia:

- Graças ao dinheiro nós podemos ter diversão juntos, comer juntos e morar juntos em um lugar seguro. Não precisamos "proteger" nossos filhos do dinheiro – precisamos ensinar nossos filhos a respeito de dinheiro.
- Para ensinar nossos filhos sobre dinheiro, precisamos aprender antes.
- Nós cometemos erros, e não faz mal admitir isso aos nossos filhos.
- Os nossos filhos não precisam saber tudo sobre as nossas finanças, mas devemos envolvê-los nesses assuntos à medida que crescem, de maneira apropriada à idade.

Ações:

- Nós achamos importante falar sobre dinheiro em família.
- Quando um de nós faz alguma coisa que envolva dinheiro – pagar contas, fazer uma lista de compras, ou até mesmo decidir em que restaurante comer –, convidamos os nossos filhos a observar e (quando é adequado) a participar. Quando fazemos isso, associamos o dinheiro à nossa vida cotidiana.

Palavras:

- É válido dizer não. Estabelecer limites é amar.
- Também é válido dizer sim! Devemos ensinar nossos filhos a gastar de maneira consciente. Quando decidimos gastar o nosso dinheiro, mostramos aos nossos filhos por quê. Até os convidamos a tomar suas próprias decisões quanto ao que vale a pena.
- É preciso que tomemos cuidado com as palavras e frases que usamos (por exemplo, "Não temos dinheiro para isso"), porque quando passamos décadas repetindo-as, as crianças as assimilam e as repetem.

SOLUÇÕES FINANCEIRAS IMEDIATAS PARA...

TRABALHANDO COM UM CONSULTOR FINANCEIRO

A matemática chocante por detrás dos consultores financeiros – e quando os seus serviços valem a pena

Eu acredito que a maioria das pessoas pode administrar seu dinheiro por conta própria. Foi por esse motivo que escrevi o livro *I Will Teach You to Be Rich* e este livro. Quando aprendemos a linguagem básica do dinheiro e desenvolvemos as capacidades necessárias para conversar sobre dinheiro, ele se torna simples, encorajador e até divertido.

Vez por outra, porém, as pessoas precisam de ajuda. Talvez devido a uma situação financeira complexa, como uma família mista ou uma aposentadoria que se aproxima. Talvez alguém apenas busque uma resposta para uma pergunta específica; certa vez eu contratei um consultor financeiro para analisar minhas finanças e me dar uma segunda opinião sobre a minha distribuição de ativos.

Mas você nunca – jamais – deve pagar como honorários uma porcentagem dos seus ativos.

Vou lhe mostrar quanto lhe pode custar um consultor financeiro. Os números são tão espantosos que eu elaborei uma seção inteira sobre esse assunto.

Se você estiver pagando uma taxa de 1% – conhecida como "ativos sob gestão" (ASG) – esse 1% lhe custará, só em taxas, cerca de 28% dos seus rendimentos de investimentos ao longo da vida. Sim, essa pequena comissão de 1% custará a você dezenas de milhares de dólares, ou mesmo centenas de milhares de dólares... E isso enquanto lhe dizem constantemente para se preocupar com gastos de 10 dólares extras na quitanda.

Nenhum corte no consumo de frutas exóticas jamais chegará perto de ser tão eficaz quanto despedir o consultor que cobra de você furtivamente uma taxa de 1%. É por isso que controlar os seus honorários é altamente benéfico.

Permita-me repetir o que acabei de dizer, para que não reste dúvida. Se você estiver pagando ao seu consultor financeiro 1% em honorários, está literalmente dando mais de um quarto dos seus rendimentos ao longo da vida ao consultor para que ele possa pagar seu próximo BMW. Esses honorários de 1% valem muito mais do que todos os cafezinhos que você irá comprar, somados.

TODO MÊS VOCÊ INVESTE…*	APÓS 30 ANOS VOCÊ TEM…	MAS SE VOCÊ PAGAR 1% TERÁ APENAS…	ESSA TAXA DE 1% CUSTA A VOCÊ CERCA DE…
$100	$117.607	$97.926	$20.000
$500	$588.033	$489.628	$98.000
$1.000	$1.176.065	$979.257	$197.000
$5.000	$5.880.324	$4.896.282	$984.000

*Considerando-se que você invista durante 30 anos com um rendimento real de 7%.

Esses números são quase inacreditáveis. De dar arrepios. Busque online por uma calculadora de investimentos e veja com os seus próprios olhos.

Eu não quero que você pague centenas de milhares de dólares em honorários. Se quiser pagar a um bom consultor alguns milhares de dólares por um plano financeiro, ou 250 dólares por hora – ou até 500 dólares por hora – tudo bem! (Eu pagava uma taxa por hora ao meu consultor, e fazia isso com satisfação.) Mas jamais uma porcentagem.

Se você já trabalha com um consultor financeiro, envie-lhe um e-mail, descubra quanto ele cobra de você e faça um plano para assumir o controle sobre o seu dinheiro. Se o seu consultor lhe responder com um conjunto complicado de documentos ou se pedir que você "telefone para discutirem o assunto", você provavelmente está pagando uma taxa ASG.

COMO SE AFASTAR DE UM CONSULTOR ASG

Para começar, lembre-se de que o seu dinheiro é seu dinheiro. Seu consultor não pode legalmente ficar com ele. Quando você transfere o seu dinheiro para uma conta de corretagem de baixo custo na Vanguard, Fidelity, Schwab, ou o que você quiser escolher, você faz uma "transferência em espécie", o que significa que literalmente recolherá os seus investimentos atuais e os colocará em sua nova conta.

Há alguns aspectos que devem ser considerados: na medida do possível, tenha cuidado com a venda de investimentos, pois pode estar sujeita a impostos. Algumas empresas cobram taxa de rescisão, que às vezes é negociável. Se o seu consultor o colocou em fundos proprietários ou com taxas sobre venda, talvez você precise pagar para sair. Eu odeio isso, mas acontece. Você deve examinar atentamente os encargos para tomar sua decisão; mas eu, pessoalmente, quando perco a confiança em alguém ou em alguma firma, eu rompo o relacionamento – custe o que custar.

Aqui estão os passos que você deve seguir para retirar a sua conta de um consultor:

- Para preparar a transferência do seu dinheiro, entre em contato com o banco ou qualquer outra corretora de baixo custo de sua preferência. Você pode fazer isso online ou por telefone. Eles lhe dirão exatamente o que fazer, incluindo a abertura de uma conta e o preenchimento de alguns formulários.
- Envie um e-mail para o seu consultor financeiro (pois é melhor fazer isso por escrito): "Eu decidi transferir as contas e administrar o meu próprio dinheiro. Vou enviar-lhe os documentos. Sou grato por sua ajuda". Em seguida, envie os formulários de transferência da sua nova corretora.
- Volte à sua nova corretora e comece a transferência. Lembre-se: você pode fazer isso online ou telefonar para a corretora e lhes pedir ajuda. Quando os seus ativos estiverem lá, você pode deixá-los como estão e investir em novos fundos, pode vendê-los e usar o dinheiro para financiar novos investimentos – novamente levando em consideração as implicações fiscais – ou, se você tiver os fundos certos, você pode simplesmente acrescentar mais a eles todo mês. No mais das vezes, eu gosto dos fundos de data-limite como uma opção simples dentro das contas de aposentadoria.

RESPOSTAS RÁPIDAS PARA PERGUNTAS COMUNS

PERGUNTA: ***"Nós gostamos de saber que outra pessoa está se preocupando com o nosso dinheiro. A taxa não vale a paz de espírito?"***
RESPOSTA: Vale um milhão de dólares ao longo da nossa vida? Quando eu mostro às pessoas o montante real que irão pagar, a maioria delas fica abismada. Além do mais, ninguém precisa ficar pensando em seu dinheiro o tempo todo. É só escolher investimentos de longo prazo e de baixo custo e checá-los três ou quatro vezes por ano. Em 80% das vezes, nem mesmo os melhores investidores (incluindo os consultores) conseguem vencer o mercado. Isso significa que os resultados que você obterá investindo em fundos de índice de baixo custo provavelmente se

assemelharão bastante aos resultados que um consultor financeiro lhe traria – menos as taxas. Se você acredita que necessita de um consultor financeiro para ter paz de espírito ou para se manter focado no longo prazo – que é onde eles brilham –, então contrate-o por hora ou por uma taxa fixa.

P: ***"Nós temos medo de estragar tudo. Será que vamos estragar?"***
R: O dinheiro intimida porque está associado a uma linguagem confusa e a conceitos complicados. Mas quando vocês tomam a decisão de assumir o controle das suas finanças, se dão conta de que não é assim tão complicado, afinal: vocês projetam a sua vida rica, depois cuidam para que o seu dinheiro vá para as suas contas principais, e então investem apropriadamente.

Minha filosofia: vocês cometerão alguns erros no início. Não faz mal! Melhor cometê-los agora, quando os valores são pequenos, do que futuramente, quando as consequências serão bem maiores. Lembrem-se: vocês podem dominar as suas finanças, assim como podem dominar qualquer habilidade, como andar de bicicleta, cozinhar ou falar italiano.

O meu primeiro livro, *I Will Teach You to Be Rich,* os ajudará a partir para a ofensiva proporcionando-lhes mais informações sobre investimentos. Vocês também encontrarão algumas dicas úteis e práticas na página 271 deste livro.

P: ***"Não precisaremos pagar impostos se mexermos em nossos investimentos?"***
R: Se transferirem os seus investimentos de uma corretora para a outra "em espécie", não terão de arcar com impostos. O seu consultor pode cobrar de vocês uma pequena taxa de transferência; isso é desagradável, mas eu recomendo que paguem essa taxa e sigam adiante. No entanto, é provável que tenham de pagar imposto se venderem com lucro. Eu tento não vender investimentos na medida do possível.

P: ***"O nosso consultor financeiro já tem o nosso dinheiro em vários fundos diferentes. Nós podemos simplesmente despedi-lo e deixar o dinheiro nos investimentos que ele escolheu?"***
R: Talvez o seu consultor tenha colocado o seu dinheiro em muitos fundos – muitas vezes, como vocês descobrirão, isso acontece porque o consultor também recebe comissões desses fundos. Fico apreensivo quando me deparo com uma carteira que contenha mais de 15 fundos. É absolutamente desnecessário: é possível diversificar de modo eficaz com apenas três fundos de baixo custo, e a complexidade traz um custo elevado. É como se alguém tivesse deixado a sua casa inteiramente bagunçada. Agora vocês terão de limpá-la.

Essa situação deixa a desejar, mas pelo menos agora vocês estão tomando as rédeas das suas finanças. Se tiverem uma série de fundos confusos e dispendiosos, as suas opções são as seguintes:

- Vender os fundos e colocar o dinheiro em fundos mais simples, como um fundo data-alvo ou fundos de índice. Lembre-se de que vocês podem ter de pagar impostos se venderem.
- Deixar os fundos onde estão, mas transferir seus investimentos futuros para investimentos mais simples.
- Procurar um consultor fiduciário que cobre uma taxa horária ou fixa para ajudá-los a decidir.

Se for uma quantia relativamente pequena, como 10.000 dólares em fundos caros – que eu defino como fundos com índices de despesa (taxas) superiores a 0,5% ou fundos com cargas iniciais ou finais –, eu deixaria tudo como está. Lembre-se de que o seu futuro é maior que o seu passado, e de que mais tarde os seus investimentos provavelmente ultrapassarão em muito essa quantia. Mas se vocês possuírem muito em fundos caros, ou se simplesmente não tiverem certeza, vale a pena contratar por algumas horas um consultor que os ajude a solucionar esse problema.

P: ***"Isso não vai ser constrangedor? Ele é tão agradável conosco, e é consultor financeiro do meu pai há anos."***
R: Sim, a situação pode de fato ficar um tanto embaraçosa. Mas isso não é motivo para deixar as coisas como estão e não fazer nada. Nós não estamos em busca de facilidade – estamos em busca de uma vida rica.

Embora o seu consultor possa resistir, tentando convencê-los de que é insubstituível ou de que vocês não podem cuidar do assunto por conta própria, lembre-se de que se trata *do seu dinheiro.* Vocês nem mesmo precisam argumentar com ele. Quando decidirem que pretendem transferir o seu dinheiro e disserem isso a um consultor – por escrito –, ele transferirá o dinheiro. Se não fizer isso, é ilegal.

HISTÓRIAS DE ROMPIMENTO

Eu adoro um pouco de drama, como se sabe, por isso perguntei às pessoas da minha comunidade o que aconteceu quando romperam com os seus consultores financeiros. Eis o que me responderam:

"Eu simplesmente lhe mandei uma mensagem num dia qualquer, dizendo-lhe que eu preferia administrar meu dinheiro sozinho. Ele não parou de me enviar mensagens e de me telefonar; dizia que havia preparado algo para mim, e que precisava falar comigo. Eu o ignorei. Depois disso, eu nunca mais respondi suas mensagens nem seus telefonemas."

"Foi dramático e difícil! Ela continuou entrando em contato comigo durante um ano depois que eu 'pus um ponto-final' em nossos negócios."

"Ele lidou com tudo de maneira elegante, e explicou o que seria necessário fazer para que eu administrasse a minha própria carteira. Do ponto de vista emocional, enviar o e-mail foi mais difícil do que eu pensava; mas na verdade tudo correu bem."

"Foi bem menos complicado do que eu esperava. Contatei-a por e-mail e disse que eu mesmo iria cuidar do assunto até que estivesse perto de me aposentar. Ela respondeu: 'Tudo bem. Avise-me se precisar de alguma orientação durante esse processo.' Pronto! Fim. Muito fácil. Quando lhe pedi as informações para transferir meu dinheiro para a minha conta na Fidelity, ela tinha tudo preparado. Sem ressentimentos. Eu pensei que teria de enfrentar um grande problema, mas não; foi bem mais fácil e menos conflituoso do que eu esperava."

"Foi mais fácil do que eu imaginava. Dei-lhe a oportunidade de fazer uma proposta melhor, e ele diminuiu de 1,5% para 1%. Tchau! Eu queria não ter esperado tanto tempo para fazer isso, mas levei um ano para reunir a coragem necessária."

Essas histórias nunca saem de moda! Adoro ver as pessoas assumirem o controle e manterem mais dinheiro no bolso para viverem as suas vidas ricas. Se você tiver um consultor ASG e dispensar seus serviços, envie-me as capturas de tela para que eu possa torná-lo anônimo e compartilhar com o mundo. Procure-me em qualquer plataforma de mídia social.

REGRAS DE RAMIT PARA TUDO

Regras para viagens, gorjetas, cartões de crédito, compra de uma casa, elaboração das suas próprias Regras sobre Dinheiro e mais

Apresento aqui algumas das minhas regras para tudo o que diz respeito a finanças. Tenha em mente que essas são minhas regras pessoais – incluindo algumas das regras conjuntas que eu e minha mulher usamos – e é quase certo que as suas serão diferentes. Com o tempo, quero que desenvolva as suas próprias Regras sobre Dinheiro relacionadas às coisas que são importantes para você; por isso, sinta-se à vontade para emprestar as minhas regras e adaptá-las!

REGRAS DE RAMIT SOBRE INVESTIMENTO

É com o investimento que se constrói a verdadeira riqueza. Siga essas regras e praticamente garanta que acabará com mais dinheiro do que jamais imaginou ter.

- Invista pelo menos 10% do seu salário líquido todos os meses.
- Automatize seus investimentos. Você quase nunca deve transferir dinheiro manualmente para os seus investimentos (a única exceção é ter um ganho inesperado, como uma restituição de imposto).
- Torne regra aumentar a sua taxa de investimento em 1% a cada ano. Por exemplo: em dezembro, acesse sua conta com o seu parceiro e altere a taxa de investimento de 10% para 11%. Essa ação simples pode somar centenas de milhares de dólares ao seu patrimônio líquido ao longo do tempo.
- Desinstale todos os aplicativos de investimento do seu celular. Você não precisa deles, e eles o obrigam a se concentrar na tática, afastando-o da abordagem sistêmica.
- Se vocês dois estiverem contribuindo para as suas poupanças individuais de aposentadoria, muito bom – continuem assim. Se não estiverem, é hora de recomeçar: contribuam pelo menos com o valor correspondente ao da sua empresa.

- Para determinar em que contas colocar o seu dinheiro, siga a minha Escada de Investimentos. Eis a ordem das operações:
- Em primeiro lugar, invista para obter a correspondência do seu empregador no seu 401 (k).
- Depois, maximize o seu Roth IRA, se for elegível.
- Depois, maximize o resto do seu 401 (k).
- Depois, maximize a sua conta poupança para saúde, se você for elegível.
- Por fim, se vocês dois estiverem maximizando seus 401 (k) e tiverem mais dinheiro para investir, abram uma conta de corretagem e contribuam com o montante que quiserem. Certifiquem-se de pesquisar por "investimento em fundos com eficiência fiscal".

- Cheque os seus investimentos somente quatro vezes por ano. Não é necessário revisá-los mais que isso; e quanto mais você checar maior será a probabilidade de interferir, o que lhe custa muito caro. Use a calculadora em meu website (pesquise "Ramit Sethi calculators") para saber quando você provavelmente terá 50.000 dólares, 500.000 dólares, 1 milhão de dólares, e assim por diante.
- Não façam poupança para o seu filho de 1 ano de idade, a menos que estejam maximizando as suas poupanças para a aposentadoria. Eles têm tempo. Vocês têm muito menos.
- Adotem a teoria do Frango e do Arroz de Ramit: na maioria das áreas, os melhores profissionais seguem basicamente as mesmas práticas e protocolos por uma razão simples: porque funcionam. Quem consegue compreender essas práticas pode economizar muito tempo, ganhar anos. Por exemplo, os fisiculturistas profissionais sabem que para terem uma aparência excelente precisam se tornar especialistas em treino e nutrição (deixemos de lado os esteroides que muitos deles tomam). Isso leva os competidores profissionais a comerem exatamente a mesma coisa: frango e arroz. Por quê? Grama por grama, frango e arroz fornecem o melhor resultado nutricional. O mesmo serve para o investimento: quando compreendemos a matemática contraintuitiva da capitalização, das taxas e dos horizontes de tempo, todos os caminhos levam a investimentos de longo prazo, de baixo custo e constantes. Podemos passar anos cometendo erros e buscando investimentos alternativos, tentando vencer o mercado e fazendo *day trading*... ou podemos evitar toda a dor e acertar de imediato. Fazer investimento de maneira inteligente é tedioso, lento e muito rentável. Se quiser diversão, adote um cão.

REGRAS DE RAMIT SOBRE DÍVIDAS

- Conheça os seus dois números-chave: a quantia que você deve e a taxa de juros de cada empréstimo.
- Uma vez conhecidos os dois números-chave, insira-os numa calculadora de pagamento de dívidas (pesquise por "Ramit Sethi calculators") e saiba exatamente o mês e o ano em que se verá livre de dívidas. Isso é incrivelmente motivador! Comemore cada avanço na direção do seu objetivo.
- Se você tiver uma dívida com juros baixos (taxa de juros de 4% ou menos), eu recomendo que calcule a quantia total que você pode reservar para essa dívida, pague o mínimo e invista o resto. Isso porque se pode ganhar muito mais no mercado com investimentos simples e de baixo custo. Por exemplo, suponhamos que você tenha capacidade de investir todo mês 300 dólares em sua dívida com juros baixos e pagamento mínimo de 100 dólares; se eu estivesse em seu lugar, eu pagaria 100 dólares e investiria 200 dólares todo mês. Se fosse uma dívida com juros altos (acima de 7%), eu pagaria o máximo possível. Há uma exceção: algumas pessoas odeiam dívidas, e fazem tudo para pagá-las mais cedo. Se você for uma dessas pessoas, fique à vontade para pagar a mais por dívidas com juros baixos, como uma hipoteca. Mas compreenda que isso pode lhe custar centenas de milhares de dólares em rendimentos de investimentos perdidos.
- Tratem a dívida do cartão de crédito como uma emergência no relacionamento. Se tiverem dívida de cartão de crédito, não hesitem nem por um segundo. Eu recomendo que vocês cortem gastos supérfluos imediatamente, aumentem os pagamentos em 100 dólares por mês e depois avaliem quanto podem pagar a mais. Sem uma ação enérgica, a dívida do cartão de crédito não melhora. Ela fica pior, muito pior. Pague-a o mais depressa possível.
- Para viverem uma vida rica vocês não precisam esperar até que estejam livres das dívidas.
- Seis meses antes de quitarem a sua dívida, planejem especificamente para onde irá esse dinheiro depois que estiverem livres da dívida. Se a dívida consumia 600 dólares por mês, onde vocês colocarão agora esses 600 dólares todos os meses? Automatizem essa nova decisão assim que a sua dívida estiver paga – não percam um mês sequer.
- Se a sua dívida parecer insustentável, contatem o seu credor e perguntem-lhe quais alternativas ele lhes pode oferecer. Muitas delas ajudarão vocês.
- Sempre existe esperança! Uma pessoa não é má só porque tem dívidas.

REGRAS DE RAMIT SOBRE CARTÕES DE CRÉDITO PARA CASAIS

- A maioria dos casais precisa de apenas três cartões de crédito: um cartão de crédito compartilhado (para despesas conjuntas como compras no supermercado e jantares fora), e um cartão de crédito para cada um (para despesas individuais, como cortes de cabelo e atividades de lazer).
- Eu recomendo cartões com cashback (programa de devolução de parte do valor gasto) como padrão; mas se vocês priorizam viagens, obtenham um cartão de viagem.
- Configurem os seus cartões para pagar automaticamente o montante total ("saldo do extrato") todos os meses. Não carreguem dívida no cartão de crédito. Se tiverem uma dívida de cartão de crédito, tratem-na como uma emergência.
- Eu recomendo que vocês simplifiquem o seu sistema encerrando cartões de crédito adicionais. Esse conselho é polêmico, porque é provável que a sua pontuação de crédito caia se vocês encerrarem cartões. Porém essa queda na pontuação será temporária, e vocês podem anulá-la solicitando um aumento no limite de crédito em seus cartões existentes. O mais importante é que vocês terão um esquema financeiro simples, que poderão utilizar perfeitamente com apenas alguns excelentes cartões de crédito. (Há uma única exceção: se estiverem planejando uma compra de grande valor nos próximos meses, como uma casa ou um carro, vocês devem esperar.)
- Cartões de crédito de lojas (Sephora, Gap etc.) são os piores. Oferecem condições de pagamento extremamente ruins e tornam o seu sistema mais complexo. E isso para quê? Dez por cento de desconto na compra de uma calça jeans? Encerrem esses cartões – sigam a minha sugestão acima – e nunca mais voltem a abrir um cartão de loja.
- Se vocês tiverem um gasto que justifique um cartão premium, considerem ter um. Na Internet, pesquise calculadora + nome do cartão, assim: "Calculadora do Chase Sapphire Reserve". Eu mantenho uma lista atualizada dos meus cartões de crédito favoritos em meu website (pesquise "Ramit Sethi credit cards").

REGRAS DE RAMIT SOBRE POUPANÇA

- Poupem pelo menos 10% do seu salário líquido conjunto e dividam-no entre três e cinco contas-poupança, incluindo um fundo de emergência. Sejam específicos quanto ao que estão poupando; em vez de "Fundo de Férias", deem à sua conta o nome de "Fundo Cruzeiro no Alasca". Em vez de "Nova Casa", chamem de "Linda Casa Vitoriana de 3 Quartos".

- A poupança deve ser automática, com cada conta-poupança recebendo automaticamente dinheiro da sua conta-corrente conjunta todos os meses.
- Aumentem a sua taxa de poupança em 1% todos os anos (por exemplo, se estiverem poupando 10% do atual salário líquido, aumentem para 11% no próximo ano). Essa única alteração significará muito ao longo do tempo.
- Todas as poupanças devem ser feitas em contas-poupança de alto rendimento. Eu mantenho uma lista atualizada das melhores contas online de alto rendimento no meu site (pesquise "Ramit Sethi accounts").
- O objetivo para o seu fundo de emergência é poupar seis meses de despesas mínimas. Não faz mal se levar algum tempo para chegar lá. Poupem para outros objetivos simultaneamente.
- Poupem para o "imprevisível". Comecem uma conta-poupança chamada "Despesas Inesperadas". Em dezembro, conversem sobre o calendário e estimem as principais despesas que estão previstas – substituição de eletrodomésticos, aniversários, mensalidades de acampamentos, presentes de casamento, conserto de automóveis etc. Somem os números, e depois acrescentem 15% para tudo o que vocês esqueceram. Dividam por 12 e configurem essa quantia para que seja transferida automaticamente da conta-corrente conjunta para a conta "Despesas Inesperadas". Assim, o imprevisível está coberto.
- Associem marcos ao seu dinheiro. Isso torna a poupança bem mais divertida. Por exemplo: "Assim que completarmos o nosso fundo de emergência, marcaremos um encontro romântico todas as semanas regularmente". Não tenha medo de sonhar mais alto a cada marco. Não há nada de errado em viver uma vida mais rica e grandiosa, e eu considero uma tragédia viver uma vida menor que o que seria desejável.
- Pode ser necessário diminuir a poupança em ocasiões delicadas – como quando um bebê chega, ou quando um dos parceiros ascende em sua carreira. Por exemplo, se vocês tiverem de reduzir sua taxa de poupança de 6% para 2% para poderem gastar mais com cuidados infantis, façam isso! Mas façam isso de maneira consciente, continuem poupando alguma quantia – mesmo que sejam 20 dólares por mês – e tentem fazer sua taxa de poupança voltar ao nível anterior no espaço de tempo de três anos.

REGRAS DE RAMIT PARA COMPRAR IMÓVEIS

- Comprar uma casa é opcional. É possível viver o sonho americano como inquilino, proprietário ou como quiser. Não há nada de errado em alugar – na verdade, alugar pode ser muitas vezes uma decisão financeira certeira. Nos últimos vinte anos, ganhei mais dinheiro alugando (e investindo o que gastaria se tivesse comprado) do que se tivesse sido proprietário.
- Se estiverem pensando em comprar, precisam analisar os números. Vocês devem saber se a melhor opção é comprar ou alugar; e devem estar cientes do efeito dos juros nas prestações da hipoteca, do custo total da propriedade (veja item a seguir), do custo de oportunidade da entrada e do funcionamento da amortização, sobretudo nos primeiros dez anos, durante os quais vocês pagam principalmente juros. Se não entendem todos esses conceitos envolvidos na compra que provavelmente é a mais importante da sua vida, não estão preparados.
- Calculem o custo total de uma casa, não apenas os pagamentos mensais. Os custos totais de habitação incluem taxas, juros, seguros, manutenção – sim, até mesmo o conserto do telhado daqui a oito anos e a gasolina para ir à Home Depot duas vezes por mês. Esses custos incluem também a água para a grama, a mobília e as reformas. Custos totais, isto é, *tudo*.
- Quanto mais antecipadamente vocês planejarem, mais fácil serão as coisas. Por exemplo, se estiverem pensando em comprar uma casa dentro da alguns anos, acessem um bom site de pesquisa de preços de imóveis e confiram os preços dos imóveis na sua área. Usem essa informação em seus planos: se um imóvel padrão em seu bairro custar 300.000 dólares e vocês quiserem dar uma entrada de 20%, precisarão economizar 60.000. Assim, se quiserem comprar uma casa em cinco anos terão de poupar pelo menos 1.000 por mês para o pagamento da entrada. Isso é esclarecedor.
- Não comprem uma casa juntos a menos que sejam casados. Pode ser financeiramente desastroso se as coisas não correrem bem.
- Estudem somente casas cujo custo total de habitação seja inferior a 28% da sua renda bruta conjunta – com algumas exceções. É aqui que a maioria dos casais se equivoca. A maioria das pessoas acredita que pode pagar por uma casa muito maior do que na realidade pode. Ajuste as suas expectativas de acordo com a matemática. (Em cidades nas quais o custo de vida é elevado, como Nova York ou Los Angeles, a regra dos 28% é difícil de cumprir. É possível alongar um pouco, até 32% ou mesmo 34%, mas cada ponto percentual a mais acrescenta risco, sobretudo se vocês tiverem outras dívidas.)

- Se e quando comprarem uma casa, não comprem a maior que puderem. Meus pais me deram esse conselho; eles me disseram que quando se compra uma casa grande, todos se retiram para os seus próprios quartos e não passam tempo juntos. Levem em conta os aspectos não financeiros da casa a ser comprada, como encorajar a sua família a passar tempo reunidos – ainda que isso signifique menos espaço. Eu acrescentaria a isso o fato de que as pessoas em sua maioria compram uma casa mais cara do que podem pagar, e principalmente por causa disso eu me deparo com muitos casais envolvidos em problemas financeiros. Isso reforça a regra dos meus pais. Leve em consideração a sua família e o que precisará no futuro; de modo geral, porém, não compre a maior casa que pode pagar.
- Não peçam empréstimo para reformar a casa. Poupem os custos e *depois* reformem. Melhor ainda: não façam nenhuma reforma! Os norte-americanos assistem tanto à HGTV que acreditam genuinamente que é normal tomar emprestados 50.000 para reformar um banheiro. E ainda dizem a si mesmos "é um investimento". A maioria das reformas não compensa o que se gastou com elas. Pesquisem sobre reformas antes de fazê-las, tratem a maioria delas como puro luxo e não se endividem.
- Antes de comprarem uma casa, façam a si mesmos essas quatro perguntas essenciais:

1. Poupamos 20% do preço da casa? Não é preciso dar uma entrada de 20%, mas vocês deveriam ter conseguido economizar esse montante a fim de se prepararem para as despesas elevadas e inesperadas que terão de enfrentar como proprietários.
2. Planejamos morar nessa casa durante 10 anos no mínimo? Essa é uma boa orientação para amortizar (ou distribuir) as altas despesas relacionadas a compra e venda.
3. Ficaremos bem financeiramente se o valor da nossa casa baixar?
4. Estamos *empolgados* para comprar essa casa? Isso faz parte da nossa vida rica?

REGRAS DE RAMIT SOBRE COMPRA DE CARROS

- Não compre carro com base em pagamentos mensais. Um carro pode parecer custar apenas um pouco mais que o preço de tabela devido a um longo período de empréstimo e a taxas de juros e comissões obscuras. Em vez disso, calcule o custo total de propriedade contabilizando a gasolina, o seguro, os juros, a manutenção e até mesmo o registro e as multas de estacionamento.

- Inclua o seu custo total de propriedade nos seus custos fixos em seu Plano de Gastos Conscientes. Se os seus custos fixos estiverem entre 50% e 60% do seu salário líquido, mesmo incluindo o carro novo, você está pronto para comprar.
- Se os seus custos fixos ultrapassarem 60%, as suas opções são gastar menos em um carro ou adiar a compra, cortar outros custos fixos ou reduzir os seus gastos livres de culpa. Algumas pessoas reduzem suas poupanças ou investimentos. A maioria simplesmente não chega nem a calcular quanto pode pagar. É assim que acabam encrencadas.
- Planeje manter um carro por dez anos pelo menos. Só um ano após o pagamento do empréstimo é que você começa a perceber de fato o que poupou. Cada ano a mais sem pagamentos faz baixar bastante o seu custo total de propriedade. Por exemplo, eu sou multimilionário, meu carro não faz parte da minha vida rica, e no momento em que escrevo esse texto eu mantenho o meu carro em perfeitas condições há 19 anos. Minha filosofia pessoal é comprar um carro novo e ficar com ele por bastante tempo. Mas, se quiser economizar bastante, também é uma boa opção adquirir um carro usado
- Há três motivos para se alugar um carro: Se você for empresário e o seu contador o aconselhar a alugar o seu veículo através da sua empresa. Se você for rico e estiver disposto a pagar mais para ter um carro novo em intervalos de poucos anos. Se os carros fizerem parte da sua vida rica (e se você puder arcar com uma despesa maior do que ser dono de um carro durante dez anos).
- Falando francamente, basta comprar um Honda ou um Toyota e ficar com o veículo por pelo menos dez anos.

REGRAS DE RAMIT PARA CONSULTORES FINANCEIROS

- Se vocês simplificarem as suas finanças como eu descrevi neste livro e em *I Will Teach You to Be Rich,* é bastante provável que não precisem de um consultor financeiro.
- Em determinadas situações, contratar um consultor financeiro pode fazer sentido: se tiverem uma carteira de investimentos de sete dígitos, se tiverem uma situação financeira complexa, incluindo enteados ou uma herança, se tiverem preocupações específicas quanto à aposentadoria (incluindo pagamentos da previdência social), ou se um de vocês simplesmente quiser uma ajuda extra com as suas finanças, então podem querer contratar um consultor. Não há problema! Contudo, é necessário ser seletivo ao escolher o profissional.

- Nunca paguem a um consultor uma taxa baseada em porcentagem (isso costuma acontecer quando o seu dinheiro é administrado pelo consultor; é a taxa para "ativos sob gestão", ou ASG.) Uma remuneração de 1% significa que, a longo prazo, cerca de 28% dos seus rendimentos irão diretamente para o bolso do consultor.
- Se um consultor financeiro também vender seguros ou anuidades, evitem-no – trata-se de um vendedor, não de um consultor.
- Se decidirem contratar um consultor, escolham um que cobre uma taxa por hora ou por projeto.

REGRAS DE RAMIT PARA TER CONVERSAS PROVEITOSAS SOBRE DINHEIRO

- Sempre comecem elogiando um ao outro.
- Lembrem-se: não tenham pressa. Às vezes, a coisa mais valiosa a se fazer é simplesmente dar início a um assunto e escutar o que o outro tem a dizer, sem interrupções. Depois vocês podem continuar na reunião seguinte, e talvez até na próxima. Houve tópicos sobre os quais eu e minha mulher falamos durante anos. Mas quando finalmente nos entendemos, tudo se encaixa; e é maravilhoso, porque tomamos uma decisão conjuntamente.
- Alternem o líder da sua Reunião Mensal sobre Dinheiro: esse mês um parceiro, no mês seguinte o outro. Isso dá a ambos a oportunidade de envolvimento direto.
- Sejam objetivos! Não falem sem parar sobre as coisas, deixando de avançar com a conversa. Desenvolvam a capacidade de ser objetivos com tópicos modestos (por exemplo, quanto dinheiro separar para as despesas de supermercado); isso os ajudará a se tornarem objetivos para tópicos mais importantes, tais como taxas de investimento e alocação de ativos.
- Se os ânimos se exaltarem, façam uma pausa. A pessoa que pede uma pausa se encarrega do retorno à reunião. Podem ser 5 minutos ou 20 minutos, mas voltem à conversa. É para ambos um sinal importante de que o dinheiro é algo a se abraçar – não a se evitar – mesmo quando as coisas ficam difíceis.
- Parta do princípio de que o seu parceiro tem as melhores intenções, e peça-lhe que faça o mesmo. Falar sobre dinheiro é difícil. Ninguém nos ensinou o que dizer a respeito do assunto. Por isso, seja tolerante com o seu parceiro quando ele não souber ao certo como dizer algo, ou se tiver dúvidas. Vocês dois desejam viver uma vida rica. Essas reuniões os ajudarão a chegar lá.

- Vocês são melhores juntos. Isso significa que um indivíduo não deve predominar sobre o outro, mesmo que saiba mais sobre dinheiro. Diminuam o ritmo, dialoguem e tomem decisões conjuntamente. Daqui a alguns anos vocês estarão em situação bem melhor se elaborarem e seguirem seu plano juntos.

REGRAS DE RAMIT E DE CASSANDRA SOBRE DAR GORJETAS E COMER FORA

- Deem gorjetas de pelo menos 30% nos restaurantes. Nós temos condições de fazer isso, e adoramos ser generosos.
- Quando ficarem em um hotel, deixem no mínimo 20 dólares por noite para a equipe de limpeza.
- Perguntem-se: *Como podemos ser mais generosos?* Pense nas pessoas que normalmente não recebem gorjetas, mas que se beneficiariam com uma pequena gratificação. Para engrandecer esse gesto ainda mais, torne-o habitual, ou mesmo automático.
- Se duas entradas ou sobremesas parecerem boas, compre as duas!
- Peça o sushi sofisticado uma vez por ano em vez do sushi medíocre uma vez por mês.
- Se um restaurante se chamar Harry's, ou se tiver madeira escura e uma bandeira na entrada, não arrisque. A comida será horrível.

REGRAS PARA VIAGENS DE RAMIT E CASSANDRA

- Para desacelerar, estadia mínima de quatro noites. O maior luxo é não precisar ter pressa.
- No início de uma viagem especial, nós sempre bebemos uma taça de champanhe no avião. Isso dá o tom para algo único.
- Em viagens com mais de quatro horas de voo, viajamos na primeira classe. Podemos pagar por esse conforto, e o adoramos.
- Começamos numa cidade e terminamos num resort, o que nos ajuda a planejar uma experiência extraordinária.
- Passamos pelo menos um dia em nosso hotel sem fazer absolutamente nada.
- Quando calculamos o que precisaremos para uma viagem, acrescentamos 50% ao preço de tabela do hotel para chegar à tarifa real (que inclui impostos, gorjetas, refeições não planejadas no hotel e taxas variadas). Para um hotel de 300 dólares a diária, planejamos gastar 450 dólares a diária.

- Serviço de carro do aeroporto. Nós não hesitamos em tornar mais fáceis as coisas que fazemos poucas vezes por ano.

CRIE AS SUAS PRÓPRIAS REGRAS SOBRE DINHEIRO

Com o tempo, espero que você e o seu parceiro desenvolvam as suas próprias Regras sobre Dinheiro compartilhadas, feitas sob medida para ambos. As Regras sobre Dinheiro são uma oportunidade de resumir o que é mais importante para vocês, permitindo que tomem com mais facilidade os milhares de decisões que enfrentarão. Assim que tiverem essas regras, vocês não precisarão mais se agastar com dúvidas como estas:

- *Devemos comprar um carro novo?*
- *Estamos poupando o bastante?*
- *Nós realmente podemos nos dar ao luxo de comer fora todas as semanas?*

As suas Regras sobre Dinheiro os ajudarão a passar por essas decisões e a se concentrarem nas coisas que importam de fato. Isso é incrivelmente libertador, porque vocês podem fazer o trabalho uma vez e tirar proveito dos benefícios durante anos. Essas regras não precisam ser imutáveis: à medida que vocês mudarem, sempre poderão alterar as suas Regras sobre Dinheiro.

As suas Regras sobre Dinheiro refletem os seus valores. Se vocês são amantes de gastronomia, ou adoram visitar um novo país a cada ano, ou dão prioridade à boa forma física, isso deve se revelar nas suas despesas. Se vocês adoram compor uma casa acolhedora, onde se deliciam ficando confortavelmente sentados num dia chuvoso, isso deve fazer parte da sua visão também! O mais importante a respeito das suas Regras sobre Dinheiro compartilhadas é que se sintam profundamente conectados a elas.

Seguem-se agora mais algumas regras compartilhadas que Cassandra e eu elaboramos ao longo dos anos. Algumas das nossas regras são de menor alcance, outras de alcance mais amplo. E elas evoluíram, é claro. Por exemplo, durante a pandemia nós começamos a dar gorjetas bem maiores, e depois decidimos fazer delas um hábito.

- Quando temos um rendimento inesperado, 70% dele vai para investimentos e 30% para gastos sem culpa.
- Quando estamos em um casamento, somos os primeiros a entrar na pista de dança (depois da primeira dança dos noivos, é claro!).

- Quando os nossos amigos promovem uma arrecadação de fundos, nós sempre fazemos uma doação.
- Os relacionamentos sempre estão em primeiro lugar. Usamos essa regra quando deliberamos sobre mudar as reservas de avião para ficar mais um dia com a família. Essa regra também nos ajudou a priorizar o que era importante para o nosso casamento.
- Cuidamos dos nossos negócios de maneira tal que possamos viver nossa Vida rica. Tentamos comparecer a todos os eventos em família, mesmo que aconteçam do outro lado do país. Também reservamos tempo para viajarmos sozinhos. Somos conscientes quanto aos negócios que estamos construindo e quanto ao que esses negócios permitem que façamos.

Essas são as *nossas* Regras sobre Dinheiro, não as suas. Elas fazem sentido para as nossas prioridades e o nosso lugar na vida.

Para criarem as suas próprias Regras sobre Dinheiro, comecem aqui: vocês têm regras "implícitas" a respeito de dinheiro? O que é que você e o seu parceiro fazem com as suas finanças sem nem parar para pensar (por exemplo, gastar de maneira extravagante com música ao vivo ou ignorar os aperitivos e pedir a sobremesa)? Comecem com uma atitude positiva, e elaborem a sua lista de 5 a 10 regras – uma lista que seja significativa para vocês dois, e apenas para vocês dois.

As suas regras devem ser encorajadoras e proativas, e pelo menos uma delas deve começar com a frase "Sem limites de gastos para...". Pensem nas coisas de que gostam e nas que são importantes para vocês. Se você e seu parceiro adoram comprar alimentos locais, considerem acrescentar "Sem limites de gastos para frutas e legumes do mercado de agricultores da região". (A regra no nosso caso é "Sem limites de gastos para a saúde").

Um bom modo de encontrar ideias para as Regras sobre Dinheiro é conferir as Regras sobre Dinheiro de outros casais. Eis algumas regras dos casais de minha comunidade. Observe como elas variam em dimensão e em finalidade, que é como eu gostaria que você e o seu parceiro pensassem – nas coisas grandes e nas pequenas, com positividade e parâmetros:

- "Não nos preocupamos com gastos com comida quando viajamos (porque viajamos muito pouco)."
- "Jamais emprestar dinheiro a ninguém. Dar de presente ou não dar. Mesmo que prometam devolver o dinheiro, ele foi dado."
- "Se podemos nos dar ao luxo de comer fora, podemos nos dar ao luxo de deixar uma gorjeta generosa."

- "Pagar os cartões de crédito na totalidade todos os meses."
- "Priorizar a comunidade: comprar uma casa modesta com vizinhos próximos em vez de uma casa grande num bairro exclusivo."
- "A caridade é uma das nossas prioridades."
- "Não gastamos um centavo para impressionar ninguém."
- "Reservamos dinheiro para terapia. Essa despesa é a nossa 'Saúde do Relacionamento', como a chamamos."
- "Tiramos férias sem filhos todos os anos."
- "Sempre que nos deparamos com um objeto que nos atraia irresistivelmente (por exemplo, algo que nos faça dizer independentemente 'Oh! Isso é muito legal!') e que custe menos de 100 dólares, nós compramos na hora."
- "Vamos pagar a faculdade dos nossos filhos. Já estamos poupando para eles (depois de maximizarmos os nossos investimentos)."
- "Sempre que viajamos, agendamos uma massagem para a ocasião da nossa chegada."
- "Comemos sempre juntos, cinco dias por semana. Se um de nós estiver ocupado demais, pedimos comida e nunca questionamos o custo, porque comer juntos vale a pena."
- "Segurança é um fator importante para nós, por isso gastamos mais para morarmos num bairro seguro. Nosso caro está bem cotado em termos de segurança. E compramos um seguro extra."
- "Nós gastamos com um coach de relacionamentos. Vale a pena."
- "Nós gastamos o que for preciso gastar em equipamentos de caminhada."
- "O custo dos nossos presentes de Dia dos Namorados não pode exceder os últimos dois números do ano. Por exemplo, os nossos presentes de 2025 não podem passar de 25 dólares. Começamos essa tradição em 2003, quando andamos separadamente pelos corredores do Kmart em busca de presentes para comprarmos, com um orçamento compatível com a nossa situação financeira na época."

Não há dois conjuntos de Regras sobre Dinheiro iguais. Vocês podem iniciar uma lista com as suas Regras sobre Dinheiro agora mesmo e deixar que ela se desenvolva lentamente. Se nas regras relacionadas acima vocês viram algo que tenha despertado o seu interesse, coloquem em sua lista e adaptem à sua vida. Quando estiverem pensando nas Regras sobre Dinheiro – e conversando sobre esse assunto – verão que as regras ocorrerão a vocês naturalmente. Continuem conversando até encontrarem pelo menos cinco regras que pareçam sólidas. Revisem-nas anualmente durante a sua Revisão de Vida Rica (consulte o Capítulo 10). Feito isso, vão em frente e construam uma vida rica juntos.

PLANO DE GASTOS CONSCIENTES	$
PATRIMÔNIO LÍQUIDO	
Ativos (Valor atual do carro, da casa, da propriedade, do negócio)	
Investimentos (todos os investimentos)	
Poupanças	
Dívidas (empréstimos estudantis, dívida de cartão de crédito, hipoteca, financiamento de automóvel)	
VALOR LÍQUIDO TOTAL	
RENDA	
Renda mensal bruta (todos os ganhos antes das deduções somadas)	
Renda mensal líquida (quanto você leva para casa depois das deduções)	
CUSTOS FIXOS MENSAIS (IDEALMENTE 50%-60% DO SALÁRIO LÍQUIDO)	
Aluguel/hipoteca	
Serviços públicos (gás, água, eletricidade, internet, cabo etc.)	
Seguros (médico, carro, casa/inquilinos etc.)	
Pagamento do carro/transporte	
Pagamento de dívidas	
Compras	
Roupas	
Telefone	
Diversos (acrescente automaticamente 15% para o que você esqueceu)	
TOTAL DE CUSTOS FIXOS	

OBJETIVOS DE POUPANÇA (IDEALMENTE 5%-10% DO SALÁRIO LÍQUIDO)	
Férias	
Presentes	
Fundo de Emergência de Longo Prazo	
Acrescente o seu próprio aqui.	
POUPANÇA TOTAL	
INVESTIMENTOS (IDEALMENTE 10% DO SALÁRIO LÍQUIDO)	
Poupanças para a aposentadoria (401 (k), IRAS, 403 (b), HSA etc.)*	
Investimento em previdência privada	
Acrescente o seu próprio aqui.	
TOTAL DE INVESTIMENTOS	
GASTOS MENSAIS SEM CULPA (IDEALMENTE 20%-30% DO SALÁRIO LÍQUIDO)	
Comer fora (delivery, comida para viagem, restaurante)	
Diversão (concertos, atividades para as crianças, viagens)	
Assinaturas (Netflix, academia, serviço de refeições, Amazon Prime etc.)	
Diversos (acrescente automaticamente 15% para o que você esqueceu)	

*Embora eu tenha incluído contas antes e depois dos impostos na mesma categoria – como 401 (k)s, IRAS e contas tributáveis normais –, fiz isso de forma proposital para manter simples as coisas. Investir em contas com benefícios fiscais lhe proporcionará resultados financeiros ainda melhores a longo prazo, mas calcular a diferença nos retornos de todas as suas contas de investimento escapa ao propósito deste livro.

AGRADECIMENTOS

Todo escritor sonha em escrever um livro que mude a vida das pessoas. Mas nós raramente falamos sobre todo o trabalho de bastidores envolvido na produção de um livro. É maravilhoso poder mostrar reconhecimento às pessoas que me ajudaram ao longo do caminho.

Danielle Claro, minha colaboradora, passou horas intermináveis mergulhada em meus arquivos, e ajudou a moldar a estrutura deste livro – tudo isso enquanto me ensinava tantas lições de vida valiosas.

Margot Herrera e Danny Cooper, meus editores, ajudaram-me a refinar meu pensamento por meio de inúmeras revisões. Eu sabia que escreveria este livro com minha editora, Lia Ronnen, e a equipe da Workman, com a qual trabalho há mais de quinze anos. Vocês são os melhores nesse ramo.

Sou particularmente grato à minha agente, Lisa DiMona, que sempre me faz rir quando conversamos. Fizemos uma viagem e tanto juntos.

Meus agradecimentos a toda a equipe na *I Will Teach You to Be Rich*, que não me deixa esquecer que tenho o emprego dos sonhos. Vocês mudaram a vida de milhões de pessoas e fizeram isso com integridade e criatividade.

Meus mais sinceros agradecimentos a toda a minha equipe na Netflix, especialmente à Bianca; vocês me proporcionaram uma nova perspectiva sobre o dinheiro e as pessoas.

Quero destacar a coragem dos convidados do meu podcast, que partilham alguns dos detalhes mais íntimos de suas vidas no *Money for Couples* para que possamos aprender com suas histórias.

Cassandra, minha esposa, ensinou-me a importância de me conectar com meus sentimentos. Ela ouviu todos os podcasts, leu todos os rascunhos e me ensinou o verdadeiro significado da palavra "parceiro". Eu amo você.

ESTA OBRA FOI IMPRESSA
EM SETEMBRO DE 2025